U0773029

住房城乡建设部土建类学科专业“十三五”规划教材
高校建筑学专业指导委员会规划推荐教材

建筑概论

（第三版）

AN INTRODUCTION OF ARCHITECTURE

同济大学 沈福煦 王珂 编著

中国建筑工业出版社

图书在版编目（CIP）数据

建筑概论／沈福煦，王珂编著．—3版．—北京：中国建筑工业出版社，2019.4（2024.6重印）
住房城乡建设部土建类学科专业“十三五”规划教材
高校建筑学专业指导委员会规划推荐教材
ISBN 978-7-112-23434-9

Ⅰ．①建… Ⅱ．①沈…②王… Ⅲ．①建筑学－高等学校－教材 Ⅳ．①TU

中国版本图书馆CIP数据核字（2009）第024211号

责任编辑：王 惠 陈 桦
责任校对：张 颖

为了更好地支持相应课程的教学，我们向采用本书作为教材的教师提供课件，有需要者可与出版社联系。
建工书院：https://edu.cabplink.com/index
邮箱：jckj@cabp.com.cn 电话：（010）58337285

住房城乡建设部土建类学科专业“十三五”规划教材
高校建筑学专业指导委员会规划推荐教材
建筑概论（第三版）
AN INTRODUCTION OF ARCHITECTURE
同济大学 沈福煦 王珂 编著
*
中国建筑工业出版社出版、发行（北京海淀三里河路9号）
各地新华书店、建筑书店经销
北京雅盈中佳图文设计公司制版
建工社（河北）印刷有限公司印刷
*
开本：787×1092毫米 1/16 印张：$10^1/_4$ 字数：216千字
2019年8月第三版 2024年6月第三十四次印刷
定价：39.00元（赠教师课件）
ISBN 978-7-112-23434-9
（33717）

修订版前言

本书是为建筑学及其他相关专业（城乡规划、风景园林、室内设计、城市设计、土木工程、工程造价等）的建筑概论课程而编写的。目前，对于建筑概论这门课的内容，有许多不同的看法：有的主张以建筑的基本知识传授为主，着重于对建筑的构成、功能关系等知识点的阐释；有的主张以建筑设计方法为主，介绍如何进行建筑设计等。作为这些专业的入门课程，我们认为应当让学生从了解本专业的学习入手，逐步建立较为系统的专业认识，理解前人对建筑的不同观念，了解既有经验并激发进一步了解的兴趣，在此基础上初步建立自己的专业观点。本书就是本着这一宗旨来编写的。

本书的章节安排，在第二版的基础上作了一些调整。具体的安排是："绪论"，本书主要内容的概述。"第 1 章 建筑的意义"，从基本概念出发介绍建筑及其与人、环境的基本关系。"第 2 章 建筑的物质技术性"和"第 3 章 建筑的社会文化性"，进一步系统性地解释建筑学专业所涉及的不同知识；"第 4 章 中国建筑的沿革"和"第 5 章 外国建筑的沿革"则以案例为主，带领学生回溯历史长河，激发学生对本专业学习的兴趣。这样的安排，使学生们在进入学习时能对本专业有一个比较全面而概括的了解。

本教材在近 25 年的教学实践过程中效果较好，但时代在前进，所以教学也必须有所更新，因此修编了第三版。本书第二版作者沈福煦老师于 2012 年 8 月去世，也希望以本书第三版的出版向沈先生表示由衷的敬意。也感谢同济大学建筑与城市规划学院设计基础团队的同仁们在本书修编过程中所给予的宝贵帮助。

为便于课程教学，作者自制免费课件资源，使用本书的教师请加 QQ 群 634376097 下载。

王珂

于同济大学

2018 年 8 月

第一版前言

本书是为建筑学及其他相关专业（城市规划、景观园林、室内设计等）的建筑概论课程而编写的。当今，对建筑概论这门课的内涵有许多不同的看法：有的主张以建筑的基本知识为主，着重在建筑的构成和功能关系的阐释；有的主张以建筑设计方法为主，介绍如何进行建筑设计等。其实作为这些专业的入门课程，应当从给学生了解本专业的学习入手，本书就是本着这一宗旨来编写的。

本书的章节安排，除了绪论外，分五章来论述。第一章，建筑的意义：由这个问题引出建筑的基本属性。第二章，建筑的物质性，包括建筑的物质功能、物质技术以及人对建筑的各种需求。第三章，建筑的社会文化性，包括建筑的民族和地域性，建筑的历史和时代性，建筑的文化和艺术性等。最后两章简要地论述中国建筑的沿革和外国建筑的沿革。这样，使学生在进入专业学习时对本专业有一个全面而概况的了解。

本教材的内容，已在教学实践中应用了十余年，效果较好，现在作为正式教材出版。本书的写作由以下几位老师、专家共同完成：郑孝正、沈夔癸、沈鸿明、邵睿、沈晓明、王爽、黄松等。在此共记并致谢。

沈福煦

2005 年 10 月

目录

绪论
Introduction

一

我们每天都生活在建筑中，每天都在与建筑打交道。可是，什么是建筑？我们却说不清。法国启蒙主义哲学家狄德罗（1713—1784 年）说：“人们谈论得最多的东西，每每注定是人们知道得很少的东西，而美的性质，就是其中之一。”他说的是关于美的性质，其实建筑也有类似的性质。我们对建筑似乎很熟悉了，但什么是建筑，却很难说得全面、完整。正如英国著名哲学家罗杰·斯克鲁顿在《建筑美学》（1944）一书引言中所述：“建筑是什么？它为什么重要？人们应该怎样建造？这些问题从来没有结论，即使是现在，建筑师和理论家门似乎还是迟迟不能认真系统地回答这些问题。”有人说建筑就是房子，可是有许多不是房子的东西，却也是建筑，如北京天安门广场上的人民英雄纪念碑、巴黎的埃菲尔铁塔和雄师凯旋门、埃及金字塔、南京的明孝陵和中山陵等，都不能说是房子，但它们都属建筑。

汉语里的“建筑”一词，其实是多义的，它既是名词，包括房子、纪念碑、陵墓、塔幢及其他构筑物等；也是动词，包含了建立、建造、计划等一系列动作及相关的思维活动。“建筑”一词在英语里则有别于 House（房子），Building（建筑物），它是 Architecture，也有的把它译作建筑学、建筑术、建筑艺术等，这也表明这一词汇即有“学”和“术”的部分，既包括知识、理论、技术、技能等可以理性分析的内容，亦有诸如艺术性、观念等难以理性评价的部分。我们这个专业名叫建筑学（Architecture），从它中英文名称的不同含义里，我们也可以大致了解本专业学习过程中所涉及的各方面内容。

初涉建筑学专业的学生，进入课堂时总是怀着一种憧憬而又好奇的心态。有人说，建筑学既要懂得工程技术，又要懂得艺术，所以，学建筑学是难的，但又是很诱人的。我们在这本专业入门的教材中，就是尝试建立一幅关于建筑学专业的全息图景，给学生一个比较直观的整体印象。

近现代建筑理论认为，建筑（指建筑物）就是空间，这话很有理论深度。春秋战国时期的著名哲学家老子（李耳）的著作《道德经》里说道：“凿户牖以为室，当其无，有室之用。故，有之以为利，无之以为用。”所以，“有”（门窗、墙壁、屋顶等实体）给人们的“利”（利益、功利），是要以“无”（即所形成的空间）来起作用的。

一座房子，不是实心的，从门进去，里面是一间间的房间，是空心的。但如果它不是房子，而是纪念碑，则是实心的。建筑的空间是指空间占有，而纪念碑的空间是在碑的周围。北京天安门广场上的人民英雄纪念碑，它的空间就是在碑的四周，所以，纪念碑不但要设计碑，而且也要设计碑周围的空间形态，这些空间也正是人们瞻仰、活动的地方。

有人提出，建筑的目的是创造一种空间环境，提供人们从事各种活动的场所。生活起居、交谈、休息、用餐、购物、上课、科研、开会、就诊、看书阅览、观看演出、体育活动以及车间劳动等，都在建筑空间中进行。这也说明，学习建筑学需涉及许多关于人、关于人各种活动的知识。

建筑首先须满足人的活动需要，无论是空间本身，还是构成空间的实体部分，都应当符合这个空间的使用目的。建筑要满足单个人的需求，还要满足人群的需求。

二

建筑具有空间性，如上面所说，但建筑还具有时间性。建筑的时间性的概念比较抽象，但也是值得重视的。建筑的时间性可以概括为以下几点：

一是建筑的存在有时间性，即建筑只能存续一定的时间。尽管有些建筑非常“长寿”，似乎是永久性的，如古埃及的金字塔，至今已有4500 年了，古希腊的帕提农神庙，也有 2400 余年了，然而，如今的这些古建筑在形象上毕竟已不如当年；这些建筑的残破表述着时间的流逝。如今世界上存在的各个建筑，不论年代长短，都应当认为是有“寿命”的。古代建筑虽然留存至今，但大多数已不被使用，只是作为文物古迹而存在着。伊斯坦布尔的圣索菲亚大教堂，当初（1453 年东罗马灭亡前）是拜占庭帝国的东正教堂，后来奥斯曼帝国取代了拜占庭帝国，这里就变成了伊斯兰教的清真寺了，后来又变成了历史文物建筑，不作其他用途。有的建筑被烧毁、拆除，或者毁于战争，也有的被改建。总之，大多数的建筑都会随着时间而改变或消失，没有绝对的永久建筑。

二是建筑在使用上也有时间概念。有的建筑是多功能的，这种建筑就需要根据时间分段使用，以便更充分地利用，如有的会堂兼作食堂，因为人们很少在吃饭的时候开会。游赏性建筑的时间概念，则与人的行为连续性与体验的过程性密切相关。如苏州的怡园，先从大门进入，到达前厅，然后经过曲廊到玉照亭、四时潇洒亭，入腰门到留客处、石听琴室，再经曲廊到石舫、锁绿轩，经复廊到南雪亭、藕香榭、碧梧栖凤、面壁亭，然后沿廊至画舫斋（旱船）、湛露堂，由此沿北山到螺髻亭、小沧浪、金粟亭，再回到锁绿轩，然后是石舫、留客处，于是原路出园。如此走走游游，大约要两个小时。如果仅用 20 分钟游完，只能走马观花，达不到游园的效果。园林建筑（空间）紧紧地与时间联系在一起，有的园林景点甚至需坐下来细细品味，如苏州拙政园里的留听阁，阁前有池，池上有荷，如若人坐在阁中，观池中之荷，听得雨点洒在荷叶上，发出淅沥之声，会联想到唐代诗人李商隐的诗句：“留得残荷听雨声。”在此阁坐半小时也不会嫌久。

三是建筑的时间性也表现在建筑生命周期中的各种变化上。例如北京天安门广场，原来仅仅是一条南北向的道路，从大清门到天安门，叫千步廊，后来这里变成了广场，并在东西两边建起了庄严雄伟的中国国家博物馆（东）和人民大会堂（西），大清门等建筑都消失了。现在的北京故宫本来是明清两朝的皇宫，如今则成了故宫博物院。西安在唐代时是都城长安，规模很大，但后来衰落了，到了明朝，缩小成只有唐长安时的太极宫那么大，并改名为西安。上海外滩那几十座建筑，至今已经80余年，虽然建筑仍较完好，但现在的使用功能已与当年大不相同了。巴黎的卢浮宫本来是皇宫，如今也成了博物馆。诸如此类的例子不胜枚举。

建筑的生命周期进一步说明建筑是有寿命的，有的建筑寿命长，如古埃及的金字塔，距今已数千年，古罗马的科洛西姆角斗场，距今已近2000年（建于公元82年），但有的建筑寿命却不长，十几年甚至一两年就被拆除了。我国对建筑结构设计使用年限有明确规定，依据《建筑结构可靠度设计统一标准》GB 50068—2018，建筑结构的设计使用年限分为四类，包括：临时性建筑结构，设计使用年限为5年；易于替换的结构构件，设计使用年限为25年；普通房屋和构筑物50年；标志性建筑和特别重要的建筑结构100年。

四是人对建筑的感受和认知有时间概念，会随着时代而变迁。如建筑的美感会随着时间的流逝而起变化，建筑物虽然未变，但人们对它的审美却会起变化。古希腊的帕提农神庙建成于公元前432年（一说公元前438年），它本来是雅典的守护神雅典娜的庙宇，后来虽已不是庙宇性质，但仍作为古建筑（文物）一直存留至今。它虽然已经很破旧，很多浮雕已损坏、脱落，室内的宝物，连同那座珍贵的雅典娜雕像，都已在战争中被洗劫一空，可是，这座建筑还存在着，按照西方文化的说法，这就叫“残缺美”。然而，先前的美学动机与如今对它的美学理念已改变了。德国美学家黑格尔（1770-1831年）曾说：“我们对圣母玛利亚，不再拜倒在她的脚下，今天我们对她是一种崇敬的美学概念”。对帕提农神庙这座建筑的美，同样如此。现代建筑的美也是这样。巴黎的埃菲尔铁塔1889年刚建成时，好多人批评它，甚至咒骂它，说它是个“怪物”，说它“糟蹋了巴黎”云云，但过了些时候，人们渐渐觉得它至少不令人讨厌了，又过了些时候，人们便觉得它很美了。如今，据说有一位巴黎市民向游客介绍说，巴黎圣母院是巴黎的一位最有名的老奶奶，埃菲尔铁塔则是巴黎的一位最有风姿的少妇。这就说明，这座铁塔已在人们的心目中成为一个不可缺少的美学对象了。

五是建筑的时间性也体现在不同时期历史建筑的共存上。不同时期的历史建筑——从数千年前的金字塔、神庙，到数百年前的教堂、民居，再到几十年前的住宅、工厂，乃至刚建成的办公楼等建筑物共存在这个世界上，成为时间长河中建筑历史变迁过程的一个现实投影。

有些人认为，建筑是艺术。有很多学生也本着“建筑是艺术”的认知而投奔这个美妙的殿堂：建筑学专业。可是，建筑的首要目的却不是艺术，建筑设计不只是塑造一个艺术品，它首先考虑的是使用性。住宅，首要的目的是供人们居住，学校的首要目的是提供教学的场所，图书馆主要用来借书和藏书，医院主要是为病人治病，纪念馆供人们参观、瞻仰，如此等等。建筑不同于雕塑，雕塑作品基本上是供人们观赏的，有的雕塑也供人们瞻仰、礼拜（如纪念性雕塑、神像等），但这也只能说是它的一种精神上的功能。

因此，有志于建筑学（专业）的学生，首先应当记住：建筑以功能为重。建筑，提供给人们一个有用的空间是首要的。19 世纪末，美国芝加哥学派著名建筑师沙利文曾说："形式追随功能。"尽管这句话说得有些绝对，但对于功能的重要性，我们不能不注意。建筑师不能只顾造型美，不顾功能是否合理，设计出华而不实的建筑。我们进入专业学习，一开始就要强调这一点。

建筑的功能性要做得成功也是一件不易之事。我们要在学习中，在课程设计中强调理论联系实际，要多参观，多学习别人的经验。文学家要深入生活，才能创作出生动的、有血有肉的优秀作品。建筑师也应当多参观、多看、多学，才能设计出令人喜闻乐见的好作品。从创作、设计的意义来说，建筑师与文学家具有同样的特点，同样的要求。

三

建筑为人所造，供人所用。建筑提供给人们的空间是由物质材料构成的，但也不能认为，凡是由物质材料构成的空间都是建筑。例如，天然而成的山洞，我们不认为它是建筑，只有当它经过人工的某些加工，成为适合人们居住或其他活动的空间时，才能称得上是建筑。山西大同的云冈石窟、河南洛阳的龙门石窟等，应当属于建筑。我们更不能说宇宙这个大空间是建筑，宇宙对人来说要比地球更漫无边际。我们所说的建筑，是指供人们进行各种具体的、特定的生活活动，用物质的手段限定的空间，是由实物和空间共同构成的。

史前时代，人类已经有自己建造的住所，这些住所与动物巢穴不同，前者是人主动建造的，后者是由动物本能构成的。人类最早的建筑，大体可以分成两大类：一类是在地面上挖洞穴，另一类是在树上架设可以住人的空间。《礼记·礼运》中说："昔者先王未有宫室，冬则居营窟，夏则居橧巢。"这里说的"营窟"，就是穴居的形式；"橧巢"就是巢居的形式。《孟子 · 滕文公下》中说："当尧之时，水逆行，泛滥于中国，蛇龙居之，民无所定。下者为巢，上者为营窟。"下者，指地势低下的地方，这些地方潮湿，人不能居住，所以筑巢而居；上者，指地势高耸的地方，人们就挖洞而居。随着社会生产力的提高、技术的进步，人们的居住环境也渐渐得到改善，开始在地面上建造房子。这时的房屋不但在建造技术上有所进步，而且类型也渐渐多起来了，适应当时人们对生活活动的需求，不但有居住建筑，而且还有宫殿、庙宇、店铺、作坊等。如今的建筑，类型更多了，设施也越来越完善。从类型上说，除了住宅，还有旅馆、饭店、剧院、电影院、商场、政府办公机构、图书馆、博物馆、体育馆、邮局、医院、学校、工厂、车站、码头、飞机场等。建筑设施和空间构造也越来越复杂和进步。在结构上，不但有木结构、砖石结构，而且还有钢结构、钢筋混凝土结构等，不但有一、二层的低层建筑，还有五、六层的多层建筑和几十层的高层建筑，甚至超过百层的超高层建筑。当然，如今的建筑设施也越来越复杂，不但有供电、给水、排水和暖气通风设备，而且还有网络系统、监控系统等。

建筑学有丰富的内容，刚接触专业学习时，我们也许会觉得似一头乱麻，理不清头绪。因此，我们首先须把握建筑的基本性质，由此来理清这些繁复的内容。

四

建筑与其他艺术的一个不同之处是它具有高度的工程技术性，特别是当代的建筑，它的工程技术含量更高。例如，当代的高层建筑已逾百层，要使它坚固不倒，须在结构技术上作保证。当代的大空间建筑，如体育馆，里面可以容纳数万人。曾是全球最大的体育馆——美国新奥尔良体育馆，在进行篮球比赛时，观众可达 9 万人！它的直径达 207m，当然里面是没有柱子的，如此大的空间，必须有结构技术的支撑。因此，我们要学习工程力学：理论力学、材料力学、结构力学，还要学习工程结构：木结构、砖石结构、钢筋混凝土结构、钢结构等，还要学建筑材料、建筑构造。当代建筑还有设备方面的内容，所以还要学给水、排水，要学供电（包括动力电、照明电以及电话网络等低压电）、建筑供暖、通风等。我们还要学习建筑物理：建筑热工、建筑声学和建筑光学等。我们还要学习屏蔽、超湿、超低温技术等。建筑设计完成只是建筑建造的第一步，接下来还有施工问题，所以我们还要学习建筑施工技术和施工组织，与施工技术人员合作，共同完成建筑（作品）。这许多技术问题，我们都要懂得，并且要能与结构工程师及水电暖诸工种的工程师配合，共同进行设计。所以，有人形容建筑师像一个大型乐队的指挥，要想演奏好一部交响曲，他必须了解各种乐器的效果，并且又能组织、协调好整个乐队的演奏。

建筑师不但要重视工程技术问题，同时还必须注意建筑的经济问题。有人以为，建筑设计应当同时兼顾实用、经济和美观。经济问题也是当代建筑的重要问题。澳大利亚的悉尼歌剧院是个造型十分美的建筑，可是它的造价太昂贵，这座建筑建成后，它的决算造价竟是预算的十几倍！令人不可思议。这也是这座建筑的美中不足之处。

五

建筑不仅具有功能性、工程技术性和经济性，并且还具有文化性。所谓文化性，就是指它的民族性和地域性、它的历史性和时代性。不同的民族有不同的建筑形态，不同的民族特征（指建筑形式）往往通过宗教反映出来。欧洲早期的基督教后来分裂成为西欧的天主教和东欧的东正教，这两种宗教的教堂形式完全不同。天主教建筑（教堂）的最主要特征在于高直式和尖塔；东正教建筑（教堂）的最主要特征在于穹窿顶（俗称洋葱顶）。天主教堂，如德国的科隆大教堂、英国的萨利斯堡大教堂等，都有修长的外形和高而尖的钟塔。东正教堂，如莫斯科的华西里 · 伯拉仁内大教堂、诺夫哥罗德的圣索菲亚大教堂、威尼斯的圣马可教堂等，都用圆穹顶。

建筑的地域性，是指当地建筑中的民俗文化内容。最典型的表现如我国传统民居的多元形态，北京四合院、江南水乡民居、福建闽西地区的土楼、东北大院、重庆的吊脚楼、云南西双版纳的竹楼、西藏的碉房、内蒙古等地的蒙古包、新疆维吾尔族民居等，各具特色，这就是建筑的地方性。它们之间之所以不同，都是由于当地的气候、地貌、建筑材料以及许多人文因素所造成的。

随着历史的发展，建筑形式也在不断地演变。在我国，古代建筑与现代建筑形式完全不同。欧洲的古代建筑与现代建筑形式差别也很明显，古希腊、古罗马的建筑与中世纪的建筑有明显的区别，中世纪与文艺复兴的建筑形式也有明显的区别，当然，欧洲的古代建筑与现代建筑形式更不相同。现代建筑的变化节奏更快，20 世纪 30 年代的建筑与 20 世纪末的建筑，其形式的差异是很明显的。例如，美国的流水别墅或约翰逊制蜡公司，均是 20 世纪 30 年代的代表性作品，它们与 20 世纪末的“后现代主义建筑”（如美国新奥尔良的意大利广场或波特兰的市政服务大楼）相比较，就可以明显地看出两者之间的差异，这些差异就是时代的差异。当然，除了建筑外，其他人造物也有明显的时代差异，例如汽车的形式，服装、家具等的形式。这就是时代性。建筑的时代性对于当今时代来说更重要。毕竟，当今时代的科技和人文都在加速发展，建筑变革的速度也会更为迅速。

六

建筑不完全是个艺术品，但建筑无疑具有艺术性。19 世纪德国哲学家谢林（1775-1854 年）曾说过：“建筑是凝固的音乐。”后来有人反对这种说法，认为建筑不等于艺术，建筑具有强烈的功能性和技术性，还有经济性。可是建筑具有艺术性这种说法并没有错，问题在于建筑的艺术性只能说是建筑的属性之一，建筑还有其他属性，而且随着历史和时代的变迁，艺术性这种属性是不会消失的。当代的许多优秀的建筑，它们的艺术造型之美仍然存在。

建筑的艺术性，与其他造型艺术具有共同的形式美法则，如变化与统一、均衡与稳定、比例与尺度、韵律与节奏、虚实与层次等，但也有建筑（艺术）所特有的形式美法则，例如尺度，建筑造型具有尺度概念。同样的形式，不同的大小，它们的造型效果就不同。我们如果把一幢别墅放大十倍，不但影响使用（功能），而且也会令人感觉诡异。如果把科隆大教堂这座建筑按比例缩小 200 倍，那么它就不是建筑，而是模型或工艺美术品了。雕塑与绘画也有尺度问题，它们的尺度概念表现在作品内部，如绘画中的人和树木、车辆及道路等。

建筑造型看起来似乎容易，但真正操作起来却很难。有一位建筑学专业教授认为，建筑的技术问题虽然也难，但它在学习中比较容易把握，建筑的造型问题之难，就难在难以捉摸。如何去学？他提出一个字：悟。所谓悟，在心理活动中属高层次的，即要有悟性。怎么学？实践！去做设计，去参观。同时，“功夫在诗外”，我们要去接触其他的艺术，如绘画、书法、雕塑、音乐、诗歌等。只有这样，才能在建筑造型上有所建树。

七

社会在不断地向前发展，建筑学的内容在不断地更新，我们要跟上时代，与时俱进。就建筑而论，近年来又有了新的发展动向，在这里，我们概括地说一说当今建筑发展的大趋势。建筑的功能正在发生变化，如旅馆、饭店，不再是单一地用来"过夜"，而是可以在这里举办展览会、发布会及其他各种社会活动。建筑的民族性和地方性也在起变化，一个地方的建筑，不再是单一的形式，而是集全球各地的风格于一地。又如建筑思潮的变迁，现在的建筑风格已经不再像20世纪中叶那样分成流派，什么风格派、表现主义、典雅主义、新陈代谢派、高技派、后现代主义等，而且风格更多样，形式更活泼，不讲究某个建筑属于什么派，只要建筑自身的形式协调就好，只要某个建筑与周围的建筑能协调就好。科学技术的新发展也将带动建筑的新变革，例如，当今数字化、移动网络、人工智能等技术的迅速推进也已体现在建筑的设计和建造过程中了。我们学建筑的，无论如何要跟上时代，一不留神，就会落后，就会过时。我们千万要记住"与时俱进"这四个字。

建筑如人，我们提出要和谐。古希腊哲学家亚里士多德说："美就是和谐。"孔夫子也说："和而不同。"其实，建筑正应如此，要和谐，但不能雷同。有志于建筑事业的同学们，努力学习，为将来美好的世界做出更多的贡献吧。

第1章
Chapter 1

建筑的意义
The Significance of Architecture

1.1 什么是建筑

1.1.1 对“建筑”的不同理解

“什么是建筑”这个问题，看起来好像很容易回答，但若要对建筑下一个确切的定义，确实是一件困难的事。事实上，在这一问题下衍生出了许多对建筑的不同理解和认识。

一般人也许都会说，建筑就是房子，但这样的回答对于专业（建筑学）来说是不够完备的。房子是建筑物，但建筑物不仅仅是房子，它还包括不是房子的其他东西。例如纪念碑，它是建筑物，但不能说是房子。巴黎的埃菲尔铁塔、北京的妙应寺白塔、南京的栖霞寺舍利塔、罗马圣彼得大教堂前广场上的方尖碑、美国华盛顿的华盛顿纪念碑、古埃及的金字塔、秦始皇陵等都属建筑物，但都不能说是房子。

有人认为，建筑（指的是建筑物）是空间。建筑的内部是空的，人可以进入里面。有的建筑虽是实心的，如纪念碑、塔幢等，但它也有空间，不过这些建筑物的空间不在其内部，而是在其周围。房子是实的物体（如墙、屋顶等）包围或构成虚的空间，即室内空间；而纪念碑一类的建筑物则是实的碑体在中间，虚的空间在其周围，或者说它反包围或构成周围的空间，如图 1-1 所示。北京天坛的圜丘是用三层坛台构成它的上部空间的。有的塔是空心的，人可以入内，还可以爬到塔的上面向外眺望，如上海的龙华塔、杭州的六和塔等，有的塔是实心的，如北京的妙应寺白塔、南京的栖霞寺舍利塔等，但不论是实心的还是空心的，塔作为一个整体，应看成为实体，塔的周围则是属于塔的空间。纪念碑更是如此，北京天安门广场上的人民英雄纪念碑，其周围的空间就是属于这座碑的空间。诸如此类，建筑物的空间性是无疑的。建筑的空间性，既有实体的一面又有空间的一面。虚的空间是人活动的场所，实体则为虚的空间而设，不但组织起供我们使用的空间，也显示了建筑形象。

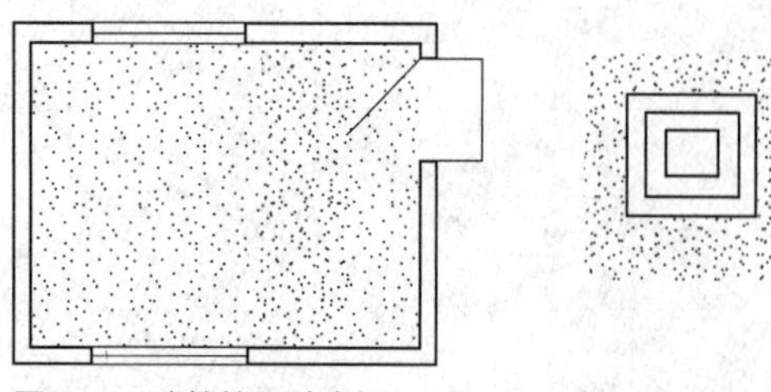

图 1-1 建筑的两种空间

18 世纪德国哲学家谢林说：“建筑是凝固的音乐。”后来，德国音乐家豪普德曼又补充说：“音乐是流动的建筑。”这些对建筑的认识，无疑是把建筑作为一种艺术来看待。建筑确实是一种艺术，而且是一种很古老的艺术。在古罗马的光辉艺术中，建筑占有相当重要的地位，如角斗场、万神庙、铁达时凯旋门等，都是伟大的艺术品，又如巴黎圣母院、罗马圣彼得大教堂、莫斯科华西里·伯拉仁诺大教堂、伦敦圣保罗大教堂等，也都是精美的艺术品，甚至许多著名的现代建筑，如法国的朗香教堂、美国的流水别墅、澳大利亚的悉尼歌剧院等，都称得上是现代艺术的精品。我国古代的许多著名建筑，如北京故宫、天坛，山西晋祠圣母殿、应县木塔以及江南园林等，也都称得上是艺术精品。在我国的现代建筑中，也有许多称得上是艺术佳作的，如上海的金茂大厦、浦东国际机场，广州的白天鹅宾馆，北京的奥运会主会场“鸟巢”、游泳馆“水立方”及中央电视台新主楼等。可是，我们却不能说建筑就是艺术。从逻辑上说，建筑与艺术还不是等同的，建筑除了它的艺术属性之外，还具有其他性质，如它的使用功能性、工程技术性和经济性。

在 19 世纪以前，由于过分地强调了建筑的艺术性，却反过来束缚了人们的手脚，有碍于建筑其他性质的真正实现。自 18 世纪下半叶的工业革命开始之后，人们在生产、生活活动及其他许多社会文化方面，都对建筑提出了新的要求，那些墨守成规的、古典的建筑艺术范例，越来越有碍于建筑的发展。在这种矛盾面前，人们开始对传统的建筑形态产生不满，要求有所变革。从 19 世纪下半叶开始，欧美的很多发达国家，从理论到实践，对建筑进行新的认识和探索，并且出现许多新形式的建筑，促生了现代主义建筑。

1.1.2 现代建筑师的观点

19 世纪以后，许多现代著名建筑师纷纷提出了各自对建筑的看法。

著名的德国建筑师格罗皮乌斯提出：“建筑，意味着把握空间。”另一位著名的法国建筑师勒·柯布西耶提出，建筑是“居住的机器”。这些见解就意味着人们对建筑有了新的认识。建筑，首先应当是给人们提供活动的空间，而这些活动，则包括物质活动和精神活动两方面。所以，意大利著名建筑师奈维认为：“建筑是一个技术与艺术的综合体。”而美国著名建筑师赖特认为：“建筑，是用结构来表达思想的科学性的艺术。”他承认建筑是一种艺术，但又具有构成建筑物的科学性和人们使用建筑物的合理性。不难看出，现代建筑不把建筑的艺术看成是独立的、纯粹的艺术，而是把这种艺术看成是也包括在供人使用的范畴中，即满足人们的精神活动。这也有些类似于工艺美术和现代的实用美术，前者更多地考虑其造型，后者则偏重于应用，但不能说后者不重视造型，所以后来又把实用美术视为产品，叫工业美术。作为产品，它的生产手段显然与工艺美术不同，其生产目的，是为了销售。可以说，现代建筑就遵循了这种认识。例如居住建筑，现在我们建造住宅，是成批生产的，一样的形式，千百幢地建造，只要它卖得出去，甚至没有地域概念，北京可以建造这种形式的住宅，上海、广州、西安、成都等地也可以建造。它还可以国际化，美国能造这种形式的住宅，法国、英国、德国、日本、韩国、泰国等任何国家都可以造这种形式的住宅。除了住宅，其他如办公楼、剧场、电影院、医院、旅馆、学校等，也都能这样做。现代建筑的科学技术特征和因素很强烈，甚至科学技术直接参与造型，在这种背景下，人们对于建筑的认知、理解和实践也在不断拓展。同时也会产生新的城市和建筑问题，成为当下社会和建筑师关注的焦点，如建设过程中“千城一面”的问题、建筑地域性和特色丧失的问题以及建筑文化传承的问题等。这些新的问题与矛盾也需要我们不断研究，去寻找更优的建筑模式。

1.1.3 建筑的四重含义

对于“建筑是什么？”的问题似乎很难给出一个确切而完整的定义，不同的建筑师、不同的个体因为时代差异、背景区别、面临现实问题的不同，对“建筑”提出不同看法，而这些不同的定义也提供了一个多角度理解“建筑”的潜在框架。从专业学习角度而言，我们应该理清这些定义所涵盖的不同侧面。

“建筑”的一般理解——房子或建筑物，可以说是建筑的第一层含义，作为名词指向“建筑学”专业的目的物——形态和空间。杜甫《畏人》诗中“畏人成小筑，褊性合幽栖”中“筑”用的就是这层含义。

“建”“筑”二字在字面意义上还有动词的用法，“建”包含了“创立、设置、树立、提出”的意义，“筑”包含了“捣土使坚实、造房子、建土木工事”等含义。这也指向了建筑专业上的第二层含义，即达到目的物的营造活动，这是一系列的动作以及与动作相对应的“思维活动”。如古人造“半穴居”，先筑坑，再立木，最后铺上屋顶的过程正体现了建筑这一层的含义，如图 1-2 所示。

与营造活动相配合，“建筑”一词还指向了营造过程中的一系列技术、工艺、规范制度，即实现目的物的手段和标准。如建造过程中的砌筑工艺、榫卯技术，建造过程控制的“营造法则”、柱式、样式，国家和地方建筑标准、规范，国家层面的“适用、经济、绿色、美观”建筑方针，还包括诸如注册建筑师制度、建筑学专业教学评估制度等。这是建筑的第三层含义，即指向了“建筑”可理性评价的部分，也构成这一专业“学”“术”两个方面的内容。

而“建筑”在可理性评价部分之外，还有超出理性评价的地方。如建造过程中对构造精巧感的追求、对空间音乐感的向往、对生态技术绿色感的期望、对高科技炫耀感的营造等。既有对工艺和技术、对建造过程的极致追求，也有对建筑物本身的欣赏，对永恒性、纪念性等主观感受的诉求，评级标准模糊而多元，既依赖社会总体的感受，又源于个体的认知差异。这些超出理性评价的部分构成了“建筑”的第

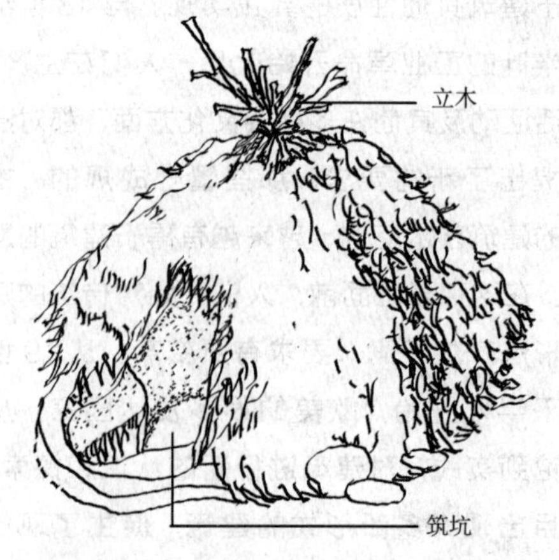

图 1-2　筑坑、立木示意

四层含义，建筑是艺术的观点也可以说是这层意义的体现。

“建筑”一词内涵包括了作为名词的目的物、营造动作和思维过程、工艺技术和规范、超出理性评价的部分四个方面，这也是我们接下来进入这门专业需要深入学习和研究的内容。在学习过程中，整合不同侧面的知识和观点，才能帮助我们建立自己的专业观，而这一过程又有赖于广泛的实践。建筑设计就是我们的实践，我们进入建筑学专业后，着重要学习的也正是建筑设计，在设计实践中，我们对建筑的概念、观点会更加清晰起来。当然，其他各门课程也都有助于对建筑含义的把握。

1.2 人与建筑

我们几乎每时每刻都接触建筑，坐卧、休息、交谈、上课、买卖、就诊、看戏、参观展览、瞻仰纪念馆、阅览室内看书报、观看体育比赛、实验室里做试验、车间里劳动等，除了一些户外活动（如田间劳动、郊游等），可以说，都是在建筑中进行活动。有些活动虽说是在户外，如广场等，但从广义来说，这种空间也属建筑，它也被建筑物或者其他物体所限定（空间）。总之，建筑与人的关系实在太密切了。所以，有人说，人的基本需求——衣食住行中的“住”，就是由建筑来实现的。这里的“住”是广义的，并不只是居住，因而也可以说建筑是人们的生活活动的环境。但环境这个词（Environment）不限于建筑，它有多义性，例如人群、社会，也属环境，自然条件，如空气、温度、湿度、水文、地貌、林木、草地等，对人来说也都是环境。所以，建筑作为环境来说，是指人造的、由实物所限定的、人活动于其中的空间。

一个住宅，有起居室、卧室、书房、儿童活动室、餐室、厨房、卫生间、储藏室等空间，形成一个由实物构成的居住空间；一个剧院，有前厅、售票厅、观众厅、舞台、后台、化妆室及其他用房；一个中学，有各种教室、办公室、礼堂、实验室、医务室、后勤用房等。这些空间是按照人的活动要求而构成的，例如，剧院中的观众厅的形状及大小、高度，每一个座位的尺度，走道的宽度，舞台的形状及大小，出入口的大小和数量，还有视线、光线等，这一切都是按照人看戏这一活动的要求设计的。又如住宅中的卧室，总希望有一个用于睡觉、穿衣、梳妆、交谈等活动的空间。那些构成空间的物体（如墙、门窗、地板、顶棚等）的表面、空间的大小和氛围，要尽量符合人们的这类活动的特点。不能想象，若墙面布置得琳琅满目、五光十色，或者形状很奇特，抑或四周围不用墙，而用透明的玻璃，这种卧室怎能令人满意？可见，建筑首先必须满足人的这些活动的需要，无论空间本身，或者构成空间的实体部分，都应符合这个空间的使用目的。

人，可以认为是单个的，也可以是人群集合的，甚至是整个社会的。我们这里指的建筑，应当能满足人在里面活动的各种需要，而且不仅满足单个人的，还应满足人与人之间的交往乃至社会整体的需要，例如学校中的教室，不仅满足单个人（学生）的学习需要，还要满足教师与学生，学生与学生之间互动的需要，教室的空间形状、大小、高低、光线，教室空间内表面的形象等，都应当最大限度地满足这些需要。

社会作为一个整体，与单个人的需要有所不同，甚至可能会相反。我们对待建筑，既要重视单个人的活动要求，也不能忽视人际的以及社会整体的需要。

1.2.1 建筑与“人”的同构

建筑为人所造，供人所用，这是建筑与人之间关系最根本的一个性质和特征，例如，天然的山洞，我们就不能认为它是建筑，只有当它经过某些人工的加工后，才称得上是建筑。山西大同的云冈石窟、河南洛阳的龙门石窟、甘肃天水的麦积山石窟等，应当被认为是建筑。我们更不能说宇宙这个“大空间”是建筑，宇宙对人来说要比地球更漫无边际，而我们所说的建筑，是指供人们进行各种具体的生活活动且用物质手段限定的人造空间。

原始社会时期，社会生产力很低下，人们只能通过在地上挖一个洞穴，或者在树上架设一个棚架的方式建造简单庇护所以挡风雨、避寒暑、御野兽、抗敌害，改善自己的生活活动环境。随着生产力的提高，技术不断进步，人们逐渐在建筑空间上一点一点地讲究起来。今天的建筑，随着物质和精神文明的发展，不但质量越来越高、数量越来越多，而且类型也越来越丰富。供人们居住的，有各种类型的住宅、宿舍、旅馆、度假村等；供社交及其他公共活动的，有文化宫、游艺场、剧场、体育场馆、博物馆、美术馆、各类展览馆、商店、飞机场、车站、学校、医院、疗养院等；供生产用的，有各种厂房等。随着社会文明的发展，人类对生活活动环境的需求不断增加，同时技术手段和施工条件也不断进化，不同类型、不同形态的建筑日渐复杂。可以认为，建筑的演变和人类文明的发展是同步的,建筑的“为人”和“人为”在社会文明的进程中是一体的，建筑与人的关系是同构的。研究建筑应当研究人，就这一意义来说，建筑学也可以说是一门关于人的学问。

1.2.2 建筑对“人”的映射

建筑为人所造，供人所用，所以建筑也就映射着人和社会。在古希腊的德尔斐圣地前，有一块石碑，上面铭刻着这样一句话：“认识你自己。”相传这是一句由神斯芬克斯所说的话，后来，希腊人就把它作为谚语流传下来了。其实，如果你要认识建筑，也同样可以用这句话：认识你自己、认识你的社会。为什么这样说呢?建筑既然为人所造，供人所用，那么，也必然有意无意地表现着人和社会，建筑既映射了建造和使用过程中的社会现实，也反映了当时的观念形态。

原始人类的物质和精神活动、社会结构和生产技术状态，我们能从留存下来的原始时代建筑中去认识。在苏格兰的刘易斯，人们发现有一种形似蜂窝的小屋，这种房子用较小的石块垒成，制作得很精巧，房子里面估计可供3~5 人居住，有一个门洞，屋子中间的顶部开有一个小孔，也许是供采光或出烟之用。这种建筑成群地建造。我国陕西西安的半坡村也发现了类似的原始建筑，只是材料有所不同。我们能从这种建筑中了解到当时氏族社会的群居特征和家族结构形态，还可以了解到当时的生产技术水平。在法国和欧洲的其他一些地方，人们还发现许多石柱，也是原始时代的。这种石柱，在柱面上还刻有各种图腾（Totem）符号。图 1-3 就是一个大型的石柱形象。据分析，石柱的功能完全是精神上的，犹如后来的纪念碑。它是原始人类的崇敬对象，是一个十足的“精神支柱”，也是他们的部落象征，因此也就带有原始的宗教性质。

随着文明的进步，社会的各种新的特征相继出现，这些新的特征都会在建筑中表现出来。如宗教，古希腊的宗教特征是“神人同性同形”，相传古代希腊的神和人，无论形象、行为还是个性等，都无多大的差异，只是神比人更有能耐，甚至神和人还能结婚，还会生儿育女，有名的大力士海格力斯就是神与人所生的。古希腊神庙，如波塞顿神庙、帕提农神庙及伊瑞克先神庙等，确实像是人在其中活动的建筑物，这反映了古希腊的宗教特征和社会特征，因为只有在奴隶主民主制（对非奴隶者来说则享有自由和民主）社会中，才可能有这样的宗教形制。中世纪西欧的主要建筑形式称为哥特式（Gothic），它映射着基督教、天主教的教义，如巴黎圣母院、科隆大教堂、阿美安教堂等，高直而修长的建筑形象，似乎有一种向上升腾的感觉，基督教、天主教认为，人世间充满着苦难和罪恶，而只要信奉上帝，神就能把你带向“天国的乐土”。西方中世纪的社会现实及观念形态，便在这种建筑形象上表现出来了。

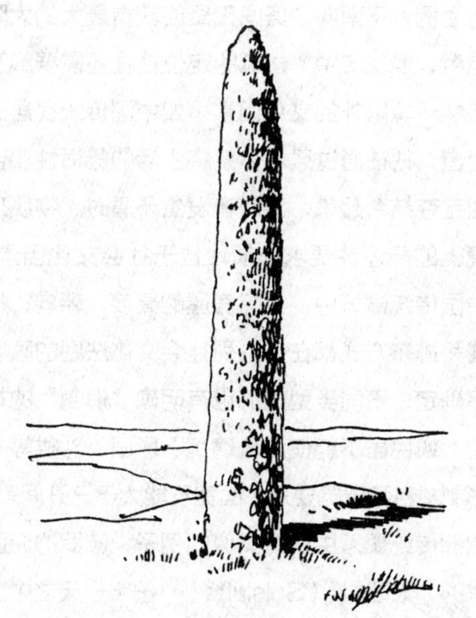

图 1-3 单石

人在社会中的地位，各个阶级、阶层是不同的，在各个社会历史时期也是不同的。中国古代长期处于封建制度中，人的伦理地位是非常严格的。建筑则配合并反映着这种人际关系，长幼尊卑、等级分明，什么位置的房间该住什么等级的人都有严格的规定。现代住宅与古代住宅则完全不同了，我们也无法在现代住宅中再以长幼尊卑的古代伦理关系来分配个人的住处。所以说，现代生活、现代住宅，在物质文明需求上与古代住宅有不同之外，更重要的是在精神上，特别是集中地表现在伦理关系方面的不同，现代住宅的空间布局也相应产生了很大改变。

建筑反映着人和社会，所以说，研究建筑还需研究人和社会，研究人和社会的物质形态、观念形态，人的生理、心理、伦理等特征以及社会层面上的物质形态和意识形态。

1.3 建筑与环境

1.3.1 建筑与自然环境

没有一座房子是孤立存在的，建筑作为人造的小环境，必然处于一个更大的环境中，这个环境既包括自然环境，如气候条件、地形地貌、光线雨水等；也包括社会人文环境，如法律、经济、政治、社会等；还涉及历史环境，如建筑周边的既有建筑形态、城市风貌、社会习俗等。可以说，建筑与环境的关系是局部与整体的关系。

气候与建筑形态关系是最为密切的。建筑本就是人造的适合生活活动的微环境，如防寒避暑、遮风避雨和防潮等，对人类来说也是整体环境的调节装置。不同的气候区，建筑调节的目的是不同的。如寒冷地区需要采暖，火塘会产生烟，那么就需要考虑排烟装置或烟囱；在中国北方我们会用火炕来保持室内的温度，另外传统建筑中还有双重墙中间贯通烟道的火墙做法。依靠火可以解决严寒，而应对湿热的酷暑则需要为遮蔽日晒、防止辐射、引导通风采取更多的措施。如中国南方古代盛行的干栏式建筑，用木（竹）架起高出地面的房屋，高屋脊大挑檐，下层饲养牛、猪等家畜，上层住人，这样既可使房子与地面隔离而防潮，并避开各种凶恶的野兽虫蛇，也能够有效防雨并组织通风。而在干热的地区，建筑物通常采用厚重墙体来隔绝室外的高温，因为日照很强，室外空气温度很高，开小窗就能满足室内采光需求，也能够有效避免室外高温空气进入室内；同时因为降雨很少，建筑物通常采用平屋顶，这些平屋顶还可以在特定时段（如夏夜）提供额外的生活空间。

自然环境决定了不同地域的植被、产业状态，进而限定了建筑材料和结构形式。如北极地区属冰原气候，全年寒冷干燥，多暴风雪，木材、石材等常规建筑材料稀缺，当地的因纽特人利用冰作为建筑材料建造冰屋。而我国黄土高原地区，地表植被少，风沙大，当地居民依据黄土的直立性质，挖掘了冬暖夏凉适宜居住的窑洞。

地震、洪水、山体滑坡、台风、雪灾、火山喷发等自然灾害，也在很大程度上决定了建筑的选址及形态。

1.3.2 建筑与人文环境

在既定的自然环境如气候条件、建筑材料和技术水平等的约束下，建筑最终呈现出来的状态还取决于人文社会环境的影响。如不同群体或文化背景下人对理想生活（空间）的定义、宗教信仰、家庭结构、社会组织、建筑相关法律等。小到一屋一宅，大到一村一镇，都体现了社会人文环境的影响。

在很多传统聚落中，单体建筑的布局和形式很大程度上受到总体布局的限制。以建筑朝向为例，正南向的房间无疑能获得最大的太阳辐射，但现实中，建筑的定位往往还需要顾及自然环境以外的文化因素。如中国传统民居的建造，往往通过风水体系将生活的舒适性和吉凶定夺结合起来，当两者发生矛盾时，物质环境上的舒适性要求必须让位于社会文化因素。中国传统建筑中，实际房屋的高度、朝向、形式和排布方式都在一系列社会文化法则的限制下确定，不同类型建筑也有明确“形制”的规定，如民居不能使用琉璃瓦、彩画、斗栱等高形制材料和建筑要素，面宽不能大于三开间等。欧洲传统聚落中也有类似的例子，波罗的海国家的“太阳村”（Solskifts）[①] 按照一天之中太阳运动路径，控制建筑布局，村落中主要道路

① [美]拉普卜特，宅形与文化：50.

为南北向，两旁的房屋按照等级，从西南侧开始到东南侧沿主要道路依次排列，反映了阳光照射的轨迹。西南向的一号房屋是太阳最早照射到的地方，也是整个聚落中最为尊贵的空间。当然，目前这种布局方式因为过度僵化而被逐渐废弃，只在瑞典、芬兰、丹麦等地有零星遗存。

随着社会的进步，今天我们很少因为阶层、等级等原因规定建筑的布局和形式，但也形成更为严密的法律、规范、条例等因素影响建筑。既有为确保安全而制定的《建筑设计防火规范》GB 50016-2014（2018年版）、《建筑设计抗震规范》GB 50011-2010（2016年版）等，也有为确保公平和效率而确定的“住宅日照管理办法（规定）”等，不同城市往往还根据自己的现实和文化特色确立不同的“风貌保护条例（办法）”，这些法律法规文件，作为底线，制约着建筑的布局、形式、大小及空间组织，是当代建筑社会人文环境重要的组成部分。

1.3.3 建筑与环境的共塑

建筑与环境“互塑共生”。作为人类活动的产物，一个新的建筑，既塑造了一个适合生活活动的微环境，也在更大范围内改变着自然和城市的整体环境。这种改变存在两种潜在的发展态势，既可能引起环境中某些事物的有益变化、维护环境品质和动态平衡，也可能导致环境品质变坏和失衡。

在工业革命之前，建筑技术发展还处于比较低的水平，建筑更多受到环境的制约，对环境改变影响有限，建筑与环境整体处于动态平衡的状态，也普遍形成不同自然环境中与环境契合的特色建筑。同时，我们也应该看到，即使在这种低生产力水平的状态下，人类历史上还是出现过多次因大规模建筑而破坏环境的情景。如秦统一中国之后，因为修建阿房宫，大兴土木毁伐森林，所导致的“蜀山兀，阿房出”[①]的状态。古巴比论文明的衰亡也被很多地理学家和生态学家归因于不合理人工灌溉系统和灌溉方法所造成的土壤沙漠化和水土流失。

工业革命之后，随着人类建筑技术能力的提升和城市化进程加速，建筑业极大地消耗着自然资源，种种对自然环境的负作用也凸显出来，建筑与环境的矛盾日渐突出。当今城市中所出现的“热岛问题”“光污染问题”、高能耗问题都与建筑紧密相关，建筑建造过程自身，也消耗着大量的资源和能源。目前，我国几乎是世界上每年新建建筑量最大的国家，能源、土地、水、原材料等资源严重短缺，建造过程中实际利用效率却较低、环境污染严重。与此同时，由于近三十年城市建设的快速发展，建筑与历史环境的冲突和矛盾问题大量出现，甚至造成“千城一面”的城市建设现实。在这一背景下，我国正积极倡导建筑的节能环保、可持续发展、科学发展观等，希望在环境与建筑中寻找平衡点，使建筑与环境统一，从而达到建筑可持续发展的目的，这也是当下我们这个专业正在面临和必须回答的问题。

从专业学习的角度讲，一个住宅、一栋大楼或者一个城市综合体是我们关注的核心，但建筑与环境的关联，包括诸如地形、气候、社会、法律、经济、文化等的广泛关联也表明了这一专业所涉及的复杂信息。这需要我们在将来的学习过程中，专注地、警觉地将包含建筑及其所处环境的系统作为一个整体来认识、理解和学习。

① 杜牧．阿房宫赋．

1.4 建筑的基本属性

建筑有很丰富的内容，我们也可以将这些内容归纳成为下述几项基本属性，以便进一步理解建筑的内涵。

时空性：建筑作为一个客观的物质存在，一是它的实体和空间的统一性，二是它的空间和时间的统一性，这两个方面组合为建筑的时空属性。

工程技术性：建筑由物质材料所构成，而且是人为地、科学地构成的。

民族性和地域性：每个民族或地域在不同的历史时期都有不同的建筑形态，时代不同，建筑也就有不同的风格和特征。

艺术性：建筑既是一个实用对象，又是一个审美对象，是一种造型艺术。

1.4.1 时空性

我们在第一节里已经说到，建筑是空间存在，是实的部分和空的部分的统一，我们所用的建筑物，用的虽然是它的空的部分，实的部分只是它的外壳，但如果没有这个“实”的外壳，“空”的部分也就不复存在了。因此，研究建筑，应当把实体和空间两者统一起来。在建筑设计中，这种实体和空间的统一处理和操作可以称为建筑空间的限定与组合。例如，用墙或其他的实物材料把所需的空间围合起来，就构成了房间，这种空间的限定方式称为“围”。又如用屋顶、楼板或其他材料的实体置于所需空间之上（当然须用支撑物将它固定住），其下部就形成了建筑空间，如亭子、雨篷、菜场的摊位等，这种空间的限定称为“覆盖”。可以想象，当我们把“围”和“覆盖”合起来限定空间，也就形成一个完整的屋子了。

建筑空间的限定组合，除了以上这两种方式以外，还有其他方式，例如前面已经说到的纪念碑，它是由实体（碑）和它周围的空间构成“建筑”的，其周围的部分，由于碑的存在而与其他远离这个实体（碑）的空间在人们的心理上就有了区别。这种空间的限定称为“设立”。建筑空间的限定组合方式还包括“凸起”、“凹进”、“架起”及实体表面肌理变化七种，不同的限定方式及其组合还能够带来不同的空间限定程度，进而形成千变万化的空间形态。我们不在这里详说了，在以后的建筑设计原理课程和建筑设计课程中，将会学到并应用到。

建筑的空间，还有层次的概念。房间，是建筑空间的最小单元（图 1-4a），几个这样的单元组合起来，就成了房子（图 1-4b），几个房子又可以组合成建筑群或构成里弄、街坊（图 1-4c），然后，几个建筑群或街坊组合起来，便构成城市（图 1-4d）。这时，便失去了建筑这个含义，即不属建筑范畴，而称之为城市了，作为一门学问来说，也不属于建筑学，而属于城乡规划了。例如，我们这个教室，可以说是建筑的最小单元，几个这样的教室加上走廊、楼梯间、办公室、厕所、进厅等组合起来，就成了我们这个教学楼，几个教学楼，再加上宿舍、食堂和厨房、大礼堂、办公楼、医疗室、实验室、图书馆、体育馆等，就成了我们这所学校。再由许多这样的建筑群，当然是各种类型的，如住宅区、商业区、工业区、行政区等，加上室外空间，诸如广场、道路、公园绿地及

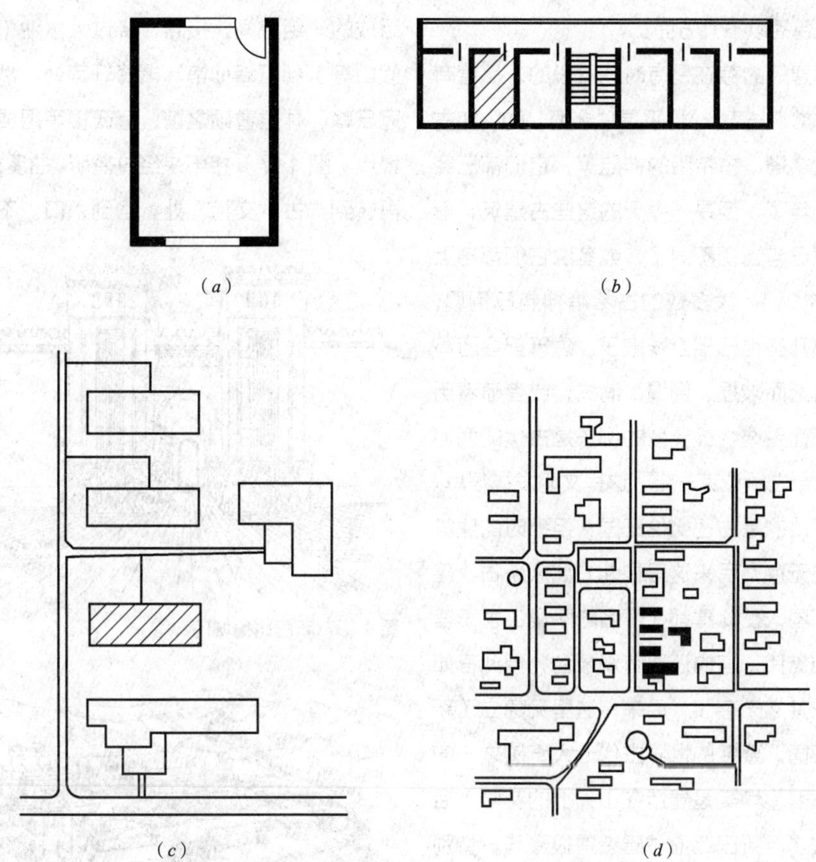

图 1-4 建筑空间的层次概念

其他露天场地，组合起来，就构成了城市。从空间来说，建筑无疑是从最小的单个空间（房间）起，一直到城市，层层组合的空间。所以有人说，城市是一个放大的建筑物，车站、机场、码头等是它的“门户”“出入口”，广场是它的院子或客厅，街道是它的“走廊”。我们要建立起这样的系统性的空间层次意识。魏晋南北朝时，“竹林七贤”之一的刘伶，“纵酒放达，或脱衣裸形在屋中。人见讥之，伶曰：‘我以天地为栋宇，屋室为裈衣，诸君何为入我裈中？’”①，实际上这正是这个层次空间的观点。这样的认识，对建筑设计来说是很有必要的，因为一个建筑物，不论规模大小，都不应当看作是一个孤立的对象，它是有系统的，我们要注意它在更大的范围中的地位和作用，也要注意它的内部，更小的范围中的诸多组合。

建筑的空间性似乎要比建筑的时间性更容易理解，因为它直观。但我们也要重视建筑的时间性，只是时间对建筑来说比较抽象，更多的是概念性的。建筑，看起来好像与时间没有什么关系，但建筑与时间的关系却不能忽视。建筑的时间性表现在什么地方呢？建筑的时间

① 刘庆义 . 世说新语 . 任诞篇

含义可以包括以下几方面：

一是建筑的存在是有时间阶段的。尽管有些建筑非常“长寿”，似乎是“永恒”的，如古埃及的金字塔、古希腊的神庙等，它们都已经存在数千年了，但是，今天的这些古建筑，形象上毕竟已与当初不同了，或者说它们都刻上了时间的印记。大多数的古希腊神庙已倒塌，尚存的那几座也已相当残破了。建筑都会随着时间的流逝而破损、倒塌、消失，或者随着历史的变迁而更迭。最典型的例子是古代的两河流域，即今之伊拉克一带，这里文明发祥很早，最早建于此的是古巴比伦王国，但那时的建筑现在早已无存，后来这里被北方民族所占，建立亚述帝国，在此建都，著名的萨艮二世王宫造得相当雄伟，宫内还建有观象台，但此宫如今也早已荡然无存了。后来，这里又建立了新巴比伦王国。著名的世界古代七大奇迹之一的“空中花园”（其实是建造在山顶上的花园）后来也消失了。新巴比伦城建造得很豪华，特别是它的城门（图 1-5），称得上是雄伟壮观，也早已无踪影。再后来，这里又被波斯所占，波斯王宫帕赛玻里斯宫建造得更雄伟壮观，如图 1-6 所示，如今却只留下一堆废墟。每个建筑的存在都有各自的生命周期。

二是建筑的使用过程与时间关系密切。在园林建筑的游赏方面，我们用实例来说明这一点：苏州的留园，游客先进大门（如今入园的路线已改，这里说的是 20 世纪 80 年代以前的线路），经过一段曲折而富有变化的空间，然后到“古木交柯”和“绿荫”处，在此作短暂的逗留、欣赏，然后，转过两个弯，进入留园的主要景区——由大水池和涵碧山房、明瑟楼等组成的一组空间，接着，绕过大水池（有廊和假山等）到五峰仙馆、揖峰轩等处，然后再到冠云峰、林泉耆硕之馆、冠云楼等组成的一处景点（图 1-7），接下来经过鹤所、曲溪楼等处，再转到“古木交柯”处，回到入口。不论游程

图 1-5　新巴比伦城门

图 1-6　帕赛玻里斯宫

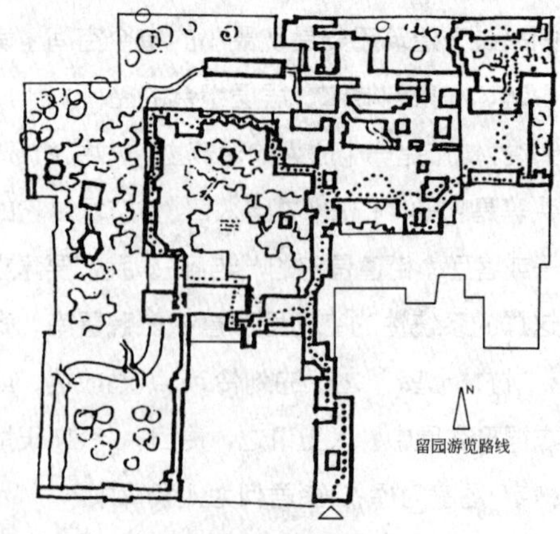

图 1-7　留园平面及游览路线

的长短，不论游得细致还是走马观花，总得用时间。在设计空间的同时，还要考虑时间，因为时间在建筑使用中有相当重要的作用。

三是建筑的使用功能及使用方式往往随着时间发生变化。如伊斯坦布尔的圣索菲亚大教堂，建成于 537 年，当时是一座东正教堂。后来，东罗马帝国被奥斯曼帝国所灭，这座教堂变成了伊斯兰教的清真寺。第二次世界大战以后，这里变成了博物馆，成为了文物（属中世纪七大奇迹之一）。又如北京的故宫,过去是明、清两朝的皇宫，今天则成了博物馆。还有，上海南京西路上的美术馆，最早是外国人开设的跑马总会，后来改为上海市图书馆，如今又变成了美术馆。这种随着时间的变化而改变使用功能的建筑，在建筑历史上不胜枚举。随着社会、历史、时代的变迁，建筑的功能不断改变。而在今天，很多类型的建筑在设计之初往往就要考虑到这种变化。如奥运会场馆的设计或各种大型活动场馆的设计，均需要考虑到赛会期间的使用及会后的持续利用问题。

四是对建筑的审美也受时间因素的影响甚至决定。我们常说“时代感”、“时代美”、“时髦”等，这也就意味着事物的美感是会“过时”的。有些建筑（指形式），当初曾轰动一时，但过了三年五载，人们就对它不怎么感兴趣了。20 世纪 50 年代，为配合新中国成立 10 周年，在北京建造了 10 座重要建筑，曾轰动一时，但如今也不如当年那么令人激动了。古代建筑固然至今仍然对我们产生着吸引力，但须知在我们的审美心理上已经变了，变成以现代的美学心态去品评它了。如佛塔的形式，古代对它的审美基本上是从宗教出发的，但今天我们欣赏佛塔，就转化为从它的形式美出发了。又如江南水乡民居，在古代的人看来，当然也是美的，所谓“小桥流水人家”，但对今天来说，它的实用性降低了，审美性增加了，本来不属于形式美（目的）的东西，如山墙、柱、门窗、台基、栏杆等实用性的东西，如今却增加了它的审美价值，降低了它的实用性。今天我们欣赏这种水乡建筑的美，如苏州、绍兴一带的江南水乡，被誉为“东方威尼斯”，用以前从不会有的“威尼斯”概念来描述它；人们已经把它升格为绘画式的或摄影艺术式的美学对象了，画家对它青睐，摄影家对它歆羡，旅行家更是慕名前往，一睹为快。时间在建筑美学上起着很大的作用。

1.4.2 工程技术性

如上所说，建筑作为一种客观物质的存在是实体和空间的统一。这个实体存在是人建造的，人凭着自己的聪明才智，构成自己的生活活动环境。建筑是专属于人的。人构筑建筑物，与动物营巢、筑窝完全不同。“……蜘蛛的活动与织工的活动相似，蜜蜂建筑蜂房的本领使人间的许多建筑师感到惭愧。但是，最蹩脚的建筑师从一开始就比最灵巧的蜜蜂高明的地方，是他在用蜂蜡建筑蜂房前，已经在自己的头脑中把它建成了。”[①] 原始社会的建筑虽然很简陋，但却是“人造的建筑”，它是通过思维，而不是本能构成的。我国陕西西安的半坡村发掘出了原始社会的遗址，据考古分析，这些建筑就是原始人利用自然材料（土、木、石等），按自己的生活活动的需要而构筑成的。斜坡的屋顶既不会倒塌，又可以排雨水，屋顶上开有小口，可以排气和烟，也可以采光，但雨水却进不来

① 中央编译局 . 马克思恩格斯全集 .23： 201.

（在侧面开口）；室内地面的中间略凹，据研究，这里是个火坑，可以取暖和烧烤食物；出入口做门，可以开闭，这样就有利于使用，既方便出入，又能防敌、兽的侵袭。这种房子，看起来很简陋，但我们应当认识到这是原始时代的建筑，已经相当高明了。原始人凭经验，凭口传身授，把这种建筑工程技术一代一代传下去，并且不断地改进和完善。今天我们所看到的建筑物，从其构成的性质来说，与原始时代的建筑是相同的，所不同的就是人的需求的进步和物质技术的进步。

现代建筑在工程技术上当然要比原始社会的建筑复杂得多。大体说，建筑的工程技术包含着这样几个方面：建筑结构与材料，建筑物理，建筑构造，建筑设备，建筑施工和经济等。这些内容，我们将在后面的章节中详述。

1.4.3 民族和地域性

建筑，除了它的时空性、工程技术性等物质属性之外，还具有许多社会文化的属性。可以这么说，建筑本身就是一种社会文化，也是一种社会文化的容器，同时它又是整个社会文化的一面明亮的镜子，映射出人和社会的一切。

建筑的社会文化属性的第一个特征是民族性和地域性。不同的民族有不同的建筑形式。中国是个多民族的国家，共有 56 个民族，除了汉族以外，还有许许多多的少数民族，他们的建筑也都各不相同，如藏族的碉楼式民居，苗族的干阑式住宅，傣族的竹楼，蒙古族的蒙古包等。但除了民族本身的含义外，还有与民族有密切关系的宗教特征。建筑既表现着宗教，又表现着这种宗教的民族，如西方天主教哥特式教堂建筑、东正教的圆尖顶式建筑（图 1-8*a*、图 1-8*b*）以及伊斯兰教建筑、佛教建筑（图 1-8*c*、图 1-8*d*）等，着重表现的是民族的特征。地域性，是指不同地区，由于气候、地理等条件的不同，建筑材料的不同以及当地民族风情的不同，从而使得建筑形式也不相同。我国的东北、西北和华北地区，气候都比较寒冷，所以房子造得比较厚重；江南和南方诸地，气候温和湿润，则建筑轻巧而开敞。图 1-9（*a*）是北方建筑的典型式样，显得比较厚重；图 1-9（*b*）是南方建筑的典型式样，显得比较轻巧。有些地区雨水稀少，则建筑物的屋顶做得比较平缓，如甘肃、陕西及东北的一些地方，建筑的屋顶做得比较平，称屯顶。又如欧洲北部的一些传统建筑，由于那里多雪，所以屋顶做得比较尖，这样雪就不容易积厚。

建筑的社会文化属性的第二个特征是历史性和时代性。不同历史时期的建筑形态也有较大的差异。例如，古罗马时期与中世纪，建筑形象明显不同，古罗马建筑的门窗是圆拱形的，中世纪建筑的门窗则多为尖拱形的，即哥特式，后来，文艺复兴时期建筑的门窗虽也是圆拱形，但它与古罗马的又有所不同，形态更为丰富，内涵也更多。现代建筑与古代建筑有更明显的区别。一般来说，现代建筑反映时代特征，这种特征就形式的变化来说，其节奏是相当快的。就西方建筑流派来说，短短的半个世纪（从 19 世纪 80 年代到 20 世纪 30 年代），就有芝加哥学派、维也纳分离派、工艺美术运动、新建筑运动、表现主义、风格派、未来派、现代主义等，正如当时的一位建筑师所说，一种风格还来不及理解就已经过时了！从 19 世纪末

图 1-8 与宗教有关的建筑形式

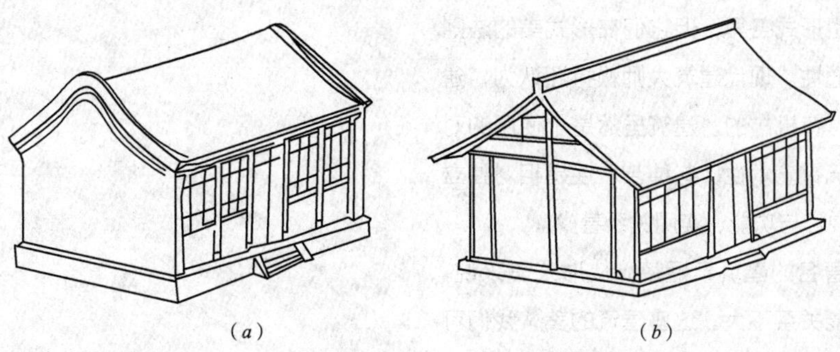

图 1-9 与地域有关的建筑形式

到20世纪末这100年，建筑的时代性之明显，可想而知。

1.4.4 艺术性

建筑的艺术性是建筑的基本属性之一。建筑具有艺术性已毋庸置疑，现在的问题是，建筑艺术的性质和内容是什么？建筑的艺术性多指建筑形式，包括实体的和空间的造型。巴黎圣母院的正立面，美在整体和各部分之间的比例恰当，美在形式的变化与统一；北京天坛祈年殿的美，是它的外轮廓的整体、色彩的和谐；罗马万神庙的美，是它内部空间的完整和恢宏；悉尼歌剧院的美，是它的形态的组合之美；华盛顿国家美术馆东馆的美，是形体的切割、组合、对位之美，虚实关系之美。建筑的形式美，有它自己的许多特征。关于建筑的形式美，还要在本书后面的章节里详述。

意大利文艺复兴时期的艺术大师帕拉第奥认为，美产生于形式，产生于整体和各部分之间的协调，部分与部分之间的协调以及部分与整体之间的协调，建筑物因而像个完整的、完全的躯体，它的每一个器官和其他部分相适应，而且对于你所要求的来说，都是必要的。[①] 尽管古代建筑和现代建筑有很大的不同，世界各地的建筑也形式各异，但它们在形式美的法则上却有共通性。现代建筑大师赖特还认为，建筑应当是“有机”的。建筑虽然是个使用的对象，但建筑有艺术性，这种艺术性是相对独立的，或者说它与功能、实用关系甚少。

印度著名的建筑泰姬陵，从形式美来说，与它的功能关系不大。这座建筑的美，我们可以用建筑的形式美法则来衡量。这座建筑做到了变化与统一，中间一个大的圆尖顶，外面是前后左右共有四个小的圆尖顶，再外面是四个塔楼，塔楼顶上各有一个更小的圆尖顶。这就是形式的统一，大小的变化，位置的变化。其中的门窗都做成了圆尖拱的形式，有大小、高低的不同，同样也是变化与统一。除此之外，它在尺度、比例、韵律、节奏、虚实、层次等方面也做得很成功。

以上说的就是建筑的四个基本属性，这些属性也分别对应建筑一词四个方面的内涵。建筑的学习过程不仅要学习作为实物的建筑本身，也需要对建筑的技术和经济、建筑的物质和精神需求以及许多文化艺术内容作深入的学习和研究，才能够建立起每个人自己系统的专业认知，当然，其他各门课程的学习也有助于系统建筑观的建立。

① 陈志华. 外国建筑史（19世纪末叶以前）: 121.

第2章
Chapter 2

建筑的物质技术性
Material and Technical Property of Architecture

2.1 概说

建筑的物质技术性包括三层意思：建筑是以物质的形式存在的，建筑是以物质技术的手段构成的，建筑的使用方式是物质的。强调建筑的这三个物质性意义，目的在于要求学习并从事建筑业者要重视它的物质性，我们不能只顾设计图绘制得如何好看，而不顾是否建造得起来，更不能不顾造好以后是否适用。我们要从一开始就有这种认识。

2.1.1 存在方式的体现

我们知道，事物的存在形式有三个要素：一是物质，二是信息，三是能量。建筑的存在当然也无例外。但是，建筑的存在，其主导性在于物质。建筑不同于汽车、火车、飞机等，要有燃料才能使用（当然建筑在使用中也必须有能量，如电力、煤气等）。建筑更不同于小说、绘画等，小说的物质性只是书本，重在信息；绘画，尽管它也用纸、画布、颜料等物质，但它最终是供人欣赏的，也是信息交流。建筑，不论是住宅、学校还是商店、车站、工厂等，它的存在形式及使用重点主要是物质。

建筑的物质占有是实体和空间的结合。前面已说，我国古代哲学家老子曾把建筑看成是由实体构成的，而其应用的则是空间部分。建筑必须以实际的物质作为限定物，限定出所需要的物质空间。这里强调物质空间，是因为除了物质空间之外，还有诸如社会空间、经济空间、想象空间、虚拟空间等非物质的空间；不同的学科和领域，对空间的关注重点并不相同，建筑学专业所关注的空间主要是物质空间。如图 2-1 所示：其中的（a）是房间，由四周的墙、门窗、顶棚及地板围合而成，房间内就是供人们使用的空间。这空间的形状、大小、高低、出入口及光线等，是根据使用的要求来确定的，也正是我们进行设计的主要内容。其中的（b）是雨篷，雨篷的下面就是空间，它是由“覆盖”形成的，供人们出入房屋时逗留用的。这种逗留当然是必需的，如开门、锁门以及等待人、接待客人等。其中的（c）是室内地面上铺一块地毯，则地毯的上空就会在我们的感觉上独立出一个空间，这个空间就会与没有铺地毯的空间有所区别了。这种空间的限定方式称为“肌理变化”。

空间的限定，除了上面说的几种形式外，还有“凸起”（如讲台、司令台等）、“凹进”（如战壕、孩子活动凹床等）等，共七种。这七种空间限定形式都是用物质实现的。

（a）

（b）　（c）

图 2-1　空间的限定方法

2.1.2　构成手段和使用方式

再说建筑的构成手段和使用方式的物质性。我们知道，建筑是一种人工的构筑物，不同于自然的物体（如山、树等），也不同于雕塑、绘画等。建筑这种人工构筑的东西，在构筑的过程中，需要以大量的物质材料，通过特定的技术手段进行建造。用物质构筑的建筑物，指的是用物质材料（如砖、瓦、木料、钢材、水泥、石子、玻璃等），通过物质技术手段建成之物。如上所说，小说只是以文字作为“符号”来表述它的对象（事物），电影是利用光和色，利用一定的拍摄技术和放映技术来完成的，绘画是利用颜料，在画纸或画布上绘制成线条和色块来完成的……如此等等。建筑物的使用方式也主要是物质的，小说、电影、绘画所构成的物质对象，主要是是让人感受，并不能直接使用，画中的“空间”是虚的，或者说，画只是由视觉来完成的“信息”。建筑的使用才真正是物质的，我们直接利用建筑的物质空间在其中进行生产、生活等各种活动。建筑以物质材料通过物质技术手段构成，建筑设计和建造的全部过程，自始至终也离不开物质技术的支撑。

建筑的物质技术值得重视，特别是我们刚踏入建筑学专业这个“殿堂”时，更需强调。建筑的艺术性固然重要，但建筑的物质技术更需重视。如果房子造得不坚固，两三年后就坏了，甚至倒塌了，这是人命关天的大事！举个例子，意大利的比萨斜塔（中世纪建造的比萨大教堂的钟塔），正是由于地基的缘故而歪斜了。再有一例，柏林的世界博览会会议厅（今已改名为世界文化之家），1957 年建成，是一座造型别致，功能也很好的建筑，但正因为它不重视建筑技术问题，在施工时没有密封好钢筋，受雨水锈蚀，在 23 年后，1980 年 5 月 21 日那天，因钢筋锈断而突然倒塌。当时这里正在召开一个新闻发布会，忽听到房屋里发出奇怪的声响，大家赶快撤离，所以没有人员伤亡，不幸中之大幸。后来，此建筑按原样再建，直至今日。

我国陕西西安的荐福寺塔（小雁塔），建于唐代，至今已有 1300 余年了，是一座砖结构的密檐式塔，由于年代久远，明代成化年间（1487 年）地震中，整座塔纵向开裂，所幸的是没有倒下来。后来，人们知道，它之所以纵向开裂，是由于每层的窗户上下位置相同，从而削弱了这一处的墙面，地震时受外力的影响，所以纵向开裂。后来人们造塔，塔上的窗洞就采用各层错位的方式（如第二层南北向开窗，第三层东西向开窗，第四层又是南北向开窗，如此一直到顶），使墙面的削弱部分均匀分布，之后就没再出现过这种纵向开裂的现象了。

2.2 建筑的物质技术构成

2.2.1 建筑与技术的同步

原始时代，人的生活活动很简单，人对建筑的需求也不复杂，只要一个庇护所，能躲避风霜雨雪、御寒暑、防敌兽即可。人与人之间的交往也很简单，所以几乎没有什么公共性建筑。那时候，人们往往要在部落的所在地立一根石柱，柱上刻有图案（图腾）。这种形式，后来便演变成为了宗教性或纪念性建筑，如我国古代的碑一类的形式。一个部落或氏族，仅有的公共房屋只是一个大房子，用来议事及举行一些庆典活动。当然，另外还有墓葬区。河南北部发掘出的殷墟，据考古研究，就有墓葬区。法国南部发现的原始时代所建造的石台形建筑，据研究，也是坟墓。人对建筑的需求和建造可能总是互相联系着的。原始社会的建筑简单粗陋，一方面是由于它的需求简单，另一方面也受可能性的制约，当时的建筑技术只能达到如此程度。《礼记》记载：“昔者先王未有宫室，冬则居营窟（洞），夏则居橧巢（木构的巢）。”在我国浙江余姚的河姆渡，于 20 世纪 70 年代发掘出了距今已有 7000 余年的新石器时代的遗址，其中有许多木屋构件（图 2-2），那时已采用榫卯结构了。这是一个了不起的技术进步，可以说是史上罕见的人类早期的建筑技术成就。但总的来说，原始社会时期的建筑，只能用天然材料（如木、竹、石、土等）进行简易的外形物理性加工而筑成房屋。

随着物质文明的发展，生产力提高了，建筑技术得到了进一步的发展。恩格斯说：“从铁矿的冶炼开始，并由于文字的发明及其应用于文献记录而过渡到文明时代。”[1] 有了这些物质性的保证和信息形式的进步，人们的物质和精神活动才渐渐地多起来。反过来说，随着人们的物质和精神活动的日益丰富，对建筑便提出了越来越多、越来越高的要求，从而推动了建筑技术的不断发展。我们说中国传统建筑是“秦砖汉瓦”，而其实这种砖瓦的烧制技术早在西周和春秋战国时期就已经有了。当时，因社会发展的需要，也要求建造高大的建筑。木梁架上架桁条、椽子，上面铺瓦，下为墙、柱和门窗等，不仅形成物质上的满足，而且在精神上也能达到一定的效果，有的建筑高大，显示着雄伟，有的建筑富有变化，有情趣。建筑，显示着权贵和财富，又表现着人们的文化和观念形态。

随着物质生活水平的提高，建筑作为一种

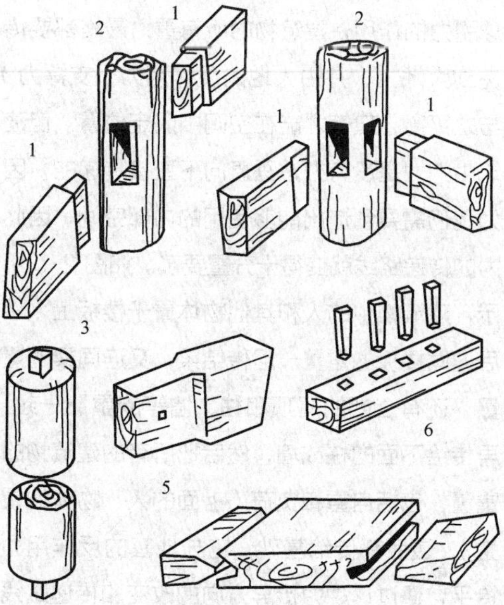

图 2-2　河姆渡遗址的榫卯结构

1- 梁；2- 柱；3- 柱头榫；4- 柱脚榫；5- 有钉孔的梁头榫；6- 栏杆榫卯；7- 企口板

生活活动的“容器”/“场所”，也随之而复杂和精致起来了，如室内空间不断增大，房间不断增多，形态也进一步考究等。远古时候，由于技术的原因，房子只能小而简陋，后来，由于建筑技术的进步，人们利用梁和柱这种形式来构筑房屋，从而形成了像古希腊石结构庙宇的这类建筑形式。著名的雅典帕提农神庙（图 2-3），此建筑平面宽 30.9m，深 69.5m，柱高达 10.43m。

由于要在一个不大的场地上居住较多的人，因此就出现了楼房这种形式（我国古代楼房叫“重屋”，即把房间沿高度方向重叠起来）。多层建筑在空间立体关系上是可能的，用楼梯作垂直向的联系。在结构技术上是否也可能呢？这就出现了许多新的技术问题，如梁、柱、墙及基础的设置，楼面板及檩条的设置，楼梯的制作等。楼这种形式的出现，大大地开拓了人们的建筑思路，后来层数越来越多，从二层到三层、五层，这就是现在我们所说的多层建筑。后来又出现了十几层的高层建筑（须用电梯来解决垂直向的交通问题），后来建筑造得更高，出现了百层以上的摩天大楼，现在已出现了 160 层的建筑（即阿联酋的迪拜高塔，哈利法塔，高达 828m）。我们能十分欣慰地看到，我们人类的文明之路在建筑上表达出来了。

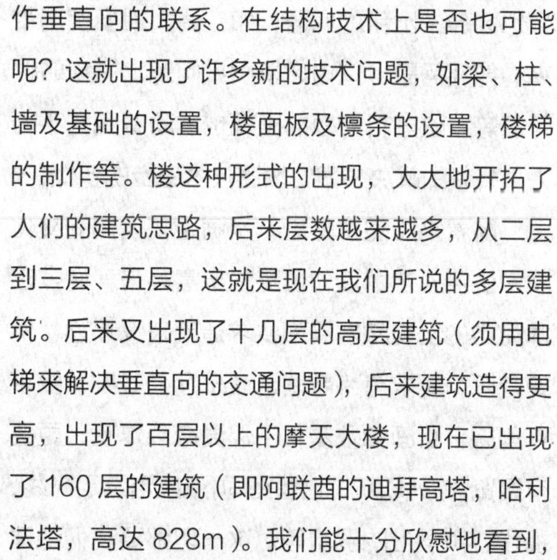

图 2-3　雅典帕提农神庙

① 中央编译局 . 马克思恩格斯选集 .4：21.

许多建筑设备上的进步也不能低估，例如，建筑内部空间通风与挡风的问题怎么解决呢？人们就想出了用窗这种形式，夏天要通风，把窗打开，冬天要挡风，把窗关上，窗关起来后室内就很暗了，于是就发明了玻璃，挡风不挡光。又如灯的使用，使人们生活和工作的时间向夜间延伸，后来发明了电灯，使人们在夜间的生活和工作的质量提高不少，如今，白炽灯已渐渐退出历史舞台，被更高效的节能灯所取代。同时，在建筑中还利用空调和恒温恒湿系统，夏天能克服酷暑之苦，冬天能克服凛冽之苦，从而不但生活更美满，而且有更多的精力和时间去工作和学习了。当然，随着技术的进步也会伴生出新的问题，如空调大规模使用带来的能耗问题、室内环境质量问题、“空调病”问题等，这些新问题的出现也推动着我们不断去寻找新的解决方案，加速技术进步的步伐。

随着物质需求的进一步满足，人们的文化娱乐生活、艺术活动也随之丰富起来，许多艺术门类的出现和发展都要求建筑来满足它。例如音乐，要求有练琴室、音乐厅；戏剧，要求有剧院；绘画和雕塑，不但要有创作室，更要有展览、陈列场所。这些空间,还应当满足光线、视线、声学上的要求等。这一切都要我们的建筑师来完成。

从哲学理念来说，建筑的物质技术对人类社会的发展有着十分重要的作用。如上面所说，由于建筑技术的进步，使许多过去认为是不可能的事变成了现实，如玻璃的发明，使人们解决了挡风不挡光和视线的问题，灯的发明和进步，使人们的夜间活动内容大大增加。由于结构技术的进步，高楼大厦出现了，从而使城市形态大为改观。建筑技术的发展，同时也丰富了建筑的造型，如纽约的古根海姆美术馆、华盛顿的杜勒斯机场、悉尼歌剧院、美国科罗拉多州的空军士官学校教堂等（图 2-4），都是很有艺术魅力的建筑形象。这也使我们意识到，作为一名优秀建筑师是很不容易的，不但要把握工程技术上的许多内容，还要有很高的艺术造诣。

2.2.2 建筑的多元要求

建筑，无论古今中外，它的构成的基本要求不外乎有这几个方面，即适用、坚固、经济、美观。所以，建筑的结构技术不是孤立的技术问题，而是必须兼顾这四个方面。下面作详细分析。

首先说建筑中“力”的问题。由于受到地球引力的作用，建筑物的所有重力最终都要传递到大地上，并由大地的反作用力（支撑力）与之平衡，建筑才能在空间中固定位置。但建筑中的力是没有办法垂直向下直接传递的，因为我们需要创造出能够使用的内部空间，因此力的传递路线就变得十分重要了。如图 2-5 所示，建筑物中的人和其他物体置于楼板上，然后连同楼板的重量一起传给梁，又连同梁的重量，还有上部的屋顶和柱、墙等的重量一起，再传给下面的柱或墙，然后把所有的建筑物的重量，包括自重和负荷（上面的人、物体的重量），最后都传给基础，它与地基的反作用力持平，通过这种力传导方向的改变和传递路线的组织，我们才创造出了能够使用的双层空间。这一过程中，既要注意到每个构件的受力，使房子坚固耐久，还要注意整座建筑物的稳固、

图 2-4 丰富的建筑造型

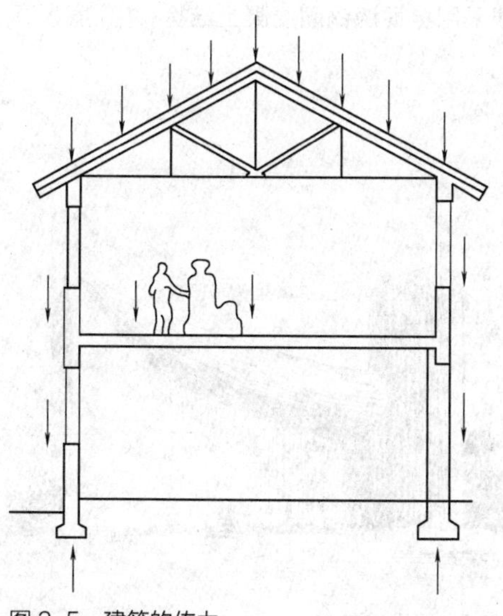
图 2-5 建筑的传力

平衡，所以我们设计建筑物必须弄清力的大小、性质和它的传递路线。

其次说屋盖。屋盖的功能，一是防止雨雪，二是隔热保温，三是作为分隔室内外空间的顶面，由于要防雨雪，所以需处理好排水问题。一般的屋顶都有坡度，坡度有大有小，即使是平屋顶，也是略有坡度的。

室内空间的大小影响屋盖的形式。如果空间很大，中间又不能设柱，就需要用特殊形式的屋盖，图 2-6（*a*）是薄壳结构，图 2-6（*b*）是折板式结构，图 2-6（*c*）是网架结构，图 2-6（*d*）是悬索结构。这些结构形式，都能够提供大而无柱的室内空间，但在经济性、建造方式、可提供空间的大小上又有一定差异，这些具体的差异在今后的学习过程中会有“结构选型”的课程深入讲解。

第三，建筑结构构成的可能性问题，即所用的材料和施工技术等问题。如果这些实际问题不解决，不管结构如何合理、先进，也只是空谈。

不同的材料有不同的力学和物理性能，有的坚固而耐久，有的则不然，如木材，很容易加工成所需的建筑构件形式，但与石材相比，其耐久性就差了。我国传统的木构建筑，留存至今最古的是山西五台山的南禅寺大殿，建于唐代建中三年（782年），但古希腊的石构建筑，如波塞顿神庙，至今已有2400年了，古埃及金字塔距今已达4000年了。当然，我国古建筑之所以多为木结构房屋，有许多文化、观念等方面的原因，选择何种材料进行建造，并不是单纯由材料的耐久性一条因素所决定的。

有人认为，古希腊的石构建筑最早是仿木构的。但为什么要仿木构？除了木和石有某些共同的力学性能外，还有什么其他的原因呢？石虽坚固，但较脆，没有木来得柔韧，在受弯曲时容易断裂。从心理感受上说，木也要比石来得亲切。另外，在古希腊人建造石构建筑之前，长时期用木材建造房屋，这种建造习惯，也在初期的石构建筑中反映出来。

由于科学技术的进步，人们不但用混凝土代替石，而且后来又在混凝土构件内部放置钢筋，使它在受力上更合理，如一根梁，当它受力而弯曲时，由于梁的下部放有钢筋，从而不易使混凝土开裂、折断（钢有很好的柔韧性）。钢筋混凝土这种人工材料，不仅合理、经济、可行，而且可塑性也很大，可以做成各种形状的构件，如法国的朗香教堂（图2-7），那种奇特的造型，用的就是钢筋混凝土结构。钢筋混凝土结构的出现也大大提高了建筑的高度，如今天城市中大量存在的高层住宅，大部分采用的都是钢筋混凝土结构。2015年竣工的俄罗斯联邦大厦A座主楼采用全现浇钢筋混凝土结构，95层，高

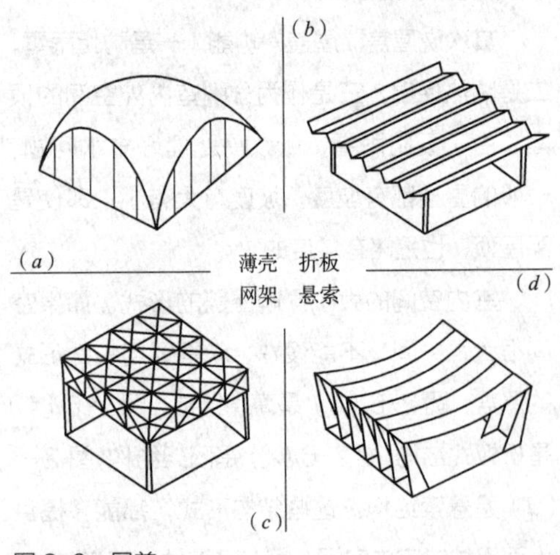

图2-6　屋盖

图2-7　朗香教堂

度达到了 365 米；目前世界上最高的建筑迪拜哈利法塔，828 米，采用下部钢筋混凝土结构上部钢结构的结构体系，其钢筋混凝土结构高度更是达到了 601 米。当然，由于混凝土自重和施工工艺的限制，目前百层以上的摩天楼（如美国芝加哥的西尔斯大厦，达 110 层）一般多采用钢结构。

除了材料，还有施工问题。施工的可行性很重要，相传我国古代著名匠人鲁班巧妙地解决了许多建筑施工中的难题，如广为流传的“土堆亭”“鱼衔梁”等，都是施工问题。

据民间传说，古时候有一位皇帝，命石匠用石头做一个亭子，规定亭子的顶盖要用整块石头凿成，下面的 4 根柱子也须用石柱。有一位工匠承领了这一御旨，因为他缺少施工经验，以为是很容易建成的，建成后的功劳当然是很大的，所以他起先还很得意。于是，他命其他匠人先将亭子的顶盖和 4 根柱子都加工好，然后将 4 根石柱立好，但是，那个巨大而笨重的石头顶盖怎么放到柱子上去呢？这就难了！古时候没有起重设备，重达上百吨的石头亭顶，要装在数米高的柱子上是不可思议的事。完工之日渐近，这位工匠还未想出施工的办法，真把他急坏了！这时，鲁班忽然来了，他隐姓埋名，化装成一个渔夫，得知这位木匠有为难之处，于是过去与之闲聊、共饮，酒至半酣，酒已将饮尽，匠人外出去买酒，鲁班就把饭桶里的饭倒在饭桌上，然后插上四根筷子，上面覆一只空碗，趁那匠人买酒尚未回来，鲁班就溜走了。当匠人回来，见此情景，先怒后喜，他见桌上之物，恍然大悟，原来可以在柱子的周围堆土，堆得与柱顶齐高，然后做个斜坡，延伸到已经加工好的亭顶处，那亭顶就可以沿斜坡抬到石柱处，就位后再把土去掉即可（图 2-8），亭子很快就建成了。这就是“土堆亭”的故事。

我国湖北省武当山是道教圣地，规模甚大，建筑也很多，其入口处有一石牌坊，即玄岳门。此石牌坊在施工时就是用“土堆亭”的方法建成的。

在现代建筑施工技术中，也同样有类似的施工可行性问题，例如上海体育馆（建于 20 世纪 70 年代）建筑施工中也碰到了类似的难题。这座体育馆规模甚大，可容 18000 名观众，圆形的大厅，其直径达 110m，这样的大型屋顶，中间不设柱子，所以用的是空间钢管

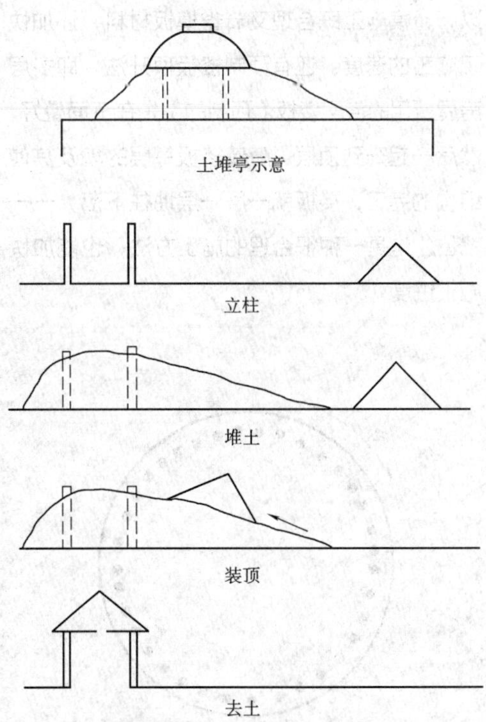

图 2-8 土堆亭示意图

网架结构。要拼接这许许多多的钢管，高空作业显然是不可能的，只能在地面拼接好，然后将整个屋顶吊装到柱子上去。但如此巨大的屋顶，怎么吊装？于是技术人员们就想办法，他们将屋顶在原地拼装好，并将柱子就位，然后吊装上去，柱子的位置与屋顶拼装时的位置成一个角度，等屋顶吊到空中，超过柱子高度后，再转回来，对准柱子，放下来，装在柱顶就位。他们用数台起重机同步操作（图 2-9），施工十分顺利。

现代施工技术还有许多新的作业方法，如混凝土滑模法，即把混凝土模板随浇筑随滑升。由于混凝土墙的下部浇筑得早，不久就结实、坚硬了，可以脱模，所以模板就可以向上滑动，滑上去再浇筑混凝土，如此这般一直到顶，所以，滑模施工既合理又节省模板材料，还加快了施工的速度。还有预制楼板顶升法，即多层房屋所用的各层楼板（预制的），先在下面叠好，然后一起升到顶层，随着楼板每层的墙及其他结构的完工，楼板就一层一层地往下落，一一就位。这是一种很合理的施工方法，也能加快施工进度。

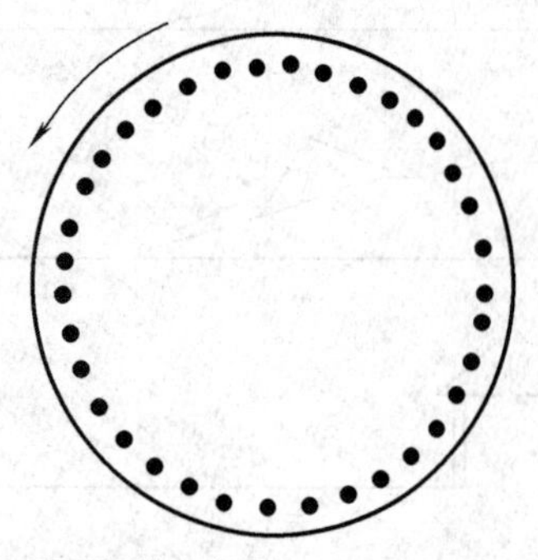

图 2-9　屋顶吊装示意图

2.2.3　对安全的重视

建筑提供人们生活活动的空间，安全是第一重要的。在建筑的物质构成中，坚固性有两方面的含义：一是建筑的坚固性，当建筑落成时，不因外来的或人为的原因而倒塌或有其他的损坏。二是时间的限定，有些建筑规定只用一两年（如展览会建筑、建筑工地的临时用房等）。有些建筑，使用时间不太长，但一般也在 20 年以上，50 年以内，通过经常维修保持不坏，这就得考虑时间与坚固性的关系，即经济性问题。有的建筑，要求永久，人们理想地认为它可以长久地存在下去，如埃及的金字塔，已有 4000 余年历史了。这种永久性建筑应当在物质构成上作特殊考虑。

研究建筑的坚固性，首先必须从受破坏的几种可能出发。建筑会受哪些破坏呢？总的来说不外有这几种：重力、人为动力、风力、雪载、由温度引起的材料胀缩、地震、雨水渗漏、锈蚀、虫蛀、地基不均匀沉降及其他因素。这些因素，使建筑部件乃至整个建筑受到破坏，影响建筑的坚固性，所以都应该认真对待。

首先说重力、人为动力、风力、雪载等，如图 2-10 所示，必须在建筑设计时估计到，这就要求进行结构计算，计算可能会产生的荷载量。一般说，这些力在计算时要分门别类地考虑，房屋的自重和人、家具、设备等的重量，分为两类进行计算，见表 2-1。雪载有地区差别，广州、厦门等地，雪载不予考虑，上海地区的雪载，考虑积雪的厚度为 80mm，北京为 240mm，沈阳为 200mm，西宁为 180mm，太原为 160mm，杭州为 140mm，哈尔滨地

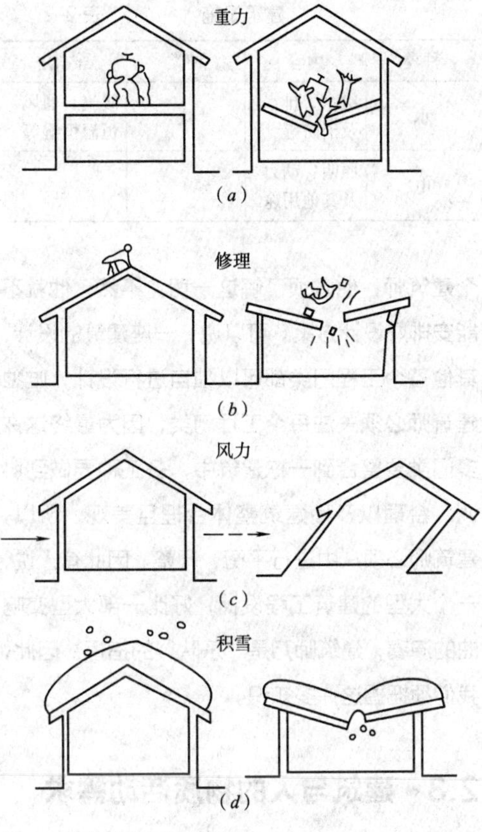

图 2-10 建筑的破坏形式

荷 载 表 2-1

恒载	建筑自重
活载	人、家具、设备、自然力

区的积雪厚度达 410mm。这些数据有表可查，可以参见中国建筑工业出版社出版的《建筑设计资料集》。

再说温度变化。建筑物因温度变化而伸缩，可能会产生相当大的力，如果不予考虑，很可能在夏天炎热时将建筑物挤破。因此，如果房子超过一定的长度，就得设置温度伸缩缝。就像铁路上的铁轨接头处的缝隙（如今由于科学技术的发展，铁轨已改成长轨，但热胀冷缩的现象还是存在的，只是改变了铁轨技术），也正是这个缘故。

第三，对建筑物的地基状况也须重视。在建筑设计之前，要对基地作钻探，了解该地基的承压能力有多大。如果承压能力太小，房子造上去就会沉降，这就需要对基地进行加固，如注浆、打桩、加大基础面积等。但一般的建筑物造好之后，总会有些沉降的，如同济大学的南楼，刚刚建成时室内外的高低差为 7 级踏步，50 多年后，房子沉降了，踏步只剩下 3 级。但这是均匀的沉降，是允许的，其建筑（整体）并没有因沉降而损坏。建筑物要避免的是地基不均匀沉降。如图 2-11 所示，有的是地基承载力不均匀，可能一部分地基原来是一条河，或者局部地方碰到岩石等，见图 2-11（*a*），

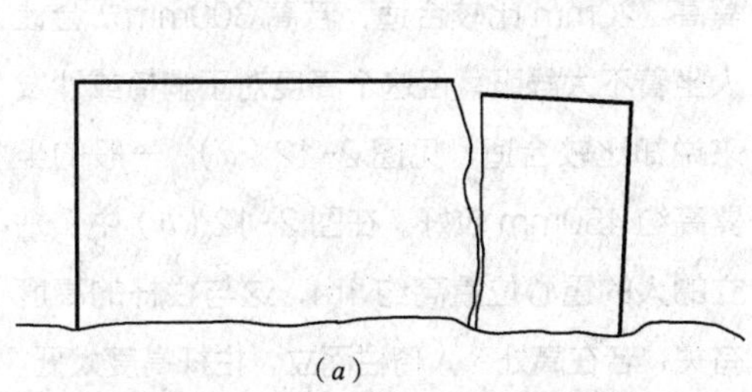

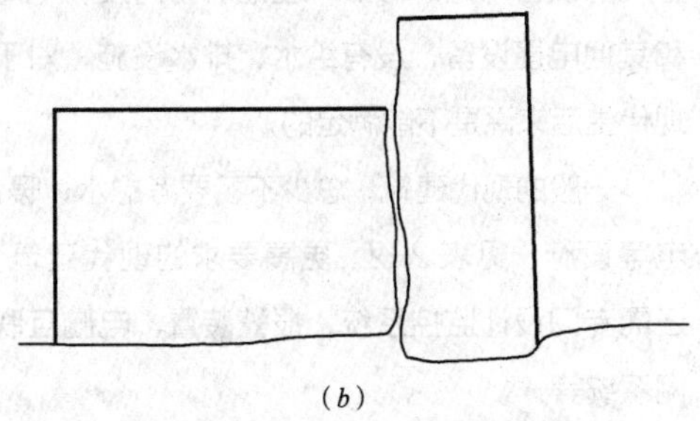

图 2-11 建筑的不均匀沉降

也有的是房屋重量不均匀，如一边是三层的房子，另一边是五层或高层的房子，如图 2-11（*b*）所示。无论哪一种情况，主要是如何处理建筑的基础问题，基础做得好，建筑的整体就不会变形。

至于地震，对建筑物的结构设计更有要求。地震是分级区的，这种级区是根据地质学的研究和统计资料得出的各地的地震烈度和发生频率来列表的。地震烈度，一般分为 12 度。最轻的是 1 度，房屋、构筑物、地表等均无损坏，人感觉不到，只有仪器才能测出。4 度，房屋门窗和顶棚轻微作响，建筑结构、地表等均无影响，室内的人能感觉到，悬挂物有摇动。7 度，简陋的房屋大多数会损坏甚至倒塌，一般的房屋有不同程度的损坏，部分不坚固的结构受破坏，干土表面出现裂缝，人感到不安、恐惧。最高为 12 度，则广大地区内房屋普遍毁坏，地形有剧烈变化，而且会伴随出现山崩、巨浪、海啸。详细数据也可参见《建筑设计资料集》。

2.2.4 多工种协同

从建筑的物质技术构成来说，为了达到适用、坚固、经济、美观这些要求，除了要求建筑物有一定的大小、坚固耐久外，还需要重视建筑的设备问题。假如一座建筑物内没有电灯和其他电器设备，没有给水、排水设施，对于现代生活来说是不能满足的。

一般的现代建筑，总少不了要考虑水、暖、电等设施，见表 2-2。更高要求的现代建筑，还需专门设计监控系统、报警装置、电脑互联网系统等。

这些设备都有专门人员去设计，但作为一个建筑师，他必须了解这一切，不然，他就不能安排好设计方案。可以说，一座建筑的设计，其他各个工程门类都可以独自进行设计，唯独建筑师必须关注每个工程门类，因为最终这许多门类要整合到一栋建筑中，各工种要做到协调、合理以及使建筑整体合理且美观，所以，建筑师必须从中进行平衡、调整。因此有人说，一个大型的建筑工程设计，好比一部大型交响曲的演奏，建筑师乃是“乐队”的指挥。因此，我们须把握这许多知识。

建筑设施 表 2-2

种类	内容	种类	内容
水	给水、排水及消防等	暖	暖气、通风、恒温恒湿等
电	照明、动力及其他用途		

2.3 建筑与人的物质活动需求

2.3.1 空间尺度

既然建筑必须满足人们的物质活动需求，那么，了解建筑或建筑设计，首先须了解人的各种活动所需要和占据的实物 / 空间的大小，即人的尺度。从建筑的角度说，图 2-12 中的这些人体尺度是必须了解的。例如，一个小矮凳高 220mm 比较合适，若高 300mm，会让人坐着不太舒服；但这个高度对于躺椅或沙发来说却比较合适，见图 2-12（*a*）；一般的坐凳高约 450mm 较好。在图 2-12（*b*）中，站立的人的重心位置高约 1m，这与栏杆的高度有关，若在高处，人倚栏而立，栏杆高度太低，会有“恐高”之感，至少需 1m，与人的重心齐高。

坐着的人的眼睛高度约 1.2m，这与窗的高度有关，也就是说，若对窗子有向外观望的要求，则窗台低于 1.2m 为妥。总之，无论是室内外空间的形状和大小，门窗的位置和尺寸，还是家具及其他部件的大小与布置，都应当从人体尺度出发进行设计。

在日本，房间的大小往往以席数为模数来定，每张席子约为 1910mm × 950mm，近似计算则为 2m × 1m。最小的房间只有二席，即 $4m^2$（这种房间一般是品茶的最小茶室），这个小房间只宜二三人品茶、交谈。他们还认为，四席半（$9m^2$）大小的房间最有亲切感、人情味，所以，日本有“四席半文学”，其多半是有浓厚人情味的作品。

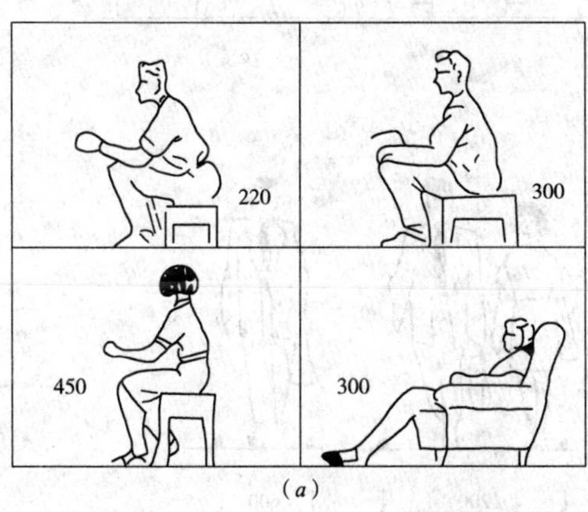

（*a*）

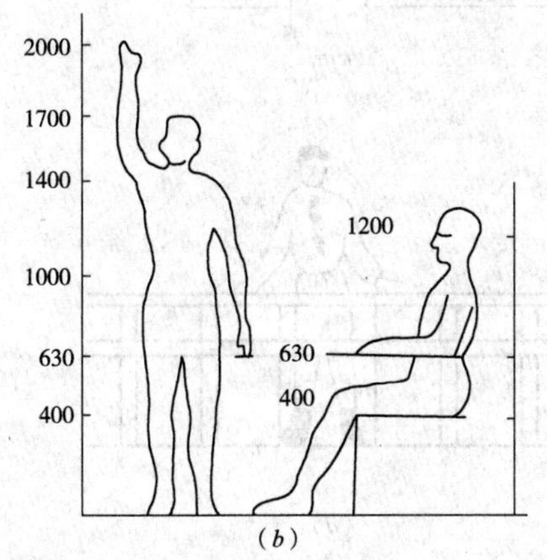

（*b*）

图 2-12 人体尺度示意

我国传统建筑的居住房间一般也有定数，较大的房间（卧室）一般为 3.6m × 7.2m，约 $25m^2$。这种房间的形状和大小，满足传统家具的尺度以及传统的生活方式，见图 2-13（*b*）。从人本身来说，现代人和古代人没有什么尺度变化，但现代家庭的结构、生活方式、家具形式等，却起了很大的变化，所以，现代住宅的卧室的形状和大小有新的要求，如图 2-13（*a*）所示。

有关建筑中的家具的形状和大小，在图 2-14 中列举了一些，读者若需要，可以参考《建筑设计资料集》。建筑的一些局部尺度，如门的宽度和高度，楼梯的踏步等，则在图 2-15 中列举了一些，若需要，也可查阅《建筑设计资料集》。

2.3.2 空间序列

了解人体尺度、家具尺度和建筑中的一些部件的尺度，其目的是设计好建筑空间。即使我们把每一间房间都理想地设计出来了，但各房间之间还有序列，房间之间还有一些公共的空间（如走道、院子、进厅、楼梯间、电梯间等）需设计和安排。对于建筑设计来说，空间的组

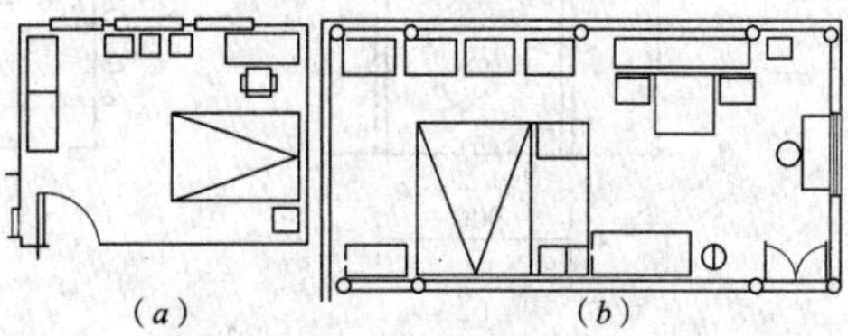
（*a*） （*b*）

图 2-13 现代人与古代人卧室的比较

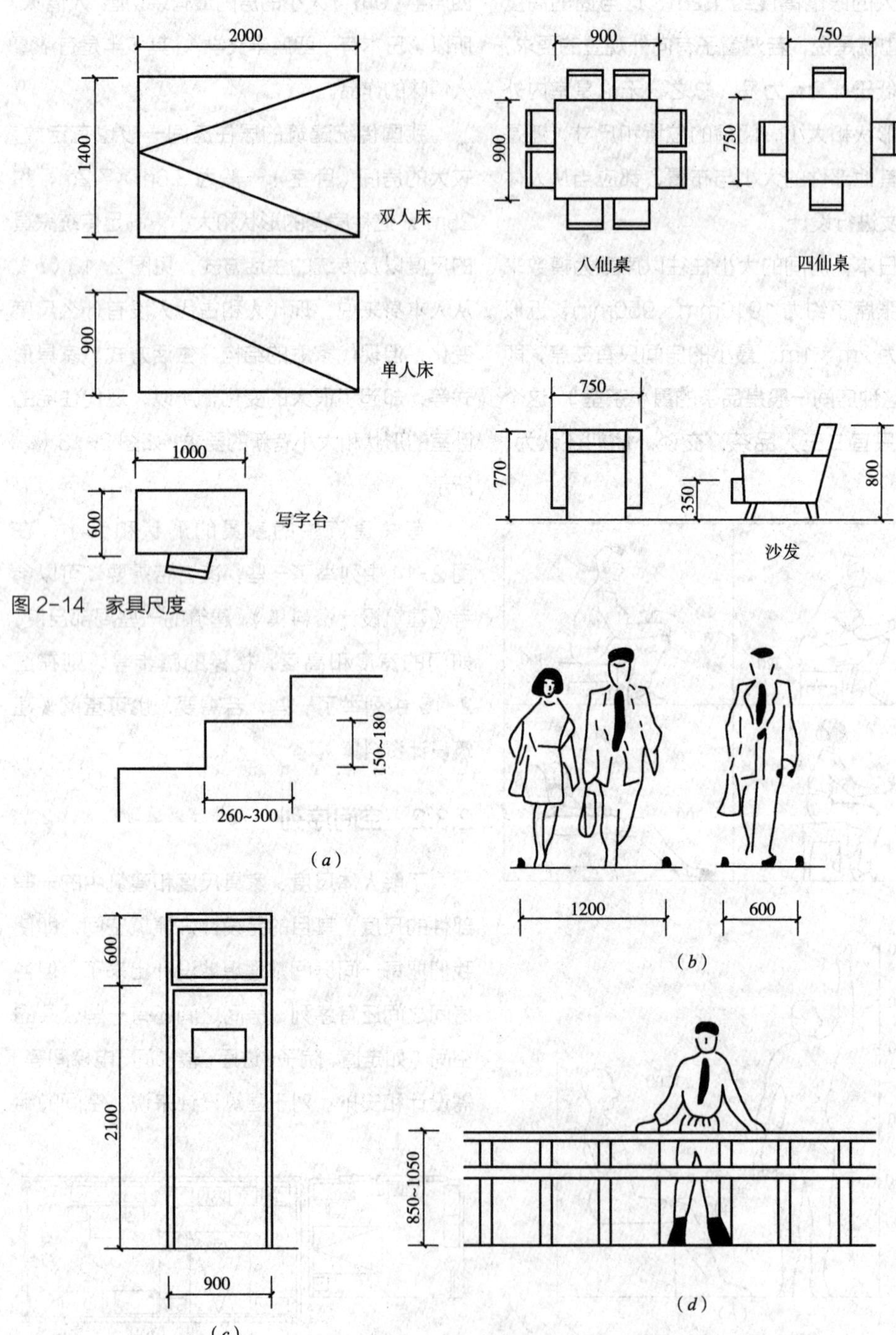

图 2-14 家具尺度

图 2-15 建筑局部尺度

织和公共空间的设计更重要，也更难。我们称这些内容为建筑的空间组群关系。下面举一些典型的例子。

首先是幼儿园。幼儿园建筑的设计，对于空间组群分析很有典型性。我们先来看它在使用时的活动过程，如图 2-16（a），这是典型的幼儿园活动情况。由于这种活动特征，我们就可以将这些关系排列成抽象的图形，如图 2-16（b），这种图在建筑设计中称为功能分析图。从图中可以看出，它的结构关系是：一条主流线，然后在几个点上分支。它们的内容相同，但每个点（班）都是独立的，不需要经过另外的点直接与园的出入口相通。根据这种空间组群关系，我们可以得出比较理想的幼儿园方案。图 2-17 是一个幼儿园平面实例。

其次是中学教学楼的设计。如图 2-18 所示，这是一个中学教学楼的实例（底层平面），它的活动规律是每个教室为一个单独的房间，这些房间都应是独立的空间，可以直接与出入口相通而不经过其他房间。但多间教室不可能都直接朝向出入口，因此需要用一条公共走廊或一个公共空间连接每个教室和出入口。

第三是住宅。图 2-19（a）为功能分析图，图 2-19（b）为实例。从这一实例可以看出，它是以起居室为中心，一点式的结构，其他每个房间要出入家门，都需经过起居室，这个房间成了一家的枢纽和核心，也是家人团聚的地方。这种建筑一般为一梯两户，多层（5~6 层）。

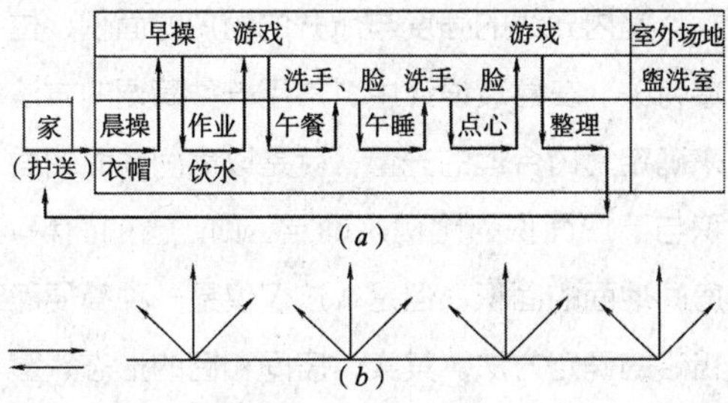

图 2-16 幼儿园分析

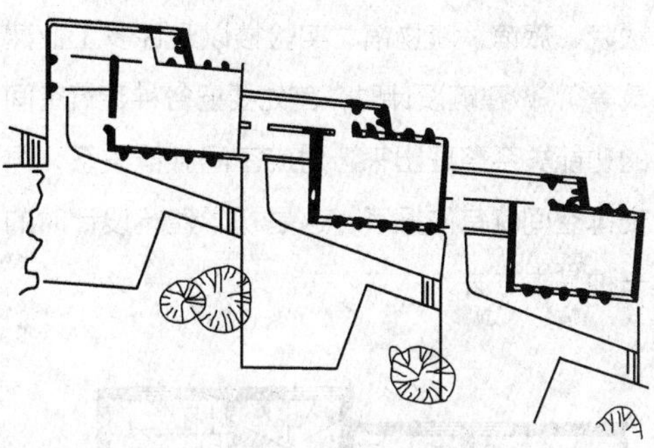
图 2-17 幼儿园平面实例

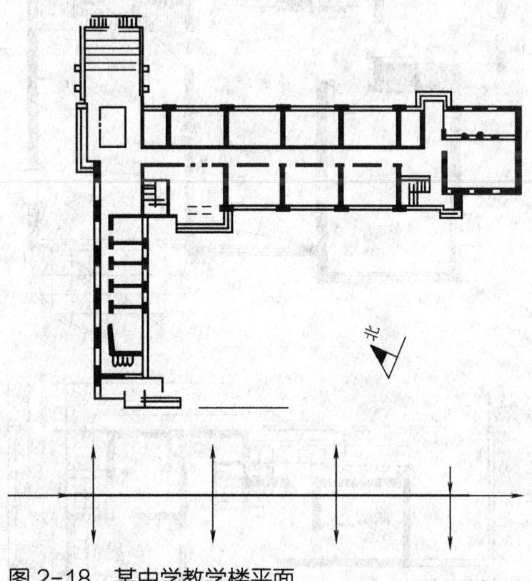

图 2-18 某中学教学楼平面

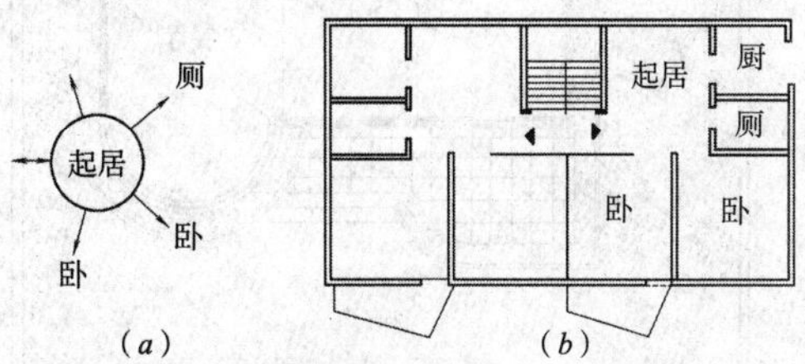

图 2-19 居住建筑平面实例

图 2-20 是一个独立式住宅的实例，这种住宅的居住条件比前面说的要好，也称别墅，但从它的房间布局来说，也仍然如此，这就是居住建筑空间组群的结构性关系。

有的建筑，功能关系十分复杂（如大型的医院、旅馆、博物馆、实验楼以及许多工业建筑等），做建筑设计时，首先要把各种建筑空间的功能关系整理出来，对应空间族群关系，再安排空间就有依据了。这是初学建筑设计时的一种基本方法。

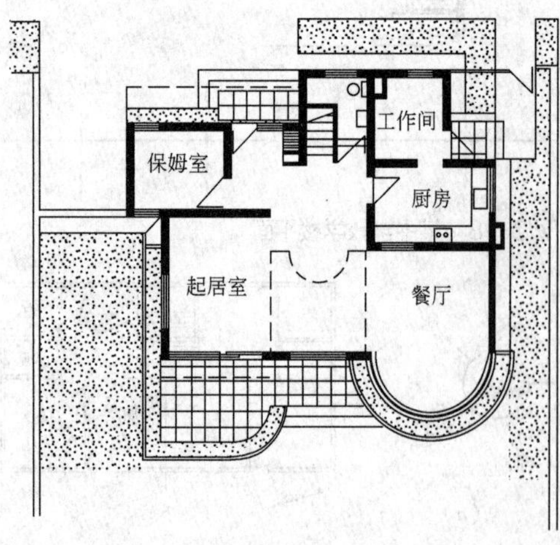

图 2-20 独立式住宅平面

2.3.3 行为需求

建筑是由人设计出来的，它的一切都是为了人的需要。对人来说，其需要可以分为生理上的需要和心理上的需要，个人的需要和社会的需要，行为的需要和观念的需要等诸方面。所谓生理要求，也就是要使建筑符合人的生存和活动的基本条件，例如感官的、肌体的和其他生理上的。从建筑的角度说，人的生理要求涉及视觉、听觉、触觉、温觉、平衡、运动以及环境的物质形态、空气成分、阳光、水等。

首先说视觉。视觉作为生理要求来说，这里仅讨论它的光和色，当然也涉及形的视觉。我们要说的是光线、眩光、几何视线、色视觉等。

（1）光线

人的生理上的性质、特征是自然形成的。人生活在自然界，所有器官的本领，都是对自然适应的结果。因此，建筑空间中的光线，最好还是尽量利用自然光，白天尽量少用或不用人工照明，这样不仅是为了经济，更是对人的视觉生理有益。但人对自然光的接受量有一个最佳值。众所周知，如果自然光量太少，那么长期在这种空间中生活、工作，就容易患近视，但如果长期在户外强光下活动，特别是看细小的东西，也对视觉不利，容易产生视力老化（易引发老花眼）。

室内光线的强度与所开的窗户的面积、位置有关。在建筑设计中，常用一种简便的方法来确定室内合理的光量，就是以房间地面的面积与窗户面积的比例来确定，即：窗的面积 / 房间地面的面积。但是，这仅仅是一种简便而粗略的确定方法。其实，房间和窗的形态、窗的高度等，都影响室内光线的质量。我国现行规范《建筑采光设计标准》GB 50033—2013中规定了不同采光等级（表2-3），对不同类型的建筑及功能空间规定了明确的“采光系数标准值”方式，保证室内光线的合理性，如图书馆建筑，其阅览室、开架书库空间对应采光等级Ⅲ，书库、走到、楼梯间、卫生间等空间对应采光等级Ⅴ。这些具体内容，在建筑物理（光学）这门课程中，会有专门的论述。

夜间无自然光，所以需要人工照明。光源的质量当然影响视觉生理。如白炽灯的光是连续的，但其波长偏近黄光波长，所以，在这种光源下，淡黄色与白色就难以分辨了。日光灯的光波结构接近太阳光谱，但它的光是不连续的，每秒有50次间歇，这种不连续就像放电影一样不被视觉感觉到，当然，对视觉生理有损害。如今有许多新光源灯具可以改善照明条件，比如现在号召大家用的节能灯，这种灯不但耗电要比白炽灯省，而且也克服了原来的日光灯的缺点。总之，如何来选择光源，也要进行综合性的考虑。

在建筑的光学设计中，最重要的是照度问题。如果经常在照度不足的工作面（桌面等）上工作或学习，则视力会很快衰退。图2-21就是在照度不足的条件下长期工作或学习的人与正常人的视力比较，在阅读速度上有明显的差别。

一般来说，阅读时所需的照度（在书的表面上）为500lx（照度单位：勒克斯，光通量/面积），用于休息、交谈等，只需200lx，走道、厕所等更次要的空间，只需50~100lx。这种照度的具体测定和计算方法属建筑物理和建筑照明（设备）的内容，通常在建筑光学和有关间建筑照明的书籍中有详述。

由于室内空间的形状和窗的形式的关系，使得室内各处的照度不一样，一般说，靠近窗口，光线充足，离窗越远，光线越弱。如果房间中的光线明暗差别太大，则说明设计有问题，即不符合采光要求。怎么控制室内光线的均匀

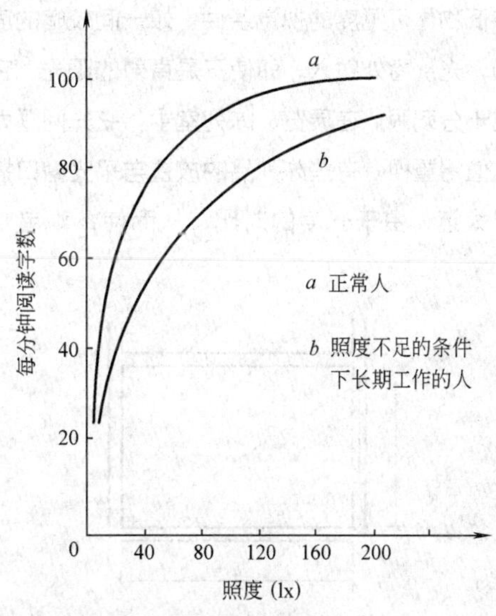

图2-21 照度与视力的关系

各采光等级参考平面上的采光标准值 表2-3

采光等级	侧面采光		顶部采光	
	采光系数标准值（%）	室内天然光照度标准值（lx）	采光系数标准值（%）	室内天然光照度标准值（lx）
Ⅰ	5	750	5	750
Ⅱ	4	600	3	450
Ⅲ	3	450	2	300
Ⅳ	2	300	1	150
Ⅴ	1	150	0.5	75

性呢？较为简便实用的办法就是控制房间的进深，如图 2-22 所示：（a）为单面设窗的房间，这种房间的深度应当小于窗子离地面高度的两倍，即 $b < 2h$，若是两面开窗，则 $b < 4h$（假定两边窗的高度是一样的）。

（2）眩光

有的光源比较柔和，有的则较强烈、刺眼。人能对着亮着的日光灯看，但不能对着亮着的白炽灯看，更不能对着太阳看（除非是在日出或日落时）。眩光是室内光源的特征之一，指视野中由于不适宜亮度分布，在空间或时间上存在极端的亮度对比，以致引起视觉不舒适和降低物体可见度的视觉条件。如一间较暗的房间，光从窗外射入，即使不是直射的阳光，它也十分刺眼。在展览、陈列室中，眩光问题尤其值得重视。有些陈列品的放置与采光窗口挨得太近，由于光度的对比，从而使参观者难以看清陈列品，因此，陈列品与光源须隔开，如图 2-23，其中的 θ 称为保护角，一般应大于 14°。

（3）几何视线

视觉生理虽然不涉及形的视觉问题，但视线的几何形态也应属于此内容。几何视线问题一般可分为两类：一类是能否看得见的问题，另一类是能否看得清楚的问题。在剧院、电影院等观演性建筑中，视线的质量是很重要的。如图 2-24 所示，由于后排的观众被前排的观众挡住视线，看不到舞台上演员的表演或银幕上的形象，所以后排的位置要比前排的高（其实是地面的升高）。一般说，观众厅地面的设计都要进行地面升高设计，这就要有一套比较复杂的计算（它不是简单的一个斜坡，而是一条曲线，越到后面，地面的升高越多），具体的计算方法，可以参见有关剧院、电影院、体育建

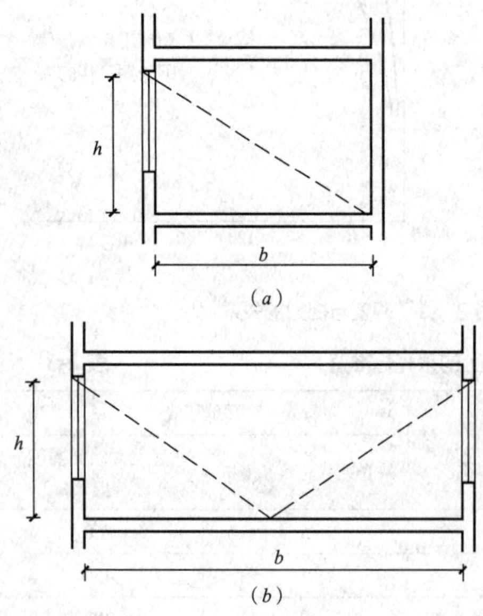

图 2-22　室内窗与进深的关系

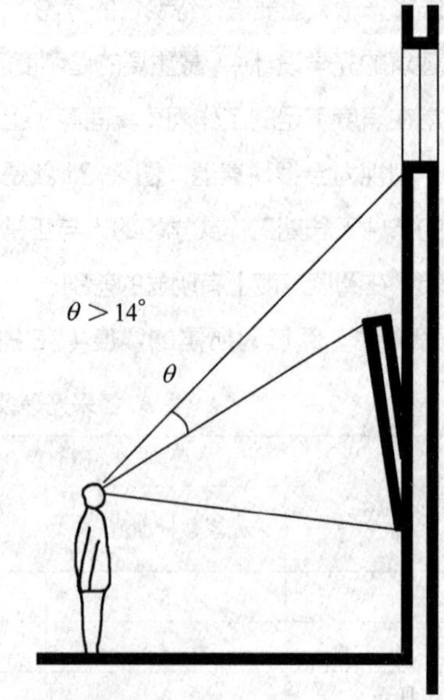

图 2-23　眩光的保护角

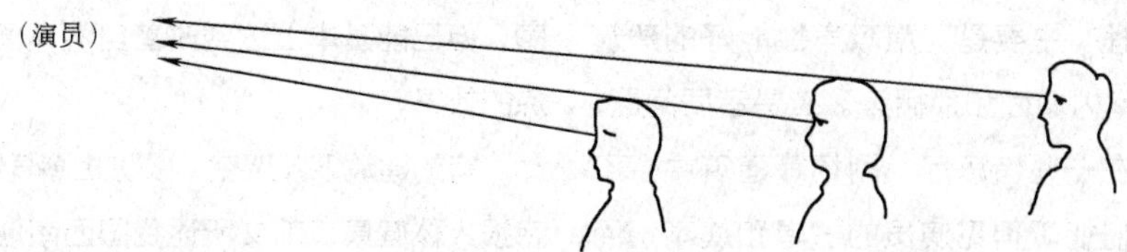

图 2-24 观众厅中的视线分析

筑看台设计原理方面的书籍。

离视点（眼睛）距离越远，物象的视角越小，其中的细节也就越难分辨，因此，剧院观众厅不能做得太长，否则后排的观众就看不清台上演员的细节。一般说，话剧的观众厅视线长度控制在 25m 以内，可以看清楚演员的面部表情，是高兴，还是生气等。电影与话剧有所不同，因为电影中有些细节是用特写镜头来表现的，所以观众的视线可达 49m。体育馆的观众视线可以更长，因为观众不需要看清运动员的面部表情，一般的体育比赛（如篮球、排球、羽毛球等），只要能看清运动员身上的号码就可以了。

（4）色视觉

关于颜色视觉，也有生理和心理之分。色觉生理，对于建筑设计来说，只需作简单的了解，重点是在心理方面。表 2-4 表明了各种颜色所引起的生理和心理的反应。

其次说听觉。关于建筑与听觉相关的问题研究，有一门学科，即建筑物理中的建筑声学。关于建筑的听觉问题，生理与心理往往联系在一起。大体说，建筑中的听觉问题可分三类：其一是能否听得清楚，这与距离远近、声源能量大小及空间形状、空间界面（墙、顶棚、地面）的材料有关。例如，有的墙面能产生声音的反射，于是就会产生回声。其二，声的质量，是乐声还是噪声，以及响度的问题。其三，声音的混响问题，这是听音乐时的特殊的声学要求。关于混响，可以举个简单易懂的例子：在户外空旷的地方唱歌，即使你有很好的嗓音，听起来也会觉得单薄甚至沙哑；你如果在一个墙面比较平整的房间里，唱起歌来一定会很好听，即使你唱得一般，也会洪亮动听。

建筑中的声学问题，最重要的有两个：一是噪声的控制。具体办法有隔声和吸声两种：如广播电台、电视台一类的建筑中，其播音间、摄录间等，要有严格的隔声设计；有些工厂中的车间（如棉纺织厂、毛纺织厂的织造车间等），噪声相当大，不但影响工作，而且影响人的健康（听觉的），所以要进

颜色视觉 表 2-4

色别	生理反应	心理感受	色别	生理反应	心理感受
红	激烈	热情、动态	蓝	深沉	寒冷、深远
黄	刺激性较强	响亮、注意	紫	更深沉	奇特、幽深莫测
绿	平静	安全感、平和			

行吸声处理，主要是利用吸声性能好的建筑材料来做室内墙面和顶棚等。二是音质问题。这主要是在一些音乐厅、剧场等建筑中，不但要使人们能听得见演员的歌唱和演奏，而且还要求声音的艺术效果，即混响要求。混响是指以很短的时间间隔，声音到达耳朵内，形成这个声音的听觉上的拖长效果，使声音变得浑厚、好听，但两个声音到达耳朵里的间隔时间不能太长，否则就成了回声，效果适得其反。如图 2-25 所示，这是一个剧院观众厅的纵向剖面图，歌唱家的歌声通过直接传导和反射传导两个途径传到听众的耳朵里，就有了混响效果。建筑设计时，就要设计声音的反射面及其方向，设计声音反射传导的量、路径及时间。建筑造好以后，还要用声学仪器进行测试，看看效果是否如愿，若不好，就得调整这些面，包括面的方向及面的材料等。

第三说温度和湿度要求。建筑的一个基本要求是抵御寒暑、雨雪，因此要用理想的围护结构（外墙和屋顶）形成一个冬暖夏凉的内部空间环境。原始社会时期，虽然房屋造得很简陋，但已能基本上达到改善自然环境、冬暖夏凉的效果。

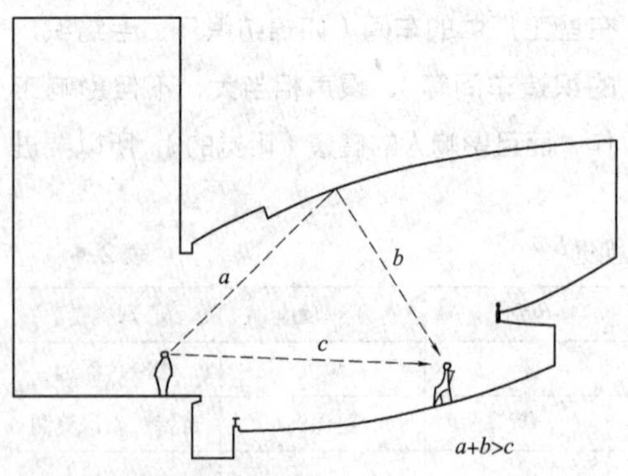

图 2-25　剧院观众厅的声学分析

有的建筑下部架空，以防止潮气侵入室内，有损人体健康。前文所述我国西南地区的干阑式住宅就是如此做的。

北方寒冷地区的房子，一般外墙的厚度几乎都在一砖半（370mm）以上，这在墙的坚固性上已远远超出要求（一砖厚就足够了），但正是为了冬季的御寒要求，所以把墙加厚。另外，草屋看似很简陋，但对温、湿度的要求却有利。

现代建筑利用各种技术手段来达到建筑的温度和湿度要求。人工空调设备的应用，使人们在夏天感到室内凉爽舒适。但据研究，人工空调环境对人的生理并不是绝对有利的，假如人长期生活在人工空调环境里，其鼻窦炎的发病率要比在自然的空间里的人高出五倍以上！生理需要，有的会升向心理，使人感觉得到，但很多生理上的需要却是人无法感受到的，这就需要科学地进行分析研究。随着科学技术的发展，人总是趋向创造出对自己更有利的环境。

第四是日照。在屋子里能晒到太阳，不仅是冬天住在里面会暖和些，更重要的是，日光对人有好处，日光能杀灭细菌，所以有“日光浴”这种活动。据规范要求，住宅的建造，在主要的房间（如卧室、客厅等）内，冬至那天至少能晒到 2 小时的太阳（当然是指朝南的房间），因此，就有了房子与房子之间的间距问题。如图 2-26 所示，后面的房子受到前面房子的遮挡，因此要有适当的间距。这个间距与太阳的高度角有关。如上海地区冬至那天的太阳高

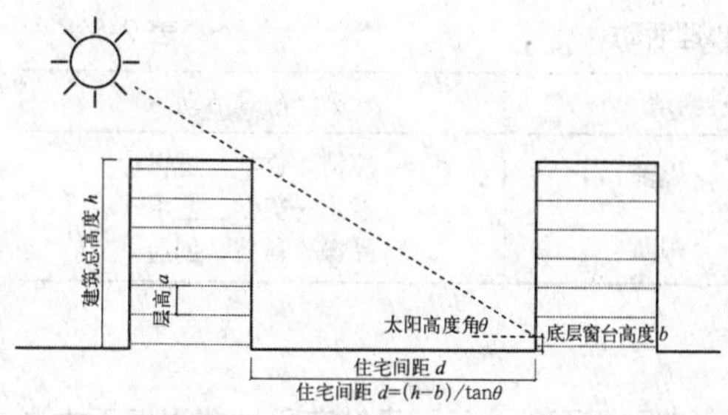

图 2-26 建筑日照分析

度角为 31°，设两房子之间的间距为 d，高度角为 θ，前排房子高度为 h，则

$$d=h/\tan\theta=1.41h$$

也就是说，上海地区的住宅间距要求是 1.41 倍的房子高度，若房子高度为 10m，则其间距理想要求为 14.1m。但由于人口密度的关系，目前住宅建筑间距远远达不到这个值，所以，保证底线的法定值也做了一定妥协，目前为 1.1 倍。此外设计人员想要在有限的基地上多造些房子，但又符合日照要求，还可以通过很多设计手段完成，如图 2-27，通过将顶层做退台形式处理，在确保后排住宅日朝时长的前提下，提高建筑高度。

其他如平衡感觉、空气成分等生理要求，在此不多说了。总之，首先必须注意到人的这些最基本的需求，即合理要求，这些要求对于现代建筑来说，显得特别重要，我们从事建筑设计的人，必须重视这些方面。有些内容虽然可以查表得到所要的数据，但建筑师还应当会综合地处理，妥当地安排、调整，以满足人们的需求。

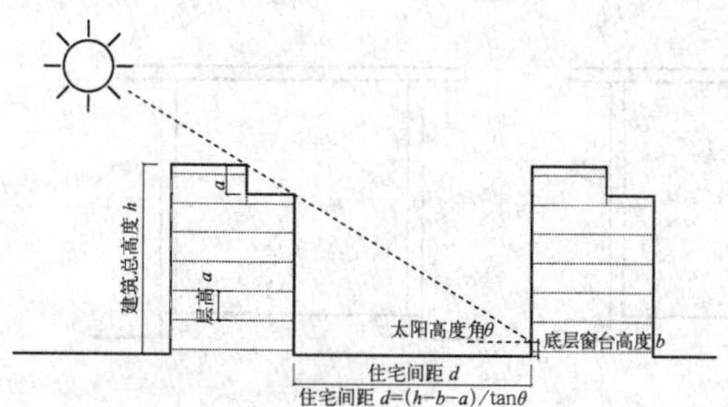

图 2-27 建筑日照分析设计

2.4 建筑与人的精神活动需求

建筑不仅要满足人的各种物质活动需求，同时还要满足人的精神活动需求。但无论是物质活动还是精神活动的需求，都要通过物质手段的保证才能得以实现，所以，我们把人对建筑的精神活动需求也归纳到建筑的物质性之中。

建筑不同于动物的巢穴，精神需求可以说是建筑与巢穴的核心区别之一。建筑要满足人的哪些心理需求呢？大体上说，心理需求包括基础性心理活动和高级心理活动两方面。所谓基础性心理活动，也可以说它与生理活动联系在一起，如视觉、听觉、触觉等。高级心理活动，则涉及人的许多观念形态方面的内容，如感情、道德、人品及艺术文化方面的内容，人的许多社会文化层面上的内容也在此范围内。

人的心理活动可以分为几个层次，我们可以把这些心理活动层次排列起来，见表 2-5。

对建筑来说，高级心理活动又有些什么内容呢？大体上说，不外乎这几个方面：安全需求、私密性需求、交往需求、招徕和展示需求、纪念性需求、陶冶心灵需求。

分层次的心理活动 表 2-5

生理活动	基础性心理活动	高级心理活动
生理	感觉—知觉 ╱思维 ╲判断	感情　哲学、逻辑 意志—美学、艺术 品操　科技、创造

2.4.1 基础性心理需求

先说人的基础性心理需求。

在一间屋子里，窗户的设置方式对人的感觉来说很有讲究。如图 2-28 所示：如果窗户开得较高，如图（*a*），屋子里面与外界就隔绝了视觉信息，这时在屋子里的人会是怎样的心情呢？显然会觉得很闭塞，好像蹲监狱似的。如果窗户开得较低，如图（*b*），这时屋子里的人感觉就与之前不同了，会感到开放、自在。如果连墙和窗也没有，只有屋顶和柱子，如图（*c*），这时的情况又会怎样呢？人在里面，不仅能见到外面的东西，而且还可以自由地出入这个空间，则又是另一种心态了。空间与外界既分又合，达到共容、自在。亭子、雨篷等都是这种空间形式。

三层以上的房子，当我们站在屋顶上时，如果在边上没有栏杆或女儿墙作围护，总会使人感到栗栗然，不同于站在平地或高度不太高的凸起物之上。这种围栏的高度还与人的重心高度有关（人体的重心大约在自己的肚脐处），低于人的重心的围栏，当建筑物升高到一定的高度时，就会使人觉得有些害怕，越高越怕。

一个居住小区，如果房子作兵营式的排列，如图 2-29（*a*），你会找不到你要去的那户人家，有时甚至连自己的家也会走错。依靠门牌编号来识别的方法不可取，也不是建筑设计的内容，最好是在建筑布局和建筑形象上作处理。图 2-29 的（*b*）和（*c*）是规划布局中的做法，每排相同的建筑物不多于 5 个。这种有关数量的心理特征，也可在规划布局中应用。

建筑室内空间的形状对人的心理影响很大，如图 2-30 所示：其中（*a*）是较小的空间，给人一种亲切感和可居性，使人在心理上有比较安定、舒适之感；其中（*b*）是中等大小的空间，对人数不甚多（一般以 30 人以内为宜）

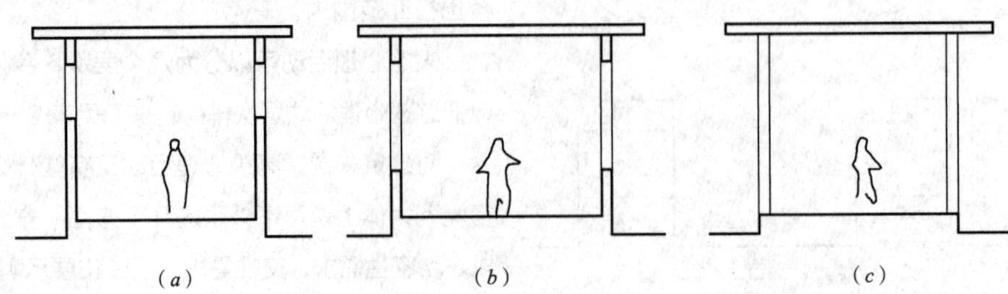

图 2-28　窗的分析

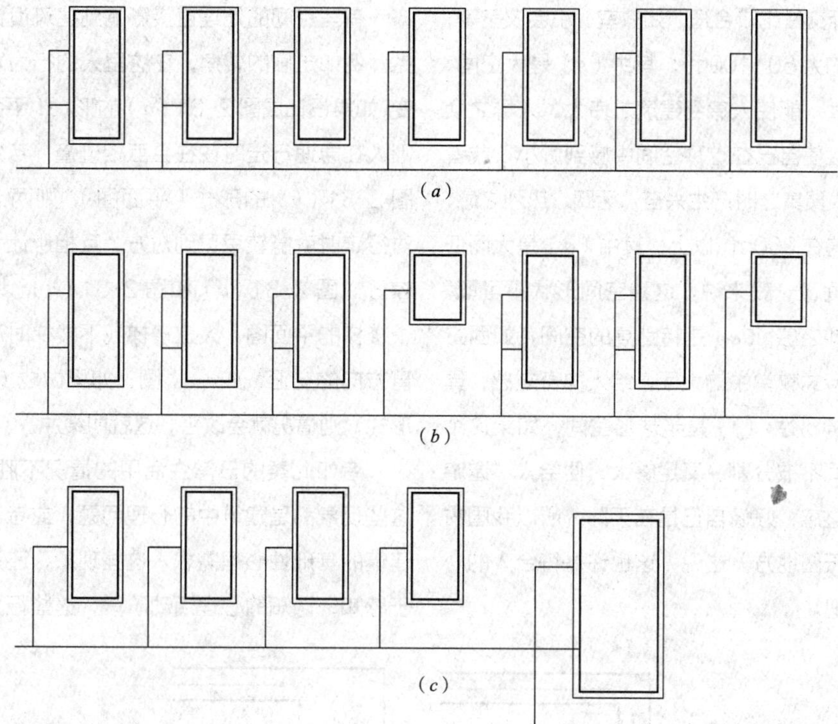

图 2-29 建筑的排列

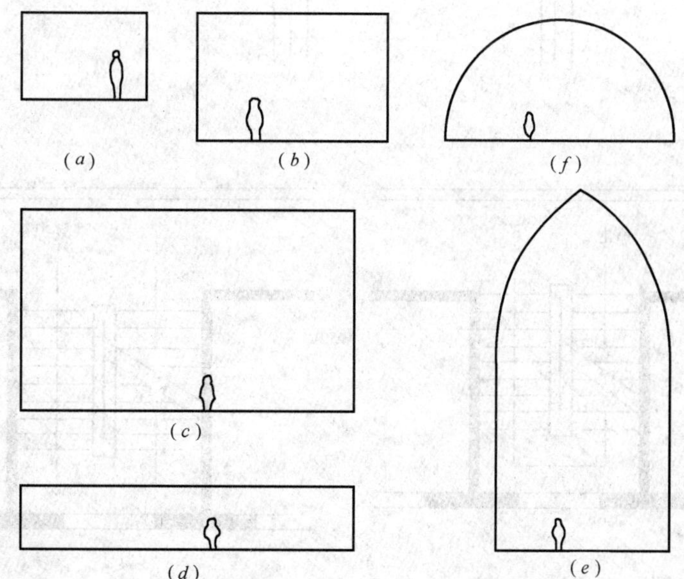

图 2-30 空间的分析

时的人际交往比较合适，如教室、小会议室等，其面积约为 60~100m²；其中（*c*）是大空间，又高又大，能使人感到建筑之伟大、人群之众多，还会使自己在这种空间中感到渺小，或者在众多人聚集之时产生兴奋、活跃、热烈之感，其面积约在 300m² 以上；其中（*d*）是大而低矮的空间，一般来说，这种空间形状不可取，给人压抑之感；（*e*）是特别高的空间，如西方古代哥特式教堂中的大厅，给人神奇之感，具有宗教神秘性；（*f*）是半球形空间，如果这个室内空间不被分割，又足够大，便给人"遨游太空"之感，好像自己是在天际，所以我国古代有"天圆地方"之说，这也许是符合人的心理效应吧。

有些空间的处理直接影响到建筑设计的优劣。例如走廊的转角，在这里人的行为发生改变，如果设计成图 2-31（*a*）的形状（平面图），则人在急速行走时往往会互相碰撞，若处理成图 2-31（*b*）的形式（平面图），则两人在相对行走时就能较早见到对方，互相避让，效果较好。图 2-31（*c*）和图 2-31（*d*），这是两个楼梯的平面图，人上楼梯或下楼梯时产生垂直方向的交汇，如（*c*）图，如果做成（*d*）的形式，则情况就会改善，这就叫缓冲。

诸如此类的日常生活中的情况不胜枚举，这些现象都是建筑中的心理问题，或者说都是建筑的基础性心理需求。这些现象，还只是处于感知、认知的心理活动阶段，这些行为也几

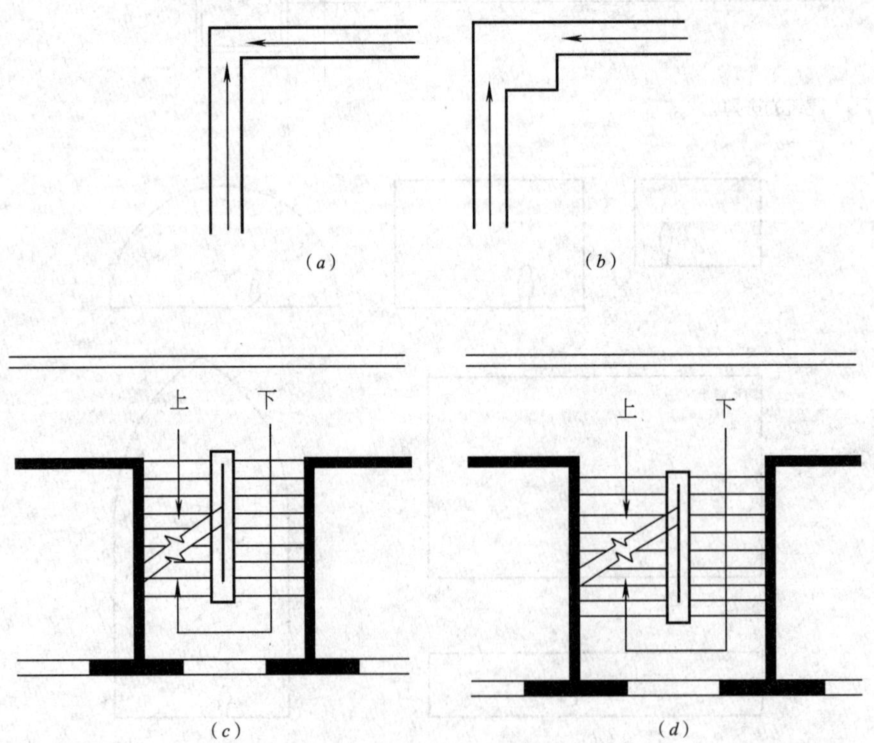

图 2-31　走道和楼梯的分析

乎都是物质功能上的（要求），尚未涉及到高级心理活动。

2.4.2 安全与私密性

图 2-32 是三个雨篷。一般都会觉得（*b*）是较合适的一种，这与安全感有关。（*a*）的缺点在于不实用，出挑太少，起不到挡雨的作用。（*c*）则显然会使人感到害怕、不安全，说不定什么时候会掉下来，所以人不敢在雨篷下逗留。所谓安全感，有某种高级心理活动的成分，例如（*c*）这种雨篷，会引起许多联想：这个雨篷是否会掉下来，结果又会如何等。也许它只是一种形式，其实是不会掉下来的，只是会引起人的某种心理反应。这也可能是设计者故意开个玩笑，但建筑是以实用为主的，玩笑不宜开。

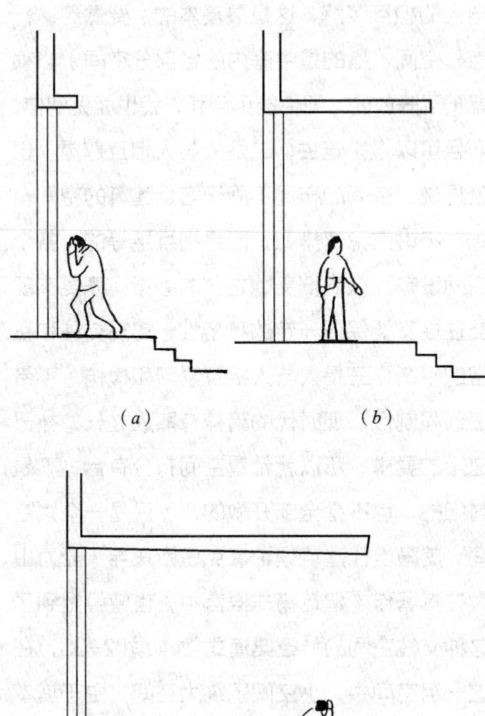

图 2-32 雨篷分析

卧室如果不做房门，也许居住在其中的人会整夜不得安宁，总是提心吊胆，担心什么时候会有人进来。这当然属安全需求，但究其性质来说，它已上升到更高的一个心理需求层次，即私密性需求。人在生活活动中的许多内容有私密性要求，无论起居、工作还是学习。私密性不只是属于单个人的，也是属于人群的。有时候两三个人或一个家庭也有私密性；一个班级 30 个同学，也是如此，不希望外界了解他们所不愿让人家知道的事。建筑，也应当满足这种心理需求。

20 世纪 50 年代，在美国伊利诺伊州建造了一座私人别墅——范斯沃斯住宅，设计者密斯为了空间的理论——自由流动的空间，把这座建筑设计成了视线开敞性的，除了厕所、浴室等房间外，几乎所有的房间都用透明玻璃墙面，从外观其内，一目了然（图 2-33）。居住者（单身女医生）在室内的大量活动无法做到私密性，这是个败笔。建筑师必须注意人的私密性心理要求。不同用途的建筑，有不同的私密性要求。

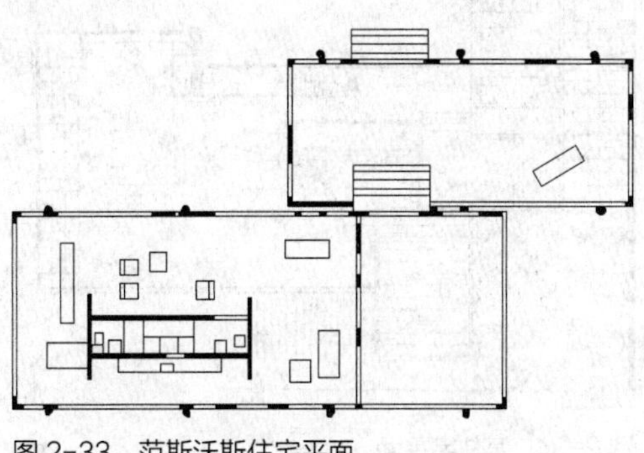

图 2-33 范斯沃斯住宅平面

2.4.3 交往需求

按照心理需求层次，在建筑私密性要求满足的基础上，就有了交往的需求。众所周知，人乃是社会的人，人际交往的需求也就被集中地在建筑上表现出来了。

交往，实际上也可以看成是人的私密性的另一面。人既有私密性的心理需求，又有人际交往的心理需求，这两者是不矛盾的，根据条件和场合的不同而有所不同。

在建筑中，往往以这两种不同的心理需求来安排和处理空间。如图 2-34 所示，这是一座独立式的住宅，设计者巧妙地布置了起居室，使这个空间既分又合，空间有流动感。人处在这个空间中，似乎会感到很自在地处在人际之中。就餐、交谈、娱乐、阅读以及工作等，都恰如其分地各自占有空间，但相互之间又似乎联系在一起。住宅中的起居室，剧场中的休息室，车站中的候车室，旅馆中的休息大厅等，都应当注重人际交往方面的空间处理。这就是建筑空间的交往层次。

美国当代著名建筑师约翰 · 波特曼提出了“共享空间”（Shared Space），“人看人”等理论就是为了满足这种心理需求而提出来的。他所设计的几个大型旅馆的中庭，如旧金山的海特摄政旅馆的中庭、亚特兰大桃树广场旅馆的中庭、洛杉矶波拿文彻旅馆的中庭等，都给人创造了这种交往条件。20 世纪 80 年代以来，我国很多旅馆建筑也采用这种空间形式，如广州的白天鹅宾馆，北京的长城饭店，上海的上海商城、银河宾馆、金茂大厦等，也都设计了共享空间，并在中庭空间设计中注重如何更符合人际交往的需求。

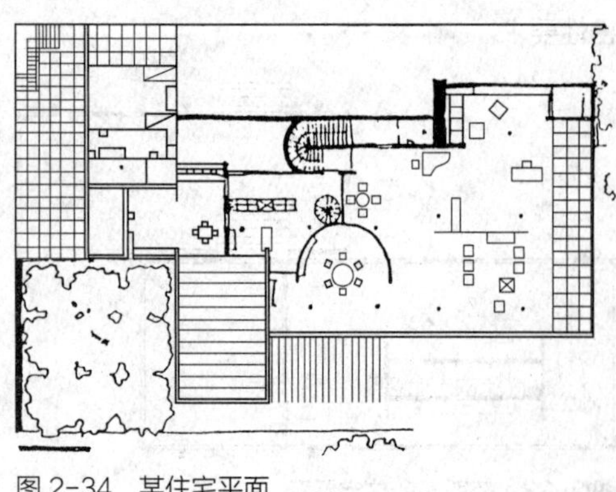

图 2-34 某住宅平面

人际交往的要求可以归纳为三点：一是人与人的相互了解，这是最基本的，要做到这一点，空间（指的是中庭内的各部分空间）必须是相互开放的，即你能见到我，我也能见到你，而且可以走来走去；二是人与人相互尊重，也就是说，空间的布局不同于宫廷建筑的空间布局，不讲究论资排辈，而是相互平等的，各个空间没有什么高低贵贱之分的感觉，既要实现交往性又要保证一定的私密性，实现交往和私密的平衡；三是人与人相互学习和模仿，不带任何强制性。现时代的精神有取人之长、补己之短的要求，所以就希望空间有分有合，不是封闭的，也不是全部开敞的，不只是一个大空间。美国当代建筑理论家克里斯托弗 · 亚力山大在其著作《建筑模式语言中》也曾经提到了这种交往空间的“经典模式”，如图 2-35，在这一组空间中，小空间围绕大空间，由于其本身的小尺度和所处的外围位置而呈现一定私密性，也能够看到大空间；大空间也由于其尺度和所处的中心位置呈现出公共性。这样小空间能够成为了一个停留的、安静的地方，大空间

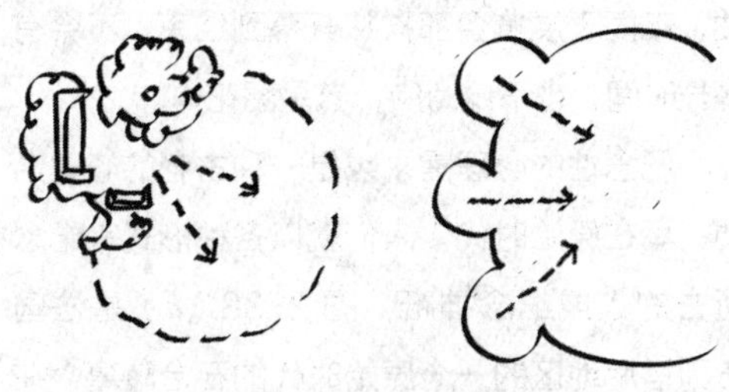

图 2-35 交往与私密平衡的空间模式

成为了穿越的、热闹的地方，从而达到交往与私密的一种平衡。

2.4.4 招徕和展示

与交往需求相近似的一个心理需求是招徕和展示。这是人际方面的，但招徕和展示是对空间的一方而言，把这个建筑作为主方，在它之外则为客方、对象。展览、陈列性建筑，商业性建筑等，这类建筑的招徕和展示需求最为典型。有许多商店的门面都设有橱窗，介绍本店的商品，招徕顾客。展览馆虽不同于商店，但它的立面外形同样要求引人注目，人们能知道展览会里大体有些什么内容，对它们是否有兴趣。

展览馆和陈列馆，从内容、功能上来说，有许多相似之处。展览品布置出来，人们一一参观。陈列馆中的陈列品放置着，让人参观、瞻仰。但在展览馆里，既让人参观、品评，同时也可以做生意，因此，展览性建筑与陈列性建筑就有本质的不同了。展览性建筑往往变化多，形象醒目、突出，吸引人。例如，1958年布鲁塞尔世界博览会的苏联展览馆（图2-36），以巨大的体量、新型的结构、新型的材料和奇特的造型，很引人注意，曾轰动一时。法国馆则更妙，用的也是新结构（两个双曲悬索屋顶合起来），造型更为新奇，如一只巨大的和平鸽。2010年上海世博会，全世界许许多多的国家和地区都来参展，展示他们的优秀产品，在展览会期间做成的生意不计其数。各国的展览馆形式五花八门，标新立异，充分满足

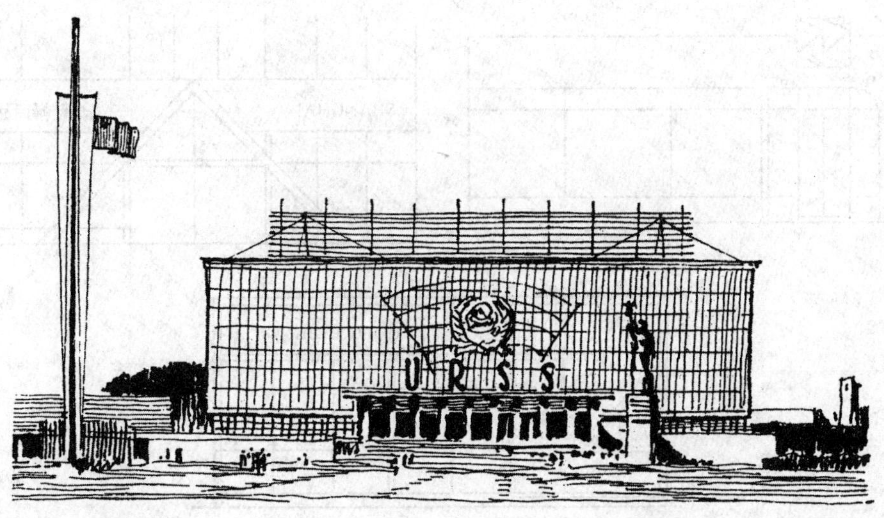

图 2-36 苏联展览馆

展会建筑招徕和展示的需求。

有许多商业建筑在形式上别出心裁。商店的沿街立面一般是竞争的“用武之地”，多用强烈的形象、独特的色彩，显现出与众不同的个性，以吸引人们去光顾，图 2-37 就是这类建筑立面的实例。在处理这些形象时，设计者必须抓住人们的心理活动特点，如怎样来引起人们的注意，怎样以最简洁的方法介绍该店有些什么商品，乃至商品质量的高低也能通过视觉形象反映出来。例如熟食店的门面，应当简洁、干净，使人们首先有个清洁卫生的好印象，而且由于熟食品种多，形象琐碎，所以建筑不宜装饰过多，应以简洁为上，使商品突出。

2.4.5 纪念性

再往上的一个心理需求层次是纪念性。纪念性，也是希望人们到这里来。但它不同于展览会、商场等，而是一种严肃的、带有尊敬和怀念之情的场所，而且，纪念性还显示出永久性，不同于展览会那样从开幕到结束，不会有多长时间，也不像商店，老是翻花样。

纪念性的心理需求也是一种古老的心理活动。早在原始时代，人们就以各种形式来纪念逝去的人或纪念神祇。图 2-38（*a*）是法国布列塔尼地区的一个原始时代的石台陵墓。在我国的辽宁省海城市，也有巨石建筑，如图 2-38（*b*）所示，它与前者形式不同，但性质相同。

德国文豪歌德（1749—1832 年）说过：“凡是把许多灵魂团结在一起的，就是神圣的。”① 一个民族，从它形成开始，总有某种“偶像”使这个民族的人民团聚在他的周围。从原始氏族社会的单石到至今仍在北京天安门前立着的华表（图 2-39），都是有纪念性意义的建筑物。

当然，典型的纪念性建筑是纪念碑和纪念馆一类的建筑，它的纪念对象是人及人的活动（一个人、一群人、重大事件等）。古罗马的纪

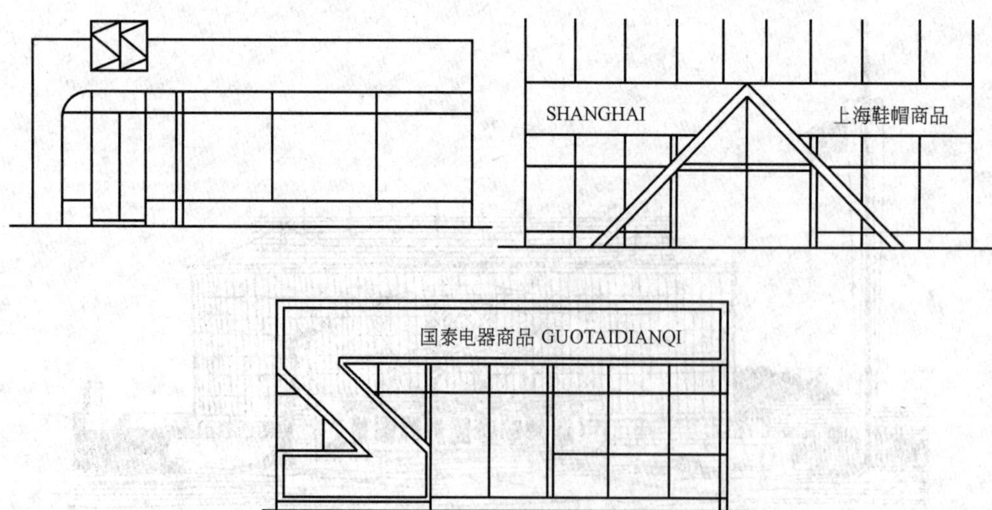

图 2-37　店面设计

① ［德］黑格尔．美学：37.

图 2-38 史前时代的墓

功柱、凯旋门以及许多纪念碑，都是这一类的建筑（图 2-40）。

纪念性建筑有两种不同的表达途径：一个是庄重的，另一个是有感情的。

庄重性的纪念性建筑，其表达的主要是威严、尊重和敬仰，因此，这种形式往往追求体形高直，体量巨大，给人崇高之感。例如南京的渡江胜利纪念碑（图 2-41），这个纪念碑的设计意图是要体现百万雄师渡长江的壮丽场景，体现出解放战争的伟大胜利，体现出人民解放军的攻无不克、战无不胜的雄伟气势。因此，纪念碑采用了直立高大的形象。当然，这里也用了一些象征手法，如碑身用两片混凝土

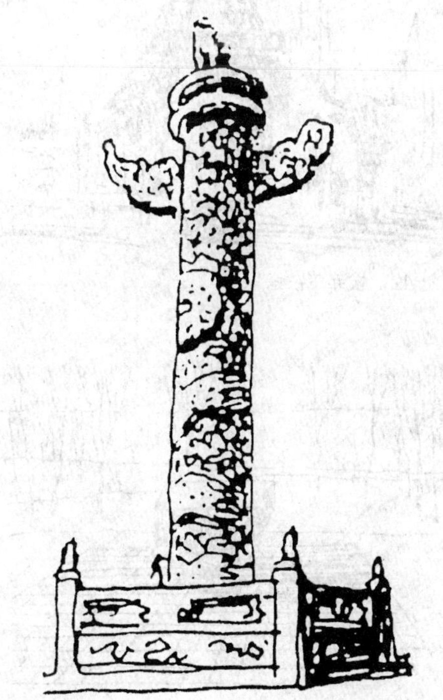
图 2-39 华表

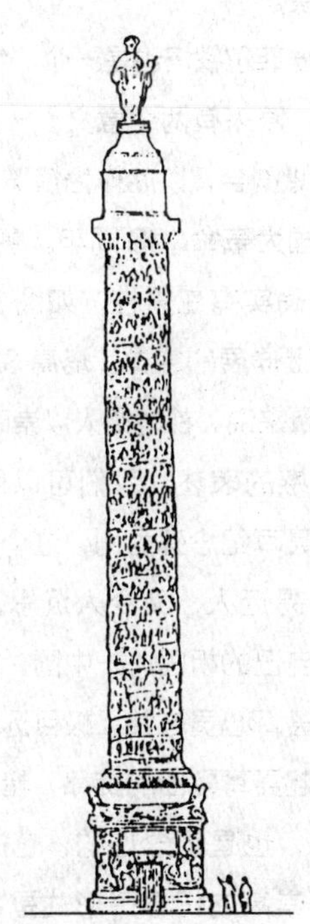
图 2-40 纪功柱

图 2-41　渡江胜利纪念碑

做成如同船帆的形状，使人联想到解放战争渡长江时的情景。

巴黎的埃菲尔铁塔也是一个“纪念塔”，建于 1889 年，原来有两个意义：一是当时在巴黎举办世界博览会，以此作为博览会的标志；二是纪念法国大革命 100 周年。事实上，这个建筑的形象确实有庄重性，如图 2-42 所示，它给人以向上伸展的感觉。塔高 328m，从它的形状和体量来说，都能给人以崇高之感。

关于情感的表述，我们可以用在日本藤泽市鹄召的聂耳纪念碑为例，这个形象，看起来是那么平易近人，又令人沉思，面对着大海，遥念着自己的祖国——中国。如果我们身临其境，与聂耳心灵与共，极目远眺，也许会在你心头响起聂耳歌曲的旋律，黯然垂泪……这就是情感，也是纪念性的，它的建筑外形特征与庄严崇高的纪念碑形式是不同的，见图 2-43。

纪念性建筑往往以视觉形象来达到某种心理效应，如直立形体的崇高性等。密斯·凡·德罗设计的李卜克内西—卢森堡纪念碑（图 2-44），这个碑用砖墙形式表现，它寓意着这两位革命先驱是在墙脚下英勇就义的，墙身的强烈凹凸形态增加了情绪的激荡。这个形象，使人们产生强烈的怀念之情，达到了纪念性效

图 2-42　埃菲尔铁塔

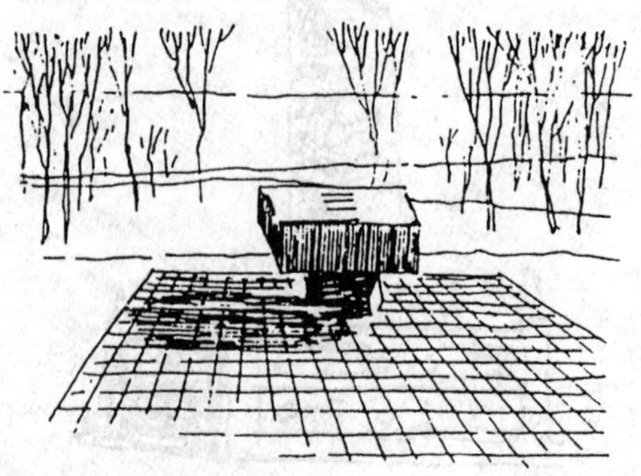

图 2-43　聂耳纪念碑

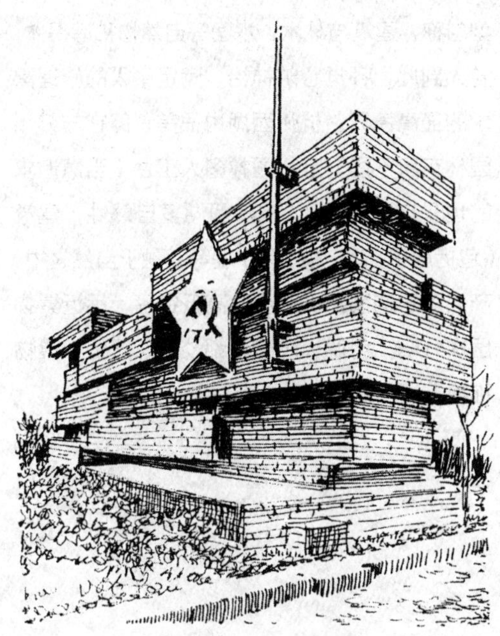

图 2-44 李卜克内西—卢森堡纪念碑

果。有的纪念碑，用五角星来象征党，用火炬来象征革命，用旗帜来象征胜利等，当然也并非不好，但如果只有这么一些形象，千篇一律，难免落入俗套，甚至反而有损纪念性建筑思想的深刻性和个性的鲜明性。纪念性建筑的形式是较难做好的，因为它既要有思想高度，又要有切实的感染力，还要有艺术造型的独到之处。

2.4.6 陶冶心灵

与纪念性相应的高层次心理需求是陶冶心灵，这也可以说是最高层次的心理需求了。

无论什么建筑，它的造型，其目的都有审美的一面。优秀的建筑造型，在实现建筑功能需求的同时，还能满足人的心理需要，进而达到陶冶心灵的作用。这种陶冶心灵的作用可以脱离功能的束缚，成为一种独立存在的“美”。用中国古代的美学语汇来说，就是“畅神”。南朝画家宗炳说：“神之所畅，孰有先焉。”意思是说，“畅神”就是缘由、目的，除此之外，就说不上有什么其他的目的了。我们见到这个形象，无须文字解释就能感到它的美。可以说所谓建筑艺术的最高目的不是人际交往，不是招徕和展示，也不是纪念性，而是审美，纯粹给人以美的享受：陶冶心灵。绘画、雕塑、园林等艺术亦是如此。

例如美国宾夕法尼亚州匹茨堡市郊的流水别墅（图 2-45），它的形象与周围自然环境的和谐，给人一种美的享受。尽管这座流水别墅本来的目的是供人居住，所以，它的本来的目的不是审美，而是实用（包括物质的和精神的）。但由于它成功的环境和空间处理，达成了建筑艺术的陶冶心灵作用，成为现代主义建筑艺术的典范。

又如意大利维琴察的圆厅别墅，其造型也很美，形象很统一，各部分的比例都很妥帖，尺度宜人。从外形来看，可谓虚实得体，立面

图 2-45 流水别墅

上的门廊不但增加了虚的成分，而且从空间来说，也起到了室内外过渡的作用，所以从空间艺术上说，也很成功。

当然，人类建筑史上还有许多旨在陶冶心灵的建筑：园林建筑，如苏州的许多私家园林，杭州西湖风景区中的许多用以观赏的建筑等。

苏州古典式园林名闻天下，有“苏州园林甲天下”之美誉。苏州园林美在何处？正是美在陶冶人们的心灵，这种境界令人“畅神”。例如苏州拙政园，建筑布局紧凑，比例适度，造型匀称，建筑与林木、水面等自然物和谐得体，游人到此，顿觉心旷神怡，满足了人的心理需求的最高境界。杭州西湖也很美，但它与苏州园林有所不同，苏州园林多人工性（当然追求的也是自然的美），杭州西湖多自然性，建筑（包括房子、塔、桥、亭、堤等）融于自然之中，产生美的构图，山峦房舍高低错落，远近景物层次分明，色调、明暗也都淡雅、抒情，景物称得上绰约多姿，令人百看不厌。

第3章
Chapter 3

建筑的社会文化性
Social and Cultural Property of Architecture

3.1 建筑的民族和地域特征

如前所说，建筑（Architecture）不仅仅是一种工程技术的对象，也不仅仅是一种艺术的对象，它更是一种社会文化的对象。这一点我们必须强调。社会文化作为建筑的一个重要性质，由它的民族性、地方性、历史性、时代性以及它的艺术性等方面反映出来。

首先要说的是建筑的民族性和地方性。不同的民族有不同的宗教形态、伦理形态和观念形态，这些不同点都会在建筑上反映出来。或者说，建筑实现着各个民族的这些方面的需要。因此，建筑就在民族特征上显示出了它们的类型。例如在欧洲，自中世纪开始出现的东、西欧两大教派（东正教，天主教），反映在它们的教堂建筑上，就显示出了两种明显不同的形态。我国汉族、藏族、蒙古族、维吾尔族、傣族等各民族的建筑在形式上的差异也十分明显。

其次，在同一个民族之中，建筑形态也会有所不同，如我国汉族地区的建筑，不同的地方就有不同的建筑形式。以住宅为例，浙江民居的形式、北京民居的形式、东北民居的形式、广东民居的形式、四川民居的形式等，虽然都是汉族的，但形式却各不相同，如图 3-1 所示。造成这种不同的原因主要是自然的因素，诸如气候、地貌、生态、自然资源等方面的差异形成了生活方式的不同，因此就形成了建筑格局上的不同。一个民族中，各地的自然条件差别越大，那么，这个民族的建筑的地方特征（差异）也就越明显，我国汉族各地建筑形式的差异就是最好的实例。

3.1.1 地域性

建筑地域性差别的原因可以归纳为主客观两个方面。其客观因素包括气候条件、地形地貌、生态环境、自然资源等自然因素。其主观因素与人和社会紧密关联，大体有社会的结构性特征和经济形态，人们的生活方式和风俗习惯，社会经济条件和技术水平以及它与相邻地区的交往程度（这种交往程度也与客观上的交通便利与否、距离远近等因素有关）。

首先说气候条件。我国西北一带的传统建筑，其屋顶比较平，一般用秫秸（高粱秆），上抹泥灰，做成如图 3-2（a）的形式，这种屋顶形式，称为屯顶。因为当地气候比较干燥，年降雨量很少，所以屋顶的防水、排水等问题考虑得比较少。相反，雨水较多的长江以南地区，则必须注意排水问题。特别是江南一带（长江中下游南部），每年三月，总是春雨绵绵，所

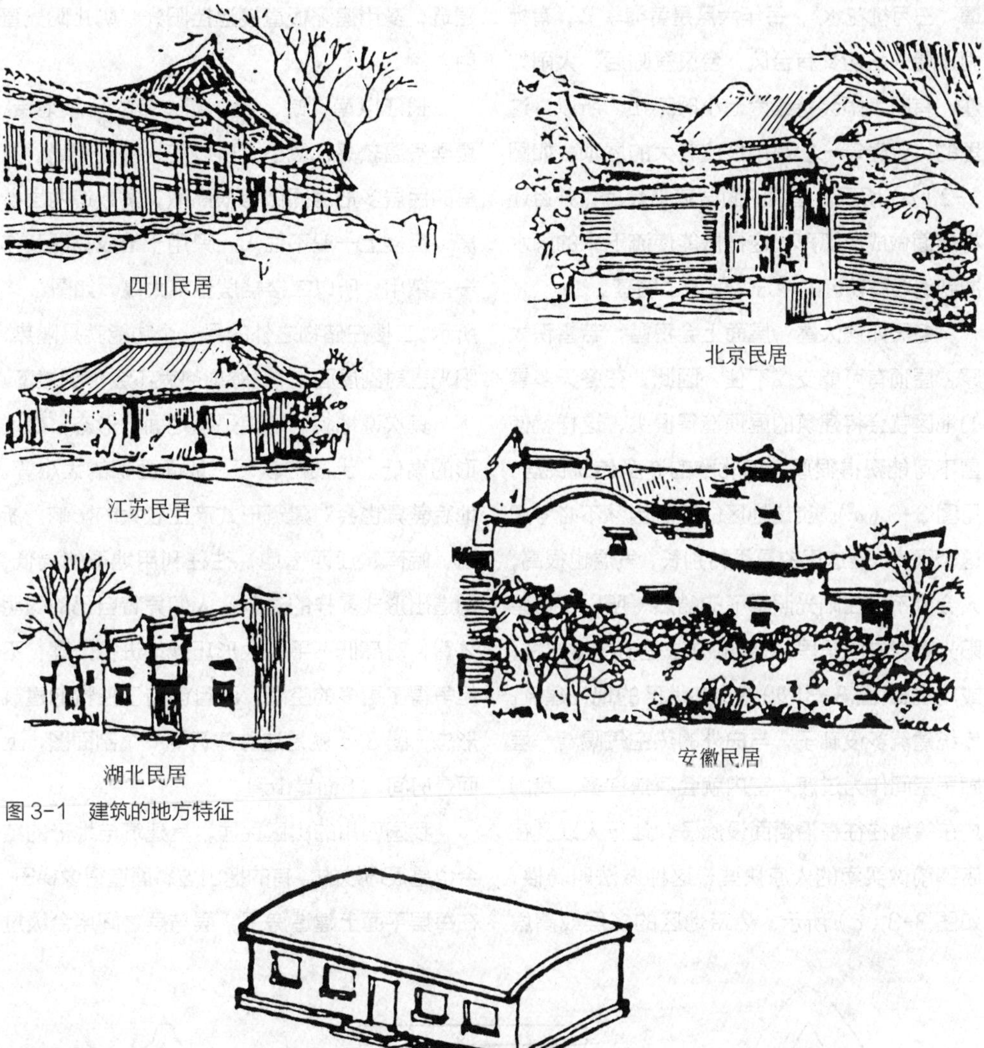

四川民居

北京民居

江苏民居

湖北民居

安徽民居

图 3-1 建筑的地方特征

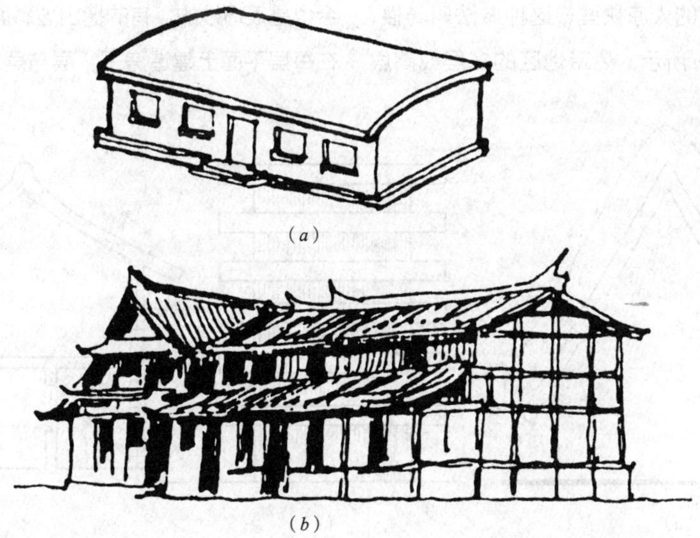

（*a*）

（*b*）

图 3-2 气候对建筑的影响

谓“三月桃花水”；每年六月是黄梅季节，有梅雨；夏末秋初又有台风，台风登陆后，大雨如注，有时大雨会持续六七小时不止。所以，这里的传统建筑一般都用坡度较大的屋顶，如图3-2（*b*）所示。屋顶的面层铺小青瓦，并且还将屋面做成反弧形，这样做能使流下来的雨水冲到离墙基较远的地方，保护了墙基。

冬天如遇大雪，屋面上会积雪，若雪积太厚，屋顶有可能支撑不住。因此，在冬天多雪的地区就会将建筑的屋顶造得很尖，这样就使雪不可能积得很厚，如北欧的许多传统民居，见图3-3（*a*）。炎热地区的建筑当然不必考虑这个因素，但这里的夏季特别长，气温也很高，人会受不了在阳光照耀下的酷热，所以不希望阳光直射进屋子里。主要的办法是将屋檐出挑，或用挑廊，图3-3（*b*）是炎热地区的现代建筑。传统建筑多设廊子，与户外的热空气隔着一层廊子空间作为过渡，室内就会凉快许多。我国广东等地往往在沿街面设廊子，让行人以及在店铺前做买卖的人凉快些，这种做法叫骑楼，如图3-3（*c*）所示。热带地区的多层或高层建筑，多用遮阳板直接遮挡阳光，防止阳光直射入室。

长江以南，皖、赣、湘一带的丘陵地带，夏季气温较高，风小，所以使人感到闷热。这里的民居多把房间做得很高敞，多数造两层楼房，但楼上一般不住人，只用于堆放物品及作一些杂用，所以二楼楼层也不太高，如图3-4所示。二楼在储物之外的另一个功能就是隔热，阳光直射到屋面上，其辐射热就不会传到楼下。

其次说地貌。地貌是指地面的形态，如地形的高低、土质的软硬、地面面积的大小等。地貌差异也会对建筑形式产生较大的影响。浙江、皖南、江西诸地，往往利用地形的高低，创造出形式多样的建筑。人们凭着自己的聪明才智，对高低不平的地形巧妙地进行处理，不但争得了更多的空间，而且创造了独特的建筑形态，图3-5就是这种建筑的一个剖面图，上面是房间，下面是街道。

我国四川的山区民居，其建筑与地形的结合也是很巧妙的。有的把山坡斜面造得像梯田，在每层平面上建造房子，层与层之间用台级过

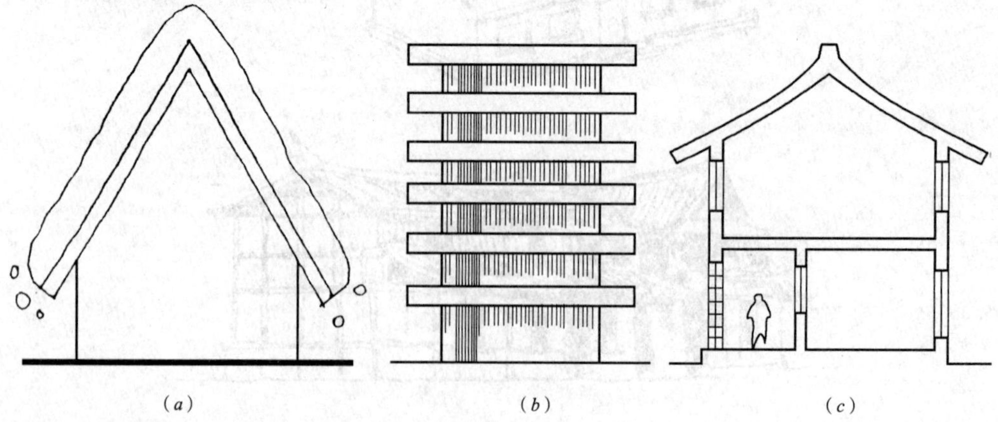

图3-3 建筑形式与地域性

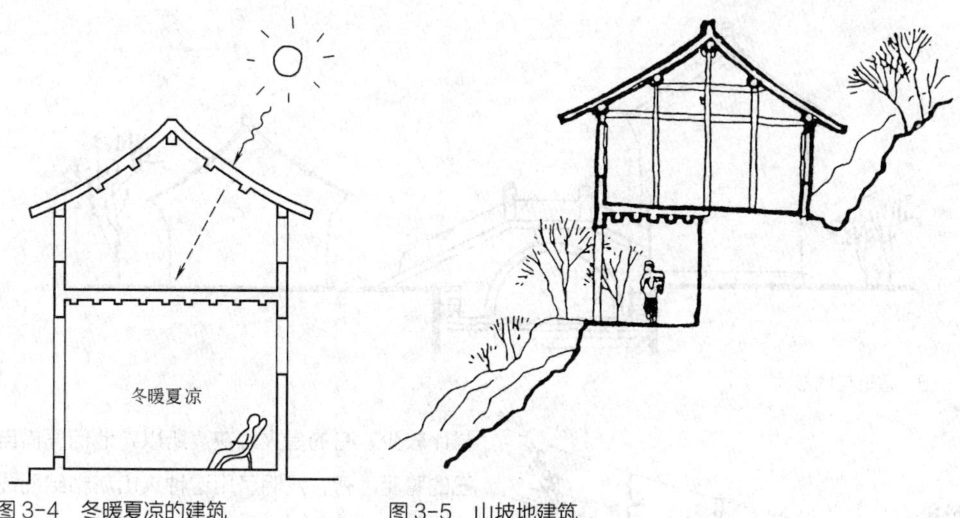

图 3-4 冬暖夏凉的建筑

图 3-5 山坡地建筑

渡，这就叫“台”。四川山区有些地方还将建筑用木柱撑起来，使倾斜度较大的山坡上也能建房，这种房屋就叫“吊脚楼”。这种民居在重庆一带最为多见，其做法就叫“吊”。除此之外，四川民居中还有“挑”“拖”“坡”“梭”等做法。这一切，都是为了解决山坡地形的建房方式。

我国的江南指的是苏、浙两省，太湖流域和钱塘江两岸，这些地方是水网地带，有“水乡泽国”之称。水把地分割成一小块一小块的，互相之间用桥相连。这里的水，除了供人们饮用和洗濯外，还作为主要交通通道使用，水路和陆路并用，桥就成了立体交叉之物。因此，江南水乡小镇，其建筑布局的形式多是前门为路，屋后是河，水陆并行，也很富有情趣，如图 3-6 所示。这种水乡小镇，人口比较密集，又充满人情味，很有文化气质，正如晚唐诗人杜荀鹤的诗《送人游吴》中所描述的：“君到姑苏见，人家尽枕河。古宫闲地少，水乡小桥多。夜市卖菱藕，春船载绮罗。遥知未眠月，相思在渔歌。”有些人家更是别出心裁，把河的上部空间也利用起来，在河上架一个廊子，如图 3-7 所示，使河两边的房子连起来，夏夜，就在河上的廊子里纳凉、过夜，倾听着河中的划船声，月光临水，景色陶然，甚为浪漫。

第三说生态。生态是指生物体的生存条件、生活习性和生存环境，同时也指许多生物共存于这个区域环境中，相互之间的“相生相克”关系。对人来说，生活在一个环境之中，各种生物体的存在，有利有弊，因此，人们就想方设法，达到对人有利，克服对人有害。例如，广西、贵州、云南的很多地方，因潮湿而多虫蛇，民居就建造“干阑”式建筑，即把建筑物架起来，用木或竹做梁、柱，上铺楼面板，上面住人，其下部空间用于一般的杂物堆放，或关牲口，或者什么也不用，让它空着。这样，既避免了蛇、虫来犯，又能防止潮气侵入室内。

最后说自然资源问题。世界上的建筑，其形式各种各样，丰富多彩，其中，材料的不同

图 3-6 建筑与地形

图 3-7 江南水乡

也是原因之一。古代社会技术落后，交通不便，所以建筑多就地取材，作简单加工后直接应用，如古埃及，无论是著名的金字塔还是太阳神庙，都用石材筑成。古代爱琴海诸地的建筑以及后来的古希腊建筑也用石材筑成，而古罗马的情况有所不同，因为在那里，供建筑用的大型石材比较少，有的是火山灰。所以，他们凭借自己的聪明才智，发明了用这种火山灰粘结而成的整石，即世界上最早的天然混凝土。但由于这些块材不能做得太大，不能做成梁，所以他们又发明了拱券形式，这不仅解决了建筑材料的问题，而且也创造了新的建筑形式，使建筑形式更多样，也更美。

但是，建筑的地方性差异还应当包括许多人的主观因素，如上所说，一个地方的人们聚合起来，形成自己的社会形态、文化艺术和风俗习惯等，这些都影响建筑的地方性差异。在古代，地区与地区之间的交往不太多，在自然环境条件有差异的基础上，由人文的差异所形成的建筑形式的差异也非常明显的。这种差异甚至不以人的意志为转移。例如，我国清代皇帝对江南的风土人情和建筑形态都十分钦羡，因此，康熙、乾隆皇帝在数次南巡中见到江南建筑绚美无比，遂命工匠在北方陆续建造起许多仿江南的建筑和园林，北京颐和园的昆明湖就有点模仿杭州的西湖，如图 3-8 所示，其中的万寿山后面的沿河一带，名曰苏州街，即模仿了当时江南水乡的市井形态（后来被八国联军烧掉，现存的是后来重新修复的）。颐和园东部有个小园——谐趣园，也模仿了江南园林，即无锡的寄畅园。但我们看到这些园林和建筑时，却感觉到它们与江南的园林和建筑还是不一样的。颐和园昆明湖上的西堤六桥，其堤和桥的形态本想模仿杭州西湖的苏堤六桥，但这两者的形式和风格却很不相同：西湖六桥形态自然，颐和园的六座桥富有皇家气。这种不同，一方面是由于地域的差异（一南一北），另一方面是人文的差异（一个重民间，一个重宫廷）。再如承德的避暑山庄，其中许多景观都追求江南的自然形态，就连取名也都带有江南文化气质，“烟波致爽”“云山胜地”“月色江声”“金莲映日”等。其中有座楼名叫烟雨楼，更是试图模仿浙江嘉兴的南湖烟雨楼，但两者建筑风格的差异却很大，一南一北，明显不同。更有意思的是烟雨楼旁边的一个小方亭，如图 3-9 所示，它与苏州拙政园里的绿漪亭大小、布局十分相似，但两者在形式风格上明显不同，如

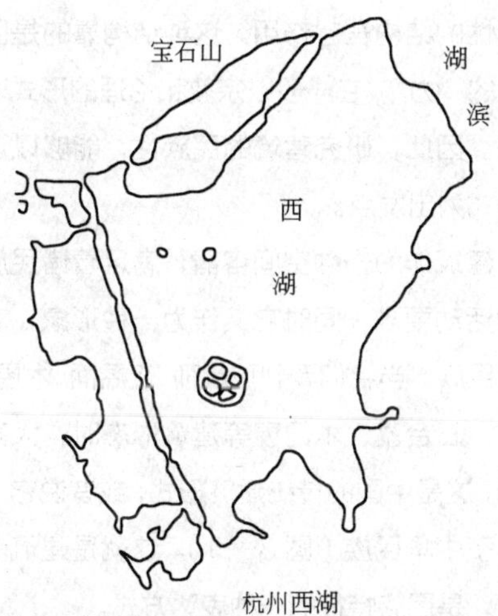

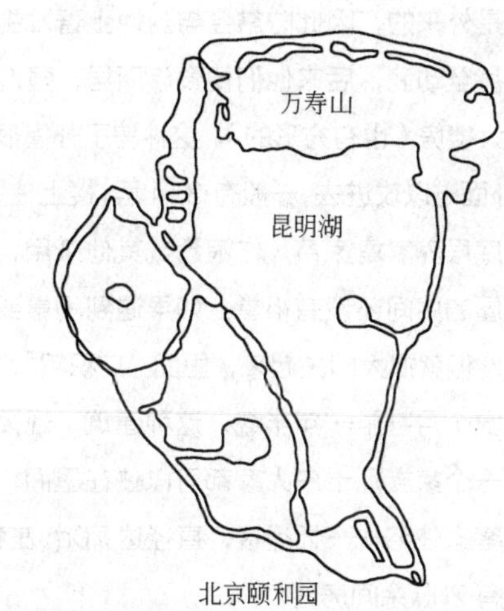

图 3-8 杭州西湖与北京颐和园比较

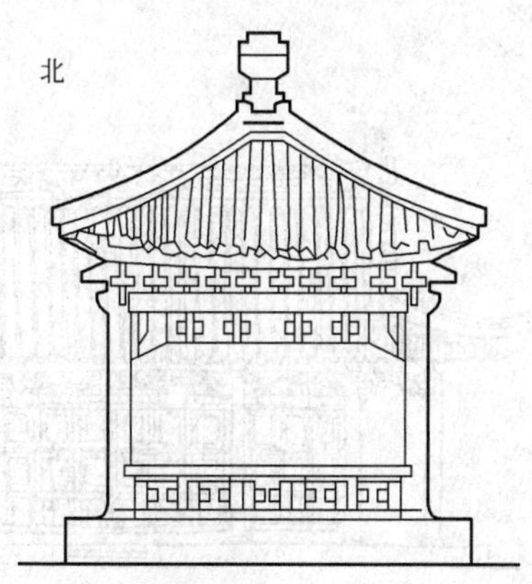

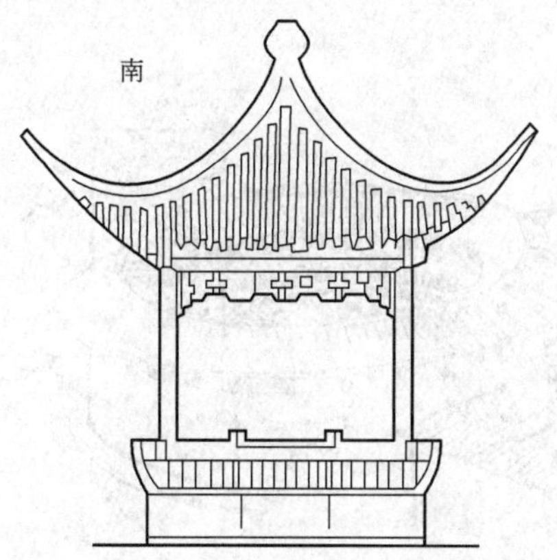

图 3-9 南北建筑风格的比较

果用语言来形容它们，则北方的雄健，南方的挺秀。

有的建筑形式，其人文因素是历史原因造成的。例如，在我国福建的一些地方，有许多民居形如“土围子”,也叫土楼,如图 3-10 所示。这种建筑不但在福建有，在广东、江西等地也有。这种民居形式十分特别，它的产生，相传是由于我国古代大约在魏晋时期，当时中原一带战乱，有许多家族聚族南迁，在这一带定居下来，所以这种建筑就叫“客家”住宅。因为他们是外来的，因此时常会与当地土著发生纠纷，甚至动武，后来他们便聚族而居，建造圆形的大楼房（也有方形的）。这种房子外墙很坚实,外面难以攻进去,一般有 3~4 层,楼上住人，楼下底层养家禽家畜，作粮仓或其他杂用，整座房屋的中间还设有祖堂。如果遇到闹事或战乱，他们就把大门关起来，里面“广积粮”，可以吃数个月甚至一年半载。这种建筑，规模甚大，一个家族几十户人家都可以住在里面；最大的客家住宅——怀远楼，直径达 70m 左右，里面有 200 余间房间。

3.1.2 民族性

如果说，建筑的地方性多受自然的因素影响，那么，建筑的民族性就更多受到社会人文因素的影响。

民族的前身是部落或氏族，是一个社会集合。在这个社会集合中，有自己的政治、经济结构，有自己的生产能力，也有自己的宗教、伦理体系，还有自己的文化艺术和风俗民情等。之所以能够成为一个集合（民族），它必然有一种活性的结构在起作用。这种结构靠的是团聚社会的“力”，它一般以宗教和伦理的形式表现出来。因此，研究建筑的民族性，能够以这两种形式为出发点。

建筑作为一种空间容器，满足着诸民族各自的活动要求，同时它又作为一种形象，表现着诸民族。当我们看到坡屋顶、瓦屋面、木屋架、木柱、石台基、木门窗等建筑形态时，大家都会说，这是中国的传统建筑形式，或者说它“象征”了中华民族（图 3-11）。这就是建筑的民族性，是民族特征的一种表达方式。

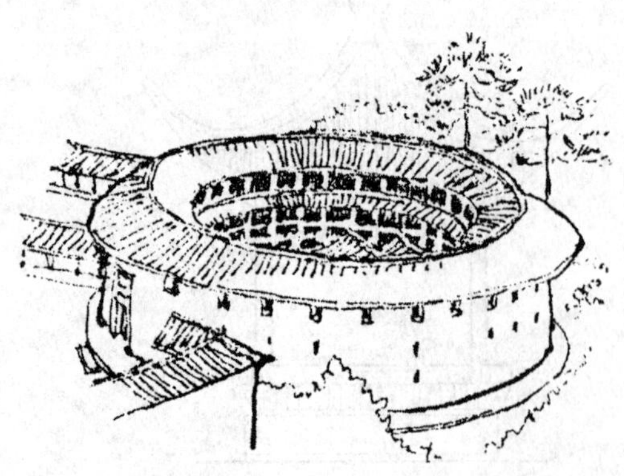

图 3-10 福建土楼

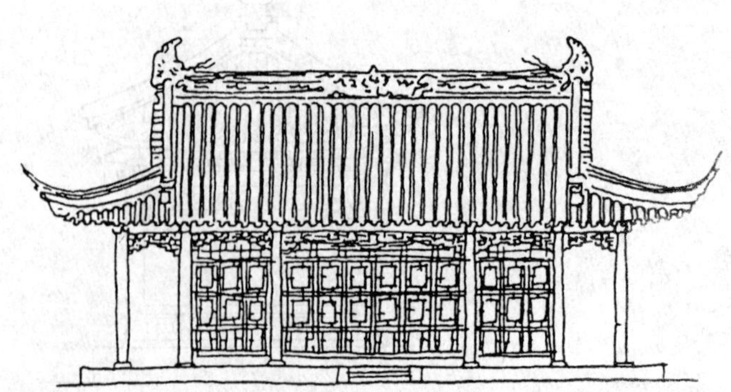

图 3-11 建筑的象征

从建筑与其他人造物的横向文化关系来看，这种形式的民族特征也是颇为强烈的。如图 3-12（*a*），这是伊斯兰建筑，其形式与他们的服饰、日用器皿、家具等可谓和谐统一。古代西方的建筑也同样如此，如图 3-12（*b*），这是古希腊的建筑形式，与他们的服饰也很和谐统一。

从文化的结构来说，民族和建筑的关系或对建筑的影响，要比地区对建筑的关系或影响更高一个层次。如前所说，地域的诸因素多为自然方面的、物质技术方面的以及人的物质活动方面的；民族的诸因素则更多是社会的、文化艺术的以及人的精神活动上的。因此，我们更能通过建筑与民族的关系看出建筑的社会文化属性。

民族的宗教上的特征，在建筑形象上是十分明显的，如图 3-12 所示，各种宗教建筑，实质上都表现着它们的教义。我国古代的佛教建筑为什么与印度古代的佛教建筑有如此悬殊的差异呢？如图 3-13 所示，我国的楼阁式佛塔与印度佛塔（称窣堵坡，Stupa）在形式上何等的不同！这是因为，佛教从印度传到中国，经过东汉和魏晋南北朝的吸收和消化，就改变了许多印度佛教的原型，合于国情，大量地加入了许多世俗的、与传统礼教相协调的内容，因此也改变了佛教建筑形象。如图 3-13 中的木构楼阁式塔，这种形式正映射了中国传统的民族精神。它是理性的、世俗的，好像人可以在这里生活一样。这也就是所谓的民间情态，它与古印度佛塔（形象）的那种遁世的、缺少世俗情感的形式很不一样。这就是建筑形式对民族性宗教特征的反映。

第二个要素就是伦理性。西方古代的伦理观，实际上是不定的、流变的。古希腊时期，那种显示出民主精神的奴隶制社会形态的伦理

图 3-12　建筑与人文

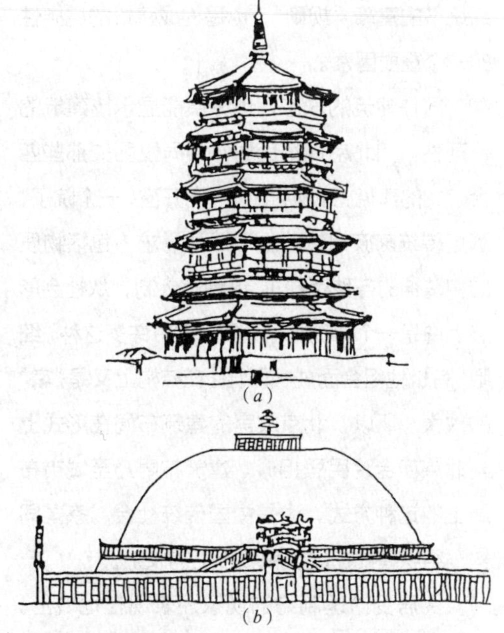

图 3-13　佛塔的比较

系统，就在他们的建筑中反映出来了。古希腊神庙的美感和人情味都说明了这种社会伦理的作用，西方中世纪的封建等级观念，当然也会在建筑上反映出来。也许，我国的传统建筑最典型地表现了封建伦理观，因为这种伦理观延续了几千年，影响深远。例如，北京从前没有高的建筑，为什么？因为最高等级的建筑，即故宫中的太和殿，其高度应当是最高的，平民百姓的房舍不得超过它的高度，所谓"至高无上"。又如建筑上的色彩，《礼记》中记载："楹，天子丹，诸侯黝，大夫苍，士黈。"意思是说，建筑中的柱子颜色是分等级的，不同的颜色代表屋主人的不同的身份。皇帝用的房子，其柱子用红色；诸侯用的房子，其柱子用黑色；大夫（一般的官职）用的房子，其柱子用蓝色；士的等级最低，其柱子用土黄色（在殷周时期，士是最低级的贵族阶层）。这就是中国古代伦理系统下的建筑"规则"，也是构成建筑的民族性的一个重要因素。

居住建筑的形态，也许最能显示出建筑的伦理性。如北京传统民居，胡同里面的那些四合院式的建筑，外面封闭，内向开窗，一个院子，满足传统家族组织的生活活动需求（包括物质的和精神的各种活动），这种家族制，从社会形态上说是一个"细胞"，整个国家由许多这种"细胞"有机地组合而成，而"国"在结构上又是"家"的放大。所以，北京故宫的建筑布局在形式上与北京四合院民居相似。建筑布局乃至城市布局上的这种方式，也是中国传统社会"家国同构"组织模式在建筑和城市上的映射。

民居受伦理制约的现象还表现在地域上。北京乃近皇宫之地，所以，民居形式十分规整，符合伦理规范要求。江南诸地（泛指长江中下游以南），许多小镇的住宅就有所不同，特别是由于地形的原因（如山地、水泽地带等），有的更是由于商业经济发展的需要等，与北京四合院略有不同，没有那么严谨。但一些江南城市中的大户住宅，仍保持这种伦理特征，做得对称而严谨，符合古代伦理和宗教要求。这主要是因为居住者多是有身价之辈，不能有失礼仪。但是，即使如此，他们也往往在宅边建造花园，建造书斋等，多为自由布局。更远一点的地方，如广西、云南、贵州等地，特别是诸少数民族（如傣族、纳西族、苗族、佤族、壮族等）的住房形式，就与北京四合院很不相同了。又如蒙古包以及西藏、青海、甘肃诸地的藏民碉房，与北京四合院几乎找不到有什么相同之处了。所谓"天高皇帝远"，离京城越远的地方，越是显示出民居形式的不同。前面说过，建筑的社会要素要比自然要素高一个层次，因此，对于建筑的用料来说，即使同样就地取材，同样用木构，中国的传统木构建筑与英国的古代木构建筑不论在形式上还是构筑方式上都是很不一样的。图 3-14 是我国江南民居的比较典型的木构形式。建筑作为一种文化，它的民族和地方特征是错综复杂的，要作细致谨慎的研究。

3.2 建筑的历史性和时代性

建筑的民族和地域属性，指的是建筑的空间上的属性；建筑的时间上的属性，则是历史性和时代性。很明显，这是一种四度时空（三度空间和时间的结合）的结构形态，其中的时

图 3-14 浙江某民居

间是虚的“轴”，以此构成一个建筑存在的“时空模型”。

相对地说，建筑的历史性，既偏重于过去，又偏重于人文；建筑的时代性，既偏重于现代和未来，又偏重于科学和技术。

建筑的存在时间，一般来说是比较长的，少则十几年，几十年，多则上百年乃至上千年。古希腊的帕提农神庙，距今已有 2400 余年的历史了，古埃及的吉萨金字塔更早，距今已达 4000 余年了。我国的木结构建筑，尽管木头是有机物，难以久存，但最古老的木结构建筑——山西五台山的南禅寺大殿也已有 1200 余年了（建于公元 782 年）。所以说，建筑的历史性是值得关注的问题。建造时的形式是否能适应后来的人们使用呢？是否在文化艺术形式上与后来的社会文化相容呢？同时，随着时间的流逝，在那些古建筑的周围，会建造起新的建筑，如北京天安门前建造了人民大会堂和国家博物馆等，英国伦敦的圣保罗大教堂附近建造了许多新建筑，莫斯科红场周围也建造了克里姆林宫大会堂等。那么，如何协调呢？这都是值得重视的问题。

3.2.1 历史性

首先说建筑的历史发展问题。

建筑的历史发展与人类的历史发展是相一致的，或者说是同步的。对于这种同步性，我们可以用一个图来表述，如图 3-15 所示。这些古代的建筑，有许多至今仍留在世上，仍对我们起作用，包括物质性用途和精神上的作用。这种历史性，作为文化艺术的传承，对现当代的建筑形态的影响也很大。它不同于科学技术，古代的科学技术过了时以后（或理论的否定，或因应用的落后而被淘汰），基本上就不与现代发生直接联系而纯作为一种历史了，例如古希腊亚里士多德的力学理论、托勒密的地心说等。但是，建筑历史的传承在科学技术之外，还包含文化艺术的延续。古代建筑，只要它存在于世上，这个形象就会一直强烈地与我们发生直接的关系，既有物质的，也有精神的。正如法兰西文豪雨果所说，巴黎圣母院的每一块石头“都不仅是我们国家历史的一页，并且也是科学和文化史的一页”。著名雕塑家罗丹也说：“整个法兰西就包含在巴黎的大教堂中……”曾经在美国及其他西方国家兴起“后现代建筑”（Post Modern Architecture），更直接印证了古建筑对新建筑的影响。

建筑的历史发展往往有一种连续的特征（或现象），我们可以用西方古代建筑的门窗形式来说明这一点。如图 3-16，图中画的分别

图 3-15　建筑的历史特征

是古罗马时代、中世纪罗马风（Romanesque）时代、哥特（Gothic）时代、文艺复兴（Renaissance）时代的门窗形式。它们的形式各不相同，但细想起来，也都是有关联的，而且这种关联既是连续变化的，又是“螺旋形”发展的。从古罗马的半圆拱到尖拱，又回到半圆拱，这一循环就表示出一个大的历史时期（即西方古代）行将终结，然后进入到一个新的历史时期，即近现代。再从门窗的形式来看，近现代与古代就十分不同了。

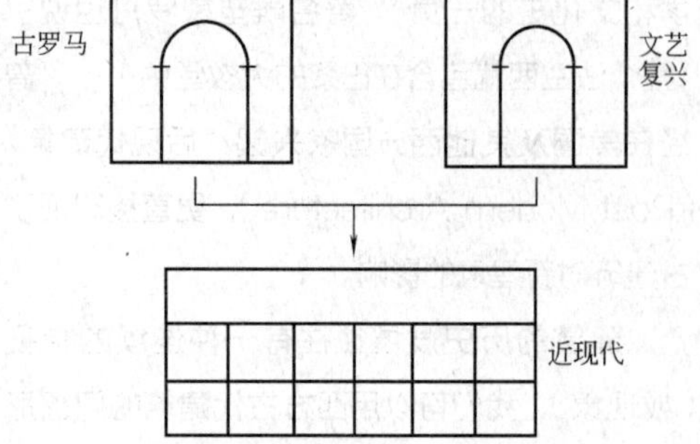

罗马风

哥特

古罗马

文艺复兴

近现代

图 3-16　建筑的门窗变迁

从民族的概念来说，我们也应当以历史演变的观点来认识，也就是说，民族是一个历史的概念，它是变化着的。民族的建筑当然也是随之变化着的。我们先从中国（民族）服饰的演变来看，如图 3-17 所示，明代的衣服是斜领的，到了清代，就变成了直襟（男式），民国以后出现了中山装（男式），现在有西装、夹克衫等。再看建筑，中国的古建筑，从“秦砖汉瓦”直至清末，好像几千年不变，其实还是在变的，例如斗栱，唐代的比较硕大、粗犷；到了宋代，就比较小巧；到了明清，则更为小巧精致了，如图 3-18 所示。还有，宋代以前的屋顶比较平缓，到了清代，屋顶就比较陡了，如图 3-19 所示。

当然，我国古代建筑的演化是很缓慢的，也是微小的，自唐宋至明清，千余年来，只是在斗栱、屋顶坡度等方面作了些微小的变

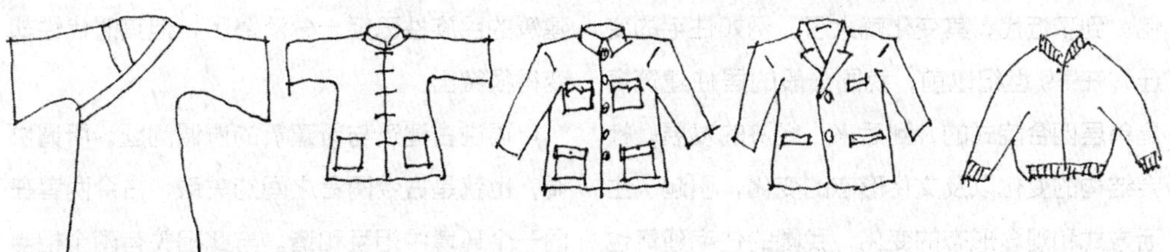

图 3-17 服饰的变迁

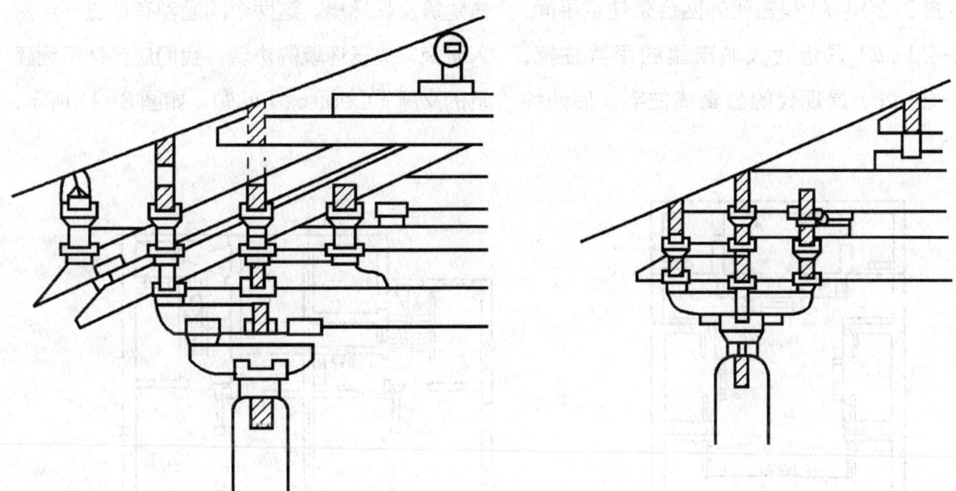

图 3-18 斗栱的变化

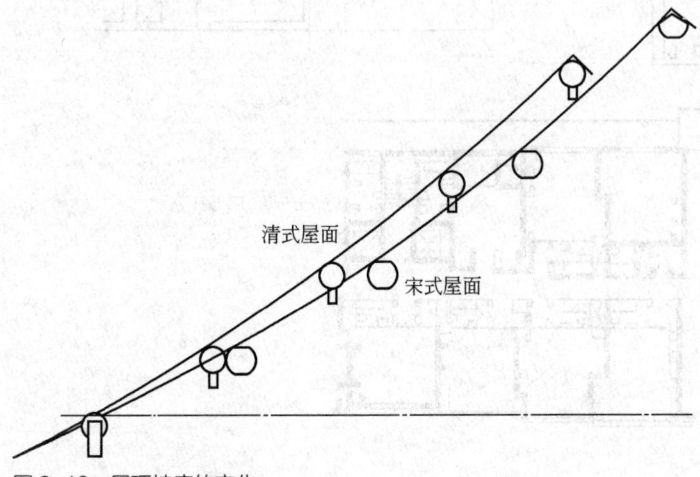

图 3-19 屋顶坡度的变化

化。到了近代，其变化就大了。例如住宅的变迁，在 19 世纪以前，我国一般的居住建筑多是单层四合院式的，到后来，经济的发展、社会结构的变化以及文化形态的变化，引起了生活方式和观念形态的变化，我国的住宅建筑也随之发生了很大改变。我们可以从图 3-20 中看出 19~20 世纪的三种中国住宅类型的不同，其中图 3-20（*a*）是古代的四合院住宅平面，图 3-20（*b*）是近代大城市里的里弄住宅，图 3-20（*c*）是现代的公寓式住宅。后两种建筑的民族性已经十分淡薄了，但其时代性却变得很突出。

再说古建筑与新建筑的协调问题。所谓协调，也就是古今两者之间的关系，古今两者在同一个环境中相互和谐。与此相关有两个相当重要的研究课题：一是如何继承传统，如何革新和创新；二是如何协调古今建筑，如何保护古建筑及其环境。这两个问题都有待进一步深入研究。关于环境的协调，我们应当认识到建筑的文脉（Context）问题。如图 3-21 所示，

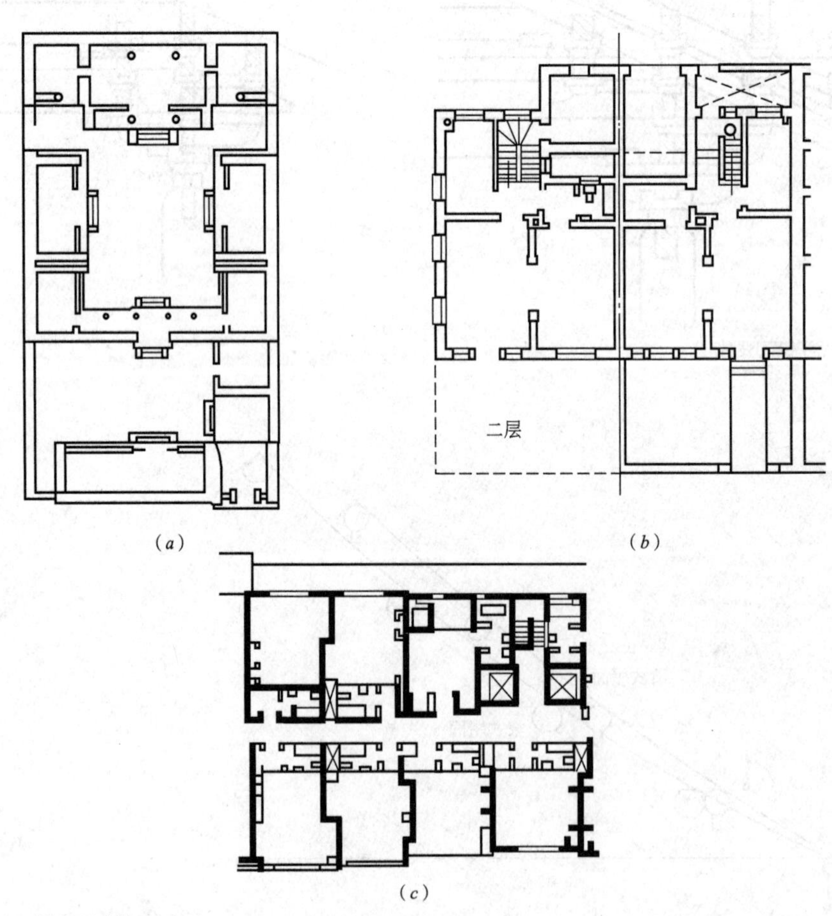

图 3-20　住宅形式的变迁

中间的建筑是20世纪60年代建造的克里姆林宫大会堂，建筑形式十分新颖，但它却又通过一定的设计与古老的建筑相互协调。从建筑形象来看，重复的竖线条与古老的红场宫墙产生了有机的联系，而从总体的建筑轮廓线来看，也显示出这些建筑的统一感。

3.2.2　时代性

讨论建筑与时代的关系之前，让我们先来看一下图3-22。

时代，引起了社会的进步，首先在于科学技术的进步，从而导致生产力的迅猛发展以及生产方式的巨大变革。整个社会，从政治和经济形态，直到文化和观念形态，都发生变革了。科学技术是这个变革系列中最能动的部分，是根本性原因，或者说科学技术是第一生产力。从图中我们可以看到，老式的轿车形式，因为起先没有这个东西，无所因承，所以只能脱胎于马车或轿子。在汉语中，至今仍称小汽车为轿车。后来，因流体力学理论的发展，小汽车

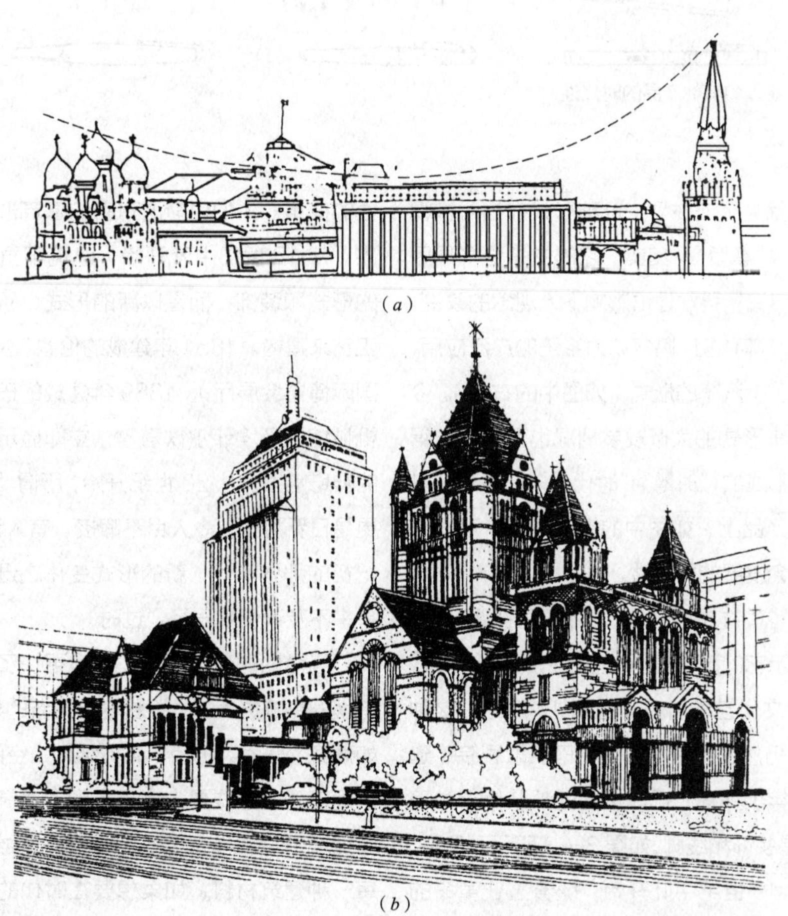
(*a*)

(*b*)

图3-21　建筑的协调性

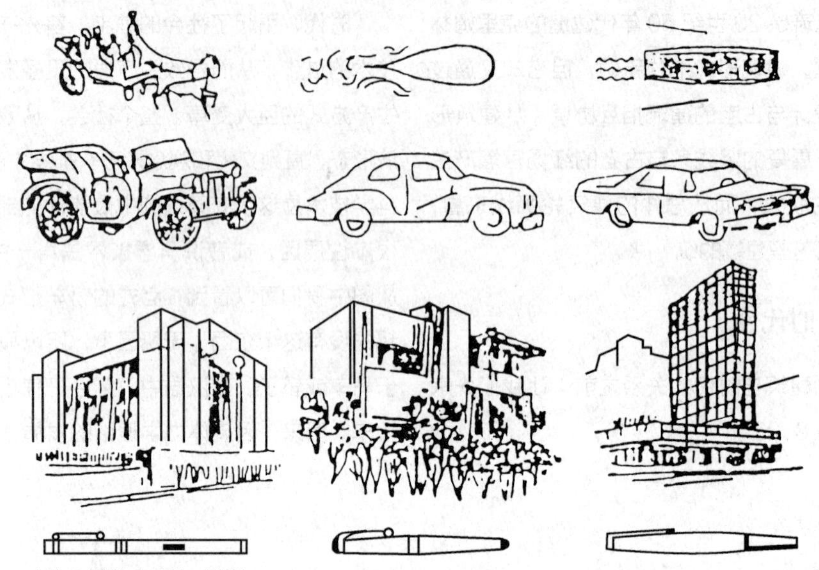

图 3-22　建筑和其他产品的时代性

的形式也就成了流线型，这种形式在当时被视为“时髦”“摩登”，其实，它的由来更多是因为新的“时髦”科学理论影响下人观念的改变。20 世纪 50 年代初，喷气动力系统的广泛应用，也影响到了小汽车的形式（如图中的右图）。今后的小汽车形式的大概发展情况也可以想象得到。这种形式的“时髦”“时代感”还表现在其他的工业产品上，如图中的钢笔形式，可见人造物与社会发展的同步性。

建筑也同样是这样的，古代建筑用繁琐的装饰来显示它的高贵富丽，显示它的社会地位，显示它的文化艺术特色。直到 19 世纪，这种建筑观点仍然在继续着，就像巴黎歌剧院（建于 1874 年）那样，把建筑内外都装修得琳琅满目，满是装饰和线脚，如图 3-23 所示。但是，也就是从 19 世纪中叶开始，随着工业革命的迅猛发展，建筑的内容和形式也就开始了根本性的变革。人们也渐渐对新的建筑形式产生好感。从 19 世纪中叶开始，建筑不再只是古典的形式和装饰，而是以新的形式、新的材料和工艺来建构。1851 年建成的伦敦“水晶宫”（即国际博览会展厅），1889 年建成的巴黎博览会机械馆以及埃菲尔铁塔等，立即显示出了它们的神奇魅力。从 20 世纪开始，所谓“时代性”，更是日新月异，令人目不暇接。有人说，20 世纪初的那些年代，新的形式变化之迅速，简直是来不及读懂就已经“过时”了。

当今的时代，技术发展得更快了，对建筑造型的影响更大了，不断地出现新的建筑结构，如薄壳、悬索、折板、张力结构、空间网架等，从而使建筑形式更为丰富多彩。建筑材料也不断更新，令人眼花缭乱。但是，每一种结构形式，每一种建筑材料，如果想要在时代的面前站住脚，必须做到以下这几个方面：

（1）它能适应当代的社会和个人的空间需求；

（2）它在坚固性和维修方面优于原来的形式；

（3）它在统筹的经济性上要优于过去，即建筑的成本和利用率方面合起来看，要优于过去。

图 3-23 巴黎歌剧院

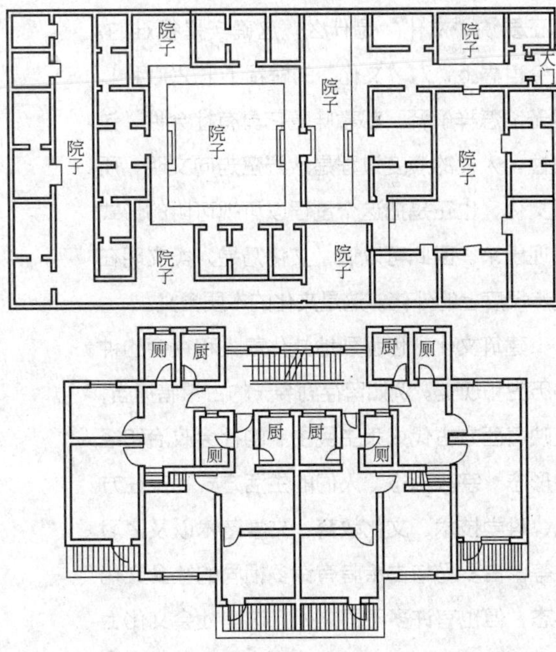

图 3-24 古今住宅的比较

这种时代性，当然也与宗教和伦理等社会形态联系着。我们还是来看住宅：古代中国的住宅，长幼尊卑，各处一隅，用院子组合起来，他们的居住条件的差别明显地显示出等级关系。而且建筑多为对称的，它首先满足的不是人的物质性需求，而是精神性需求，即伦理秩序的需求。时代不同了，现代住宅形式明显地与古代传统的四合院住宅形式不同（图 3-24）。现代住宅首先满足的是人们的物质生活需求；至于精神需求，也不同于古代的传统伦理需求，而主要是从现代的人与人之间更为平等的关系以及审美要求出发。

时代性，也意味着过时。这是什么意思呢？古代社会的变革是缓慢的（无论是物质的还是精神的），所以它几乎不会出现过时的问题。但现代社会不同了，现时代，由于生产、经济及社会的各个方面不断变革，人的空间需求也时时发生变化。这种情形下就显示出过时的问题来了。也由于这个原因，现代建筑给建造工期带来了新的要求。建造的工期要尽量缩短，这不是纯粹的经济问题，同时也与“时代”有关。古代的建筑，建造期在 20 年以上是不足为奇的，如罗马的圣卡罗教堂，用了 29 年的时间（1638—1667 年），而圣彼得大教堂的建造前后共花去 120 年，更为惊人。这些建筑建成之后，并没有因为它建造的时间长而使建筑“过时”。现代建筑的工期在 10 年以上已是不可思议的了，如著名的澳大利亚悉尼歌剧院的建造，因为种种原因，使工期一拖再拖，前后共达 15 年（1957—1972 年）才建成。这在现代建筑史上是罕见的，所以后来常常被人们当作话柄。

建筑的时代感，还反映为不追求形式的雷同，也就是说，曾经被人用过的形式就不愿再用了。不像古代建筑那样，几百座建筑都是一样的形式，都是斗栱、大屋顶、须弥座等，只作了些细微的改动。西方古代建筑也同样，希腊柱式，变化甚少，几百年，甚至上千年不变，不变被人肯定，变了反而被人贬低。今天的建筑就不是这样了，如美国纽约的肯尼迪机场候机楼（图 3-25）与华盛顿的杜勒斯机场候机楼（图 3-26），其形式是何等不同！同样是飞机场，功能是相同的，但形式则完全不同。现代建筑的形式十分多样，但这种多样，却在总体上又形成了一个时代的总形态、总风格，即现代主义建筑。当然从 20 世纪 60 年代末开始，在西方也曾兴起过一个建筑新风潮：后现代主义（Postmodernism），通过对传统的复兴，反思现代主义建筑，算是另一种新“时代”（风格）。但在当今，现代建筑（形式）是否过时了呢？这是一个在今后学习过程中值得进一步思考的建筑理论问题。

图 3-25　肯尼迪机场候机楼

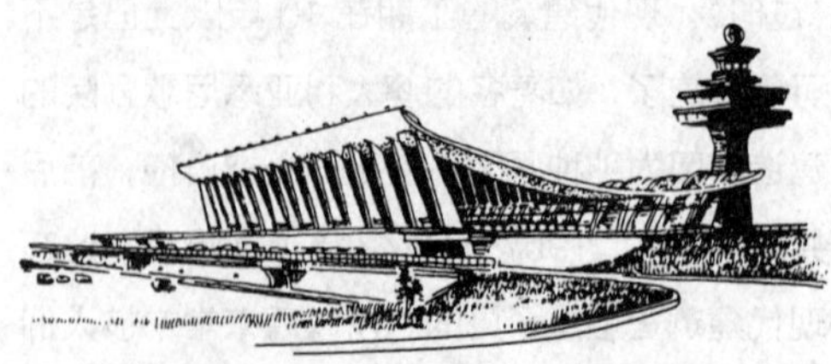

图 3-26　杜勒斯机场候机楼

3.3　建筑的文化艺术性

3.3.1　建筑文化

前面已经提到，建筑是一种文化，即建筑文化。什么是建筑文化呢？这要从文化说起。“文化”一词是多义的。例如我们说某个人有文化，指的是他读过书，识字，有知识；某个出土文物，说它是什么朝代的文化，指的是它是某个朝代的产物，具有这一朝代的烙印与特点；我国江苏、浙江一带，说是江南文化，湖南、湖北一带，说是荆楚文化，指的是不同地域中历史、地理、风土人情、传统习俗、生活方式、文学艺术、思维方式、价值观念、审美情趣等的总和。这些说法，其本质都不一样。真正要说“文化”是什么，这确实是很难的。当今世界上，对“文化”的解释不下 200 种！但无论怎样解释，都意味着它具有社会性、过程性。人类的演变过程是从野蛮走向文明，所谓文化，也正是把这个过程以可视可听的形式表现出来。因此可以说，文化乃是人类文明在进步尺度上的外化。这是文化的本质含义。

建筑文化，也强烈地外化着人和社会的种种历史和现实。例如留存到今天的古希腊神庙，反映着西方古代奴隶主民主制的社会政治和经济形态、宗教形态、人们的生活方式和交往方式、科学技术、文化教育、文学艺术以及诸习俗等。古罗马与古希腊有许多相同的社会文化形态，但也有许多不同之处，这些社会文化上的异同，都在建筑中鲜明地表现出来了。从建筑的类型上说，罗马有更多的公共性建筑，如角斗场、剧场、浴场以及广场，还有纪功柱、凯旋门等建筑。从建筑雕刻上看，希腊雕刻多以神话为题材，如阿芙罗狄忒、雅典娜、阿波罗、宙斯、波塞顿等；罗马雕刻，除了神祇的题材外，还有许多帝王将相的形象，如卡拉卡拉、奥古斯都等。这些雕刻，作为建筑的一部分，以具体的形象表述着它们内在的文化含义。我国古代的情形也是这样，古代宫殿形式与寺院、坛庙、道观等宗教建筑形式很相似，这就说明我国古代的宗教观具有强烈的世俗性特征，宗教特征比较弱。

建筑文化有两个独特的性质不同于其他的文化门类。其一，建筑既是一种文化，也是容纳其他文化的场所；其二，建筑既表达着自身的文化（即建筑文化），也比较完整地映射出人类的文化史。事实上，对于真正的人类发展历史，我们能够在相应的历史建筑上“读”到，它要比后人所写的“历史”真实得多。例如北京的圆明园，如今尚存的那些断垣残壁（图 3-27），不但反映了清代皇家园林的特征，也反映了中西文化交往的历程，而且这些断柱破石也真实地记录下了一部我国令人心酸的近代史。

图 3-27 圆明园残迹

建筑作为文化，它的作用还包含着某种精神力量。那些古代建筑的存在，不仅因为它有文物价值，更在于它能作为一种团聚社会的精神对象，影响人们的观念。今天我们提出要修复古代的许多有名的建筑，为的是什么？修缮过的建筑物，从文物意义上说，价值不如原物；但修缮之后所表现出来的精神，却有一定的现实意义。当然，修缮要强调的是忠实于原物，不能随心所欲。我们提倡修旧如实，不能只顾好看而变更原来的形象。同时，我们更不能子虚乌有，搞一些假的古建筑，什么“张飞卖肉处”“姜子牙钓鱼处”“西施浣纱处”等；不能随便地“修复”古建筑，例如建造唐代文人刘禹锡的《陋室铭》中的“陋室”，明代文人归有光的《项脊轩志》中的“项脊轩”等，没有更多的资料，只是凭一篇文章就动手来“修复”了。我们不能搞不负责任的古迹修复。

建筑作为文化，对人的心理感受来说，其作用大致有三：第一，让人体验到人和社会的崇高性；第二，让人感受到科学和文明的召唤性；第三，让人领悟到美和艺术的陶冶性和自我的完善性。建筑艺术则是建筑这些文化“功能”的具体表现。

3.3.2 建筑艺术

建筑是一个实用对象，又是一个艺术对象，这在前面已经提到过了，但所谓“它是实用对象”，也有两个基本的要求，即物质要求和精神要求。除了建筑，还有家具、器皿及其他日用品，都或多或少有这两方面的要求。建筑的精神要求，例如许多宗教和伦理等方面的要求，都要通过具体的建筑形象表述出来，才能实现精神方面的功能意图。塑造建筑形象的过程中，艺术是作为一种手段或工具的，因为它的最终目的不是艺术本身的欣赏、审美，而是别的，如社会伦理、宗教、习俗以及其他各种实用上的目的（如商业性的招徕和展示等）。汉初，萧何建议汉高祖刘邦建造雄伟壮丽的宫殿，他说："天子以四海为家，非壮丽无以重威……"[①]刘邦乃布衣之辈，当上了皇帝，不知道该做些什么，连礼乐也不太懂，也不喜欢，还是喜欢他的《大风歌》，认为那些"春秋典乐"等不如他的"大风起兮云飞扬"来得动听，所以在建筑上还需萧何等人来建议、指点，后来才建造了长乐宫、未央宫等雄伟的宫殿。那种层层套叠的宫殿建筑，多层次的轴线布局，使建筑具有艺术神韵。这种建筑效果，表现的是皇帝的至高无上，让人们去敬仰、崇拜。这种艺术处理，其目的不是美，而是皇帝的威严和高高在上。

建筑艺术形式有以建筑的美为目的的部分。所谓美，就是引起人审美心理上的愉悦，它并不是为了其他目的或者功利。可是，对于一个具体的建筑来说，总是会有它的实际用途，即目的、功利的，因此建筑艺术不是一种"纯艺术"，建筑必然还有非艺术的目的。建筑艺术的特征是艺术与功能的结合。我们说某个建筑很有艺术性，无论是它的比例、尺度、虚实、层次、节奏还是韵律等，都做得很好，很有美感，但它终究还是一个实用对象。它是住宅，要满足人们的居住要求，它是教学楼，要满足各种教学要求，它是火车站，要满足交通运输的要求，如此等等，而且这种建筑的功能性是建造建筑的主要目的。所以有人说，建筑艺术是难的！

3.3.3 建筑艺术的语言

建筑艺术有自己的"语言"特征。建筑艺术"语言"，是一种关于形象的"语言"，是通过理解和塑造形态（包括实体和空间形态）达成建造目的的工具；因此，使用这一"语言"的过程在人们的心里就是一个形象思维的过程，不论是欣赏建筑还是建筑设计，都是如此。概括而言，建筑艺术的语言法则，或建筑形式美的法则，可以分为变化与统一，均衡与稳定，比例与尺度，节奏与韵律，虚实与层次等。

（1）变化与统一

这也许是任何艺术都具有的一个形式美法则，而且也是主要的。如戏剧（艺术），花旦的唱腔不同于老旦的唱腔，也不同于老生的唱腔，这就是变化，但我们总不会在同一出戏里一会儿唱京剧的唱腔，一会儿唱川剧的唱腔，一会儿又唱越剧的唱腔（除非在滑稽戏里以模仿的形式出现，但它却也统一在滑稽戏之中），戏剧里的唱腔、剧种是统一的，老旦、花旦、老生各种角色是变化的。绘画也是如此，如中国画，有山水画、人物画、花鸟画，但综合起来则都是中国画。又如家具，一组家具放在住宅中，有床、食桌、写字台、沙发、凳子、床头柜、大橱、矮柜等，这是变化，但这些家具的脚、边线以及质地、色泽等则是统一的，否则会觉得不完整，好像是从旧货商店里买来的。形式应当是变化的，风格应当是统一的，这样就会产生美感，有秩序，不零乱，但又有变化，不单调。建筑也是如此，例如我国的古代建筑，不管其形式如何，无论是厅堂、楼阁还是亭轩

① 司马迁．史记．高祖本纪．

等，都能通过一些形式相同的部件，如屋顶、墙面、柱子、门窗、栏杆、台基等使之统一起来，或者说形成统一的风格。如北京的颐和园、北海，承德的避暑山庄等的建筑，在形式和风格上都是统一的。江南的建筑，无论是苏州的、无锡的还是杭州的、绍兴的、嘉兴的等，也都具有统一的风格。

江南园林中的建筑，在形式和风格上相当讲究，如苏州的拙政园中的建筑，远香堂、倚玉轩、玉兰堂、留听阁、倒影楼、听雨轩、玲珑馆、海棠春坞、绣绮亭、绿漪亭、见山楼等，形式各异，但风格统一，遵循变化与统一的建筑艺术法则。

在现代建筑中，这种形式多样而风格统一的建筑艺术法则也常被强调，有人称之为“母题”，变化的形式在“母题”之下统一起来，如用单一的“形”，进行大小、高低、方向、位置等变化，达到建筑美的要求。如图 3-28 所示，悉尼歌剧院在形式上的美，正是在于它的各个部件造型方式的统一，此建筑共由三个建筑组合而成，即歌剧院、音乐厅和餐厅，这些建筑有船帆形式的屋顶，但又有前后、左右、大小、方向、数量等的变化，看起来很协调，美在变化与统一。

（2）均衡与稳定

稳定，不论是对于古代建筑还是现代建筑，都是一种基本的形式美法则。建筑存在于大地上，要给人一种稳定不动的感觉。如图 3-29 所示，这是两种不同的稳定，图中甲是对称的，

图 3-28　悉尼歌剧院

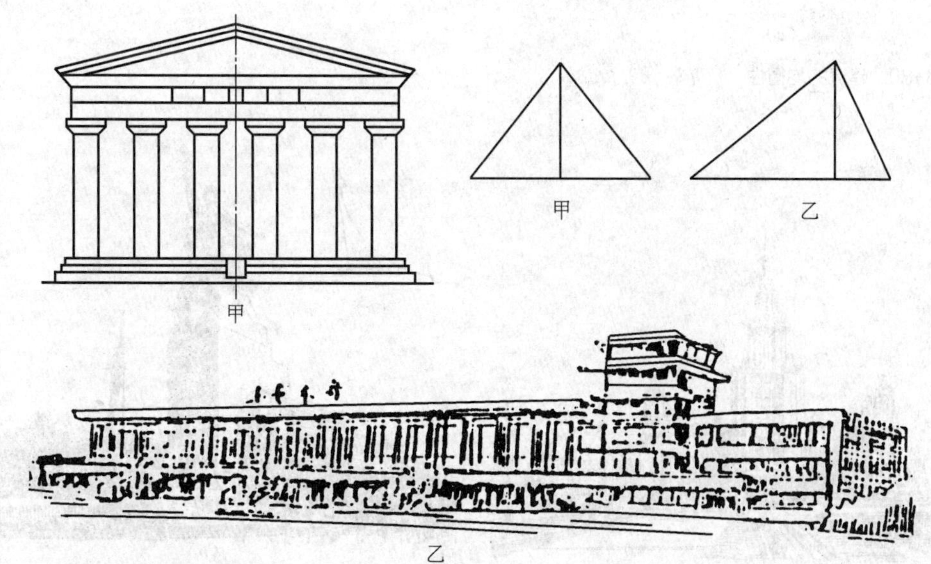

图 3-29　建筑的均衡与稳定

它的稳定感可以用三角形来分析；乙是不对称的，同样可以用三角形来分析，但这个三角形的“稳定”是靠“均衡”来实现的。均衡的稳定可以用力学的平衡原理来比拟，如秤的原理，支点两端平衡，所以给人稳定之感。

有些非对称的建筑靠呼应的办法来达到稳定感，如图 3-30 所示，一边高一边低，但看上去觉得很安定，没有觉得不稳。图中的建筑，它的不对称稳定感是通过感觉上的中心位置与高低错落的构图来完成的，使人感到十分和谐。

莫斯科大学的主楼（图 3-31）是一座对称的建筑，中间是主体，是俄罗斯传统建筑的尖塔形式，两边是对称布置的两翼，两端部又略作升高，使形象很完整。

上述这些形象使人产生一种安定之感，美感也由此产生。建筑是静止之物，所以，它给人的感觉就是稳定性，如图 3-30（*a*），若没有右边的升高，就会觉得左右不均衡、不稳定，似乎左边太重。

有些建筑要求具有一定的动势和方向性。图 3-32（*a*）和图 3-32（*b*）都是不够稳定的形象，都有向前倾的感觉，但设计者就是要让形象产生“向前”的动感。同时，设计者也在左侧塑造出长长的低矮形态，平衡右侧高耸右倾的造型，在动势中得到稳定，是一种动态的均衡。

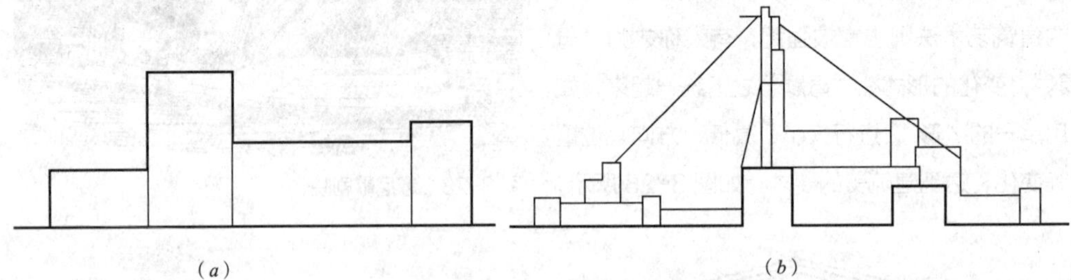
(*a*)　(*b*)

图 3-30　建筑的均衡性

图 3-31　莫斯科大学主楼

(*a*)　(*b*)

图 3-32　动态的均衡

（3）比例与尺度

建筑形象的比例关系是十分重要的，如图 3-33 所示，这两个建筑立面哪个好些？也许我们都会说右边的要比左边的好些，即（*b*）比（*a*）好。为什么呢？让我们从比例关系上来分析。这两个建筑立面在形式上是相同的，都是由左右两部分组成，但左边的那个（*a*）略大于（*b*），右边的那个（*a*）远远小于（*b*）。从图中可知，（*a*）是入口的部分，（*b*）是内部空间的其他内容，并不是说（*a*）一定要小于（*b*），而是（*a*）和（*b*）的差别应当明显。从美学原理上来说，当（*a*）和（*b*）的大小接近时，会给人一种含混不清的感觉。含混与含蓄完全不同，含蓄美，含混则似是而非，不肯定，所以不妥。若（*a*）和（*b*）的大小差别达到 2 倍或 2 倍以上，则两者大小明确，给人一种确定的感觉，主次分明，所以是更美的。

有时可能会发生这样的情况：由于建筑的使用要求，不得不产生（*a*）和（*b*）大小接近的情况，图 3-34 所示的是一种处理手法，即通过增加一个肌理变化，将门和窗的部分连接起来，使门窗部分统一，并和实墙面部分形成大于 2 ∶ 1 的宽度比例，使整体建筑比例大小明确。

图 3-35 是个实例，广州白云宾馆入口旁边的水池庭院，这是一个很优雅别致的空间，人工和自然结合得相当好。从进厅 A 看去，可谓景色宜人，如同一幅画。这种美感的产生，其中的一个原因是空间上的不对称处理：在北面的走廊中部设一座平桥（图中 B 处），使两边的空间连通起来，而且也分割了水池。这两个水池互不对称，左边的水池规整方直，右边的水池富有变化，左边的水池多为人工之物，

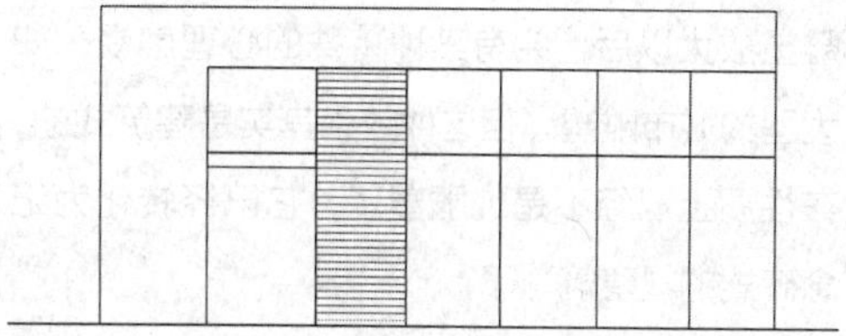

图 3-34 建筑比例的处理手法

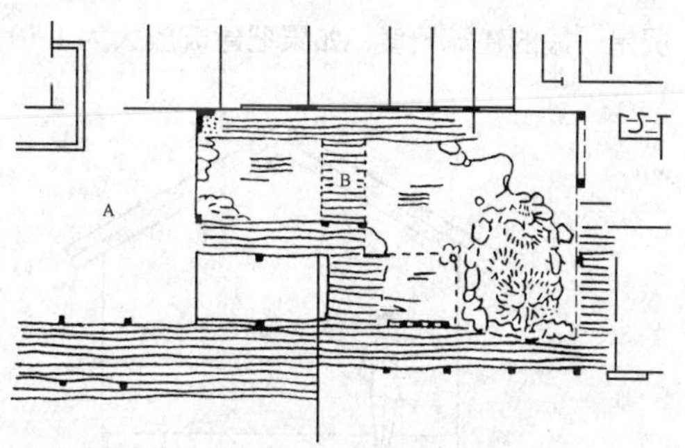

图 3-35 广州白云宾馆平面（局部）

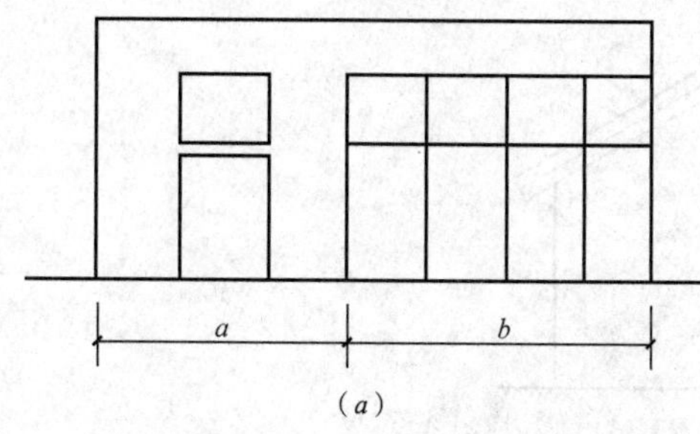

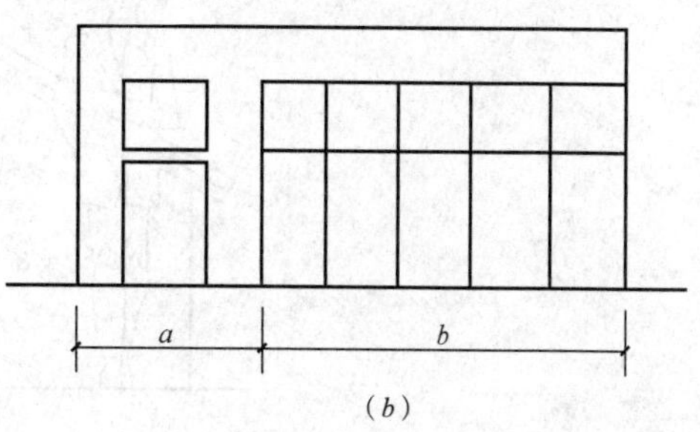

图 3-33 建筑的比例

（建筑）右边的则多自然之物（石、树等）。两个水池的大小也不一样，左边的小，而且有明确的范围（长方形），右边的大，而且它的石块、树木等形体变化甚大，又给人向外伸展之感，有不尽之意。这也是建筑艺术造型的手法。

再说尺度。尺度这一建筑艺术法则也许是建筑所特有的，其他艺术中的尺度问题没有像建筑那样突出。例如，一幅画，放大或缩小，都会被观赏者认为还是一幅画，不会引起怪异的感觉，同样具有观赏效果，雕塑也如此。当然，雕塑放大以后，会有某种特殊的心理感受，如大型的城市雕塑，但这种效果其实是建筑式的，在性质上已经不是纯雕塑了，它已经转化为纪念碑式的"建筑"了。

建筑的尺度直接涉及应用，因而对艺术感受影响很大。例如，在图 3-36 中，（*a*）的情况是一般的建筑尺度；如果把建筑放大为（*b*）的情况（图中用相对缩小的人物来表示其大小），则人与建筑的关系就大为不同了；如果把建筑缩小为（*c*）的情形（也用相对放大人物来表示其大小），则不能住人，只能说是个模型，不能说是建筑。三者相比，人对建筑的感受完全不同，图 3-36（*b*）会让人觉得非常怪异，（*c*）则根本不会认为是一栋建筑了。图 3-36（*b*）人小，建筑大，这里说的是这样的形式（图 3-36*a*）不能太大，不是说建筑的体量不能做得这么大（如上海体育馆，其体量远远大于图 3-36*b*），而是说这种形式的建筑放大是不妥的，这与人对建筑的习惯认知有密切关联。人们会对常见的形式有一个尺度的判断，比如窗、砖块、人像雕塑等，大体量的建筑也需要通过常规尺度细节的处理，让人感知到它正确的尺度，这就是建筑的尺度概念。但是，有时候由于某种目的，建筑形象的尺度也有破例处理，

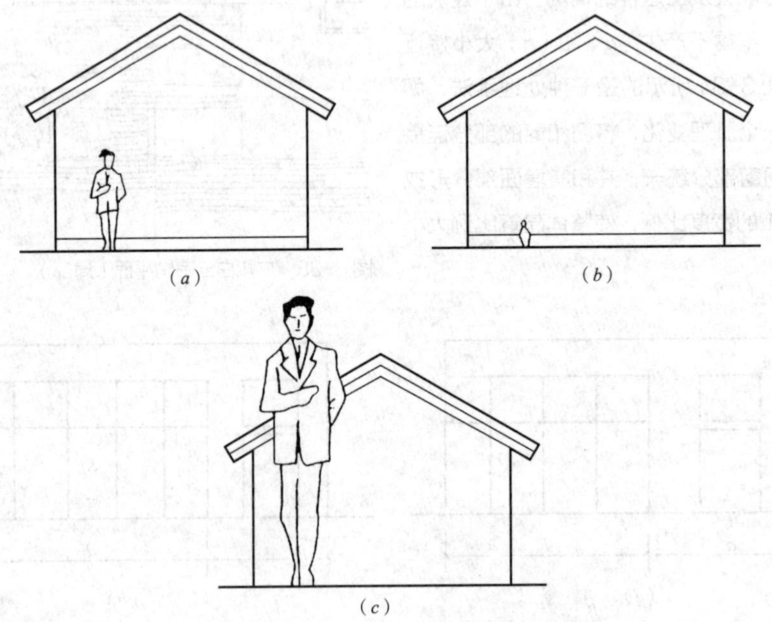

图 3-36　建筑的尺度

如巴黎明星广场（今改名为戴高乐广场）上的雄狮凯旋门（图 3-37），其高度达 49.4m，宽度达 44.8m。航空表演时，小飞机能穿越门洞，但这不是一般实用的门，而是“巨人的门”。这个“巨人”就是英雄，受人敬仰的英雄。军队远征归来，在《凯旋进行曲》的乐曲声中通过凯旋门的壮丽场景，也许我们能想象得出来，在这种场合，它的“门”确实需要如此巨大。这种建筑形象无疑会激起人们的崇敬之感。

位于德国莱比锡的联军纪念碑（为联军战胜拿破仑而建），这座纪念碑的尺度太大了，而且其内部尺度也不统一（图 3-38）。拱门是一种尺度，相当巨大；门下面的好像是台阶的形象，尺度也大得惊人，太夸张了；碑顶上的人像雕刻的尺度也太大，令人产生尺度上的混乱的感觉。尺度的混乱，使这座纪念碑的真实大小令人难以捉摸。人们离它远一点看，还以为它只不过 10m 来高，殊不知它高达 60m 余，这就和图 3-36（*b*）的情形类似了。

古希腊的帕提农神庙，在尺度处理上是经过精心设计的。它的外围柱廊的柱高为 10.4m，不失庄重、雄伟之感，但在室内做了两层，其围廊的柱子下层高近 6m，上层高 4m，符合人活动的尺度。室内室外，用两套尺度，这种做法可谓妙不可言。

图 3-39 是意大利维琴察的巴西利卡建筑上的一个局部立面形象，由著名建筑师帕拉第奥设计，这一手法也被称作“帕拉迪奥母题”。这个形象在尺度手法上与帕提农神庙的手法很相近。这个手法后来被人们说成是用“两套尺

图 3-37　雄狮凯旋门

图 3-38　联军纪念碑

度”的手法，帕拉迪奥创造性地通过两套尺度解决了“维琴察巴西利卡”改造过程中开间和层高比例混乱的问题。米开朗琪罗设计的罗马卡毕多山上的档案馆和图书馆这两座建筑的立面，同样也用了这种手法，也使建筑的整体尺度合乎逻辑，但又不失人与建筑的近距离尺度舒适感。这就是建筑的和谐，即建筑的美。

因此，如何把握建筑的尺度，乃是建筑造型设计中的一个重要的问题。但我们应当注意，建筑是人的建筑，只要你能把握它与人之间的关系，它的尺度问题也就不难解决了。建筑与人是亲切近人的关系，还是崇高伟大的关系？是少数人活动的，还是多数人活动的？这两者的尺度概念是不同的。西方古代建筑中的凯旋门、庙宇、教堂或其他纪念性建筑，它们的尺度就有这种概念。

（4）节奏与韵律

节奏，多用来指音乐、舞蹈之类的艺术的特征。韵律，多用来指诗歌一类的艺术的特征。节奏与韵律，如果抽象为艺术的形式美法则，那就是有关时间的一种效果。这种艺术效果在建筑上，不言而喻，是把建筑作为一种象征时

图 3-39 维琴察巴西利卡立面局部

间艺术的对象。“建筑是凝固的音乐，音乐是流动的建筑。”这说明艺术的各个门类之间是联系着的。时间能转化为空间，空间也可以还原为时间，认识到这一点，艺术情趣也就会增加。

古诗是押韵的，如唐代盛行的近体格律诗，非常讲究平仄和韵脚。例如张祜的《题金陵渡》：“金陵津渡小山楼，一宿行人自可愁。潮落夜江斜月里，两三星火是瓜洲。”其中，“楼”“愁”“洲”是押韵的。又如杜牧的《寄扬州韩绰判官》：“青山隐隐水迢迢，秋尽江南草未凋。二十四桥明月夜，玉人何处教吹箫？”也是如此，“迢”“凋”“箫”是押韵的。

建筑也是这样，如图 3-40 所示，（*a*）这种形式，似乎显得单调一些，（*b*）又显得没有规律，杂乱无章，（*c*）这种形式则既有规律又有变化，这就有了节奏与韵律之美。意大利威尼斯总督府的立面形象（图 3-41）被认为是建筑的韵律美的典范。在一些公共性建筑中，这种韵律美的形象常常被应用，如罗马体育馆的顶盖，利用结构（拱肋）造成美丽的图案，这种美就在于韵律，如图 3-42 所示。有人说，我国古代的密檐塔形式，那一层层的檐就有韵律感。从节奏和韵律的角度展开，也正是这种艺术的相通，对于学习建筑而言，我们需要不断提高自己的艺术修养，才能更好地感受，才能创作出好作品。

建筑作为一种艺术，除了上述这些形式美法则外，与其他艺术创作处理一样，还有许多手法问题，如虚实、层次、对位关系、象征寓意等，在这里略作介绍。

建筑的虚实不同于绘画或电影中的虚实。在绘画中，画得具体、清晰、细致叫实，画得概括、模糊、简略叫虚，如图 3-43（*a*），人

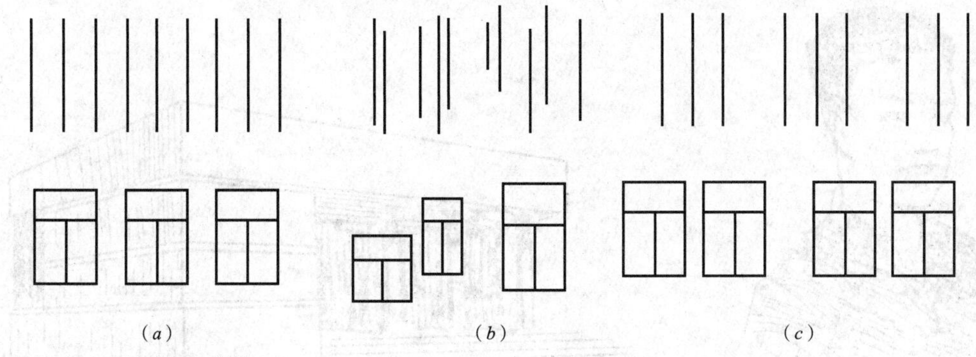

图 3-40 窗的节奏与韵律

图 3-41 威尼斯总督府

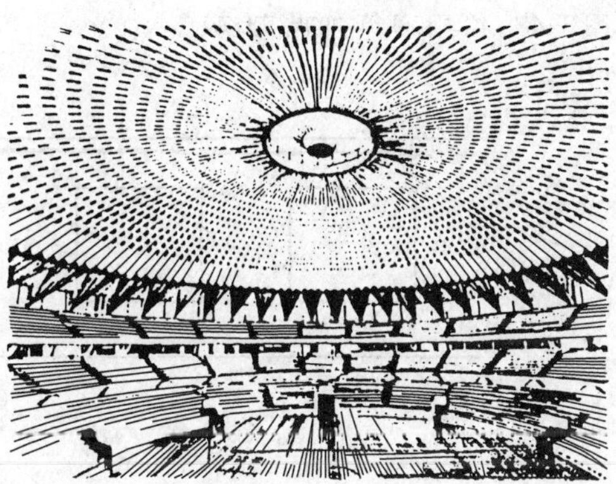
图 3-42 罗马体育馆顶盖

像的脸部运用了实的画法，衣服则运用了虚的画法。建筑的虚实是指具体的物质形态，如墙，是实物，称为实，如果是廊、门、窗这些部件，在空间限定上能起到“界面”的作用，但它是虚空的，甚至人能自由出入（虽然它在感觉上是存在的），则称为虚。如图 3-43（*b*）中的墙，是实的部分，廊和窗则是虚的部分。

图 3-44（*a*）中的墙面上的漏窗和圆洞门是虚的，墙是实的，这虚的部分和实的部分相差不多，差不多一半对一半，就整个立面来说，虚与实主次不分，含混不清，是不妥的做法，在建筑形式处理上，应当避免。如果处理成图 3-44（*b*）的形式，以实（墙）为主，实中带虚（漏窗、圆洞门），既明确又有变化，从而使形象更有美感。

空间的限定也有虚实关系，如果由 6 个实的面（屋顶、地面和四壁）构成一个空间，那么这个空间限定是非常实的；当然，这个空间会使人感到闭塞，密不通风；如果是一个亭子，只有亭顶和地面，周围只是几根柱子，中间的空间就显得宽敞，与外界流通，这个空间限定就是非常虚的。在建筑设计中，必须注意空间的用途，不能一概而论地说是实的好还是虚的好。一个亭子当然应当以虚为主，这是它的功

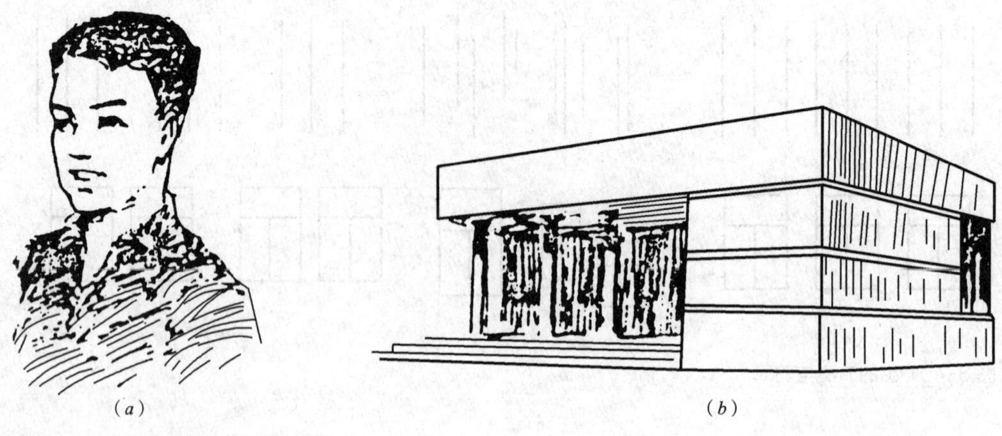

图 3-43　绘画和建筑中的虚实比较

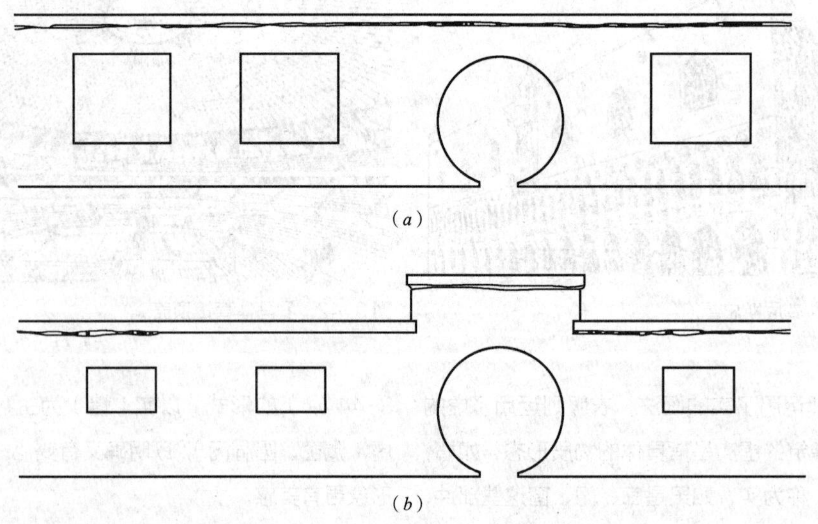

图 3-44　漏窗和门对墙的虚实关系

能要求；一间卧室，就应当以实为主，这也是它的功能要求，即要求有较好的私密性。举个实例：有一个单位的大门边上的传达室，设计时只是从造型出发，做得很开敞，大玻璃窗，形成以虚为主的形式，因此传达室中是否有值班人员，外面的人可以看得很清楚。这就不符合传达室的使用要求，因为值班人员希望他能看到出入大门的人，而不希望对方也能清楚地看到他。建筑的形式必须与它的使用功能相结合。又如北京天坛的圜丘（图 3-45），三层白石台也形成“空间”，就是“凸起”的空间限定形式。它的“顶盖”就是天穹，构思巧妙，又与功能密切结合，因为这里是古时候皇帝祭天之所，与上天“对话”的地方，人们走上台去，也就象征“登天”，白石台象征白云，圆形象征天，其周围有方形的围墙，则“天圆地方”。

建筑的层次，多指空间的层层深入，以此产生艺术效果。如图 3-46 所示，这是苏州拙政园里的枇杷园一景。这个形象之美就在于层次。宋代词人欧阳修的《蝶恋花》中有“庭院深深深几许，杨柳堆烟，帘幕无重数……”这样的空间与这首词有异曲同工之妙。但层次是怎样形成的呢？在建筑空间中，就靠实体与实体的掩映、空间与空间的渗透，如图 3-47 所示，就是靠互相遮挡与通透，使物体有前有后，产生空间的层次。层次之美，也就是含蓄之美。试想白居易的诗句“犹抱琵琶半遮面”美在何处？正是在于琵琶和脸，一前一后，使脸不全露。含蓄之美，也就给欣赏者留下了想象的余地。

建筑有对位的处理手法。什么是对位？这本是音乐中的术语，两个不同的音一起奏出时，产生很悦耳动听的声音，如“1”和“3”“3”和“5”等，它们之间的关系就是对位关系。“建筑是凝固的音乐”，建筑的“对位”是靠形象的空间位置来确定的，如图 3-48 所示，其中（*a*）是边线对位，（*b*）是中线对位，（*c*）是交叉对位。图 3-49 是对位手法的实例，左边的建筑高度正好与右边三楼窗台的高度相同，产生秩序感，使形态完整统一而又有变化。

图 3-45 天坛圜丘

图 3-46 园林中的层次效果

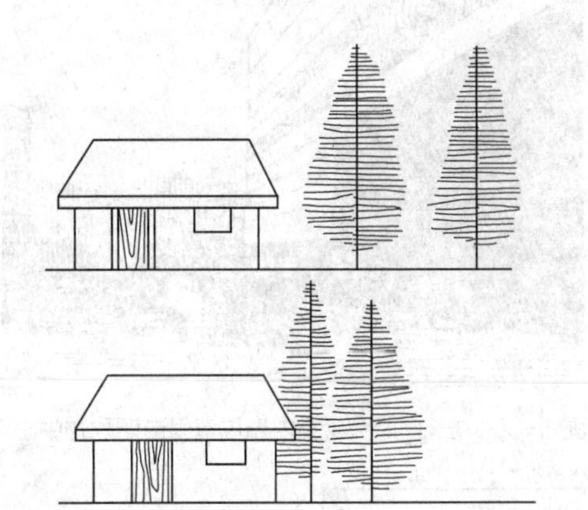

图 3-47 景的层次

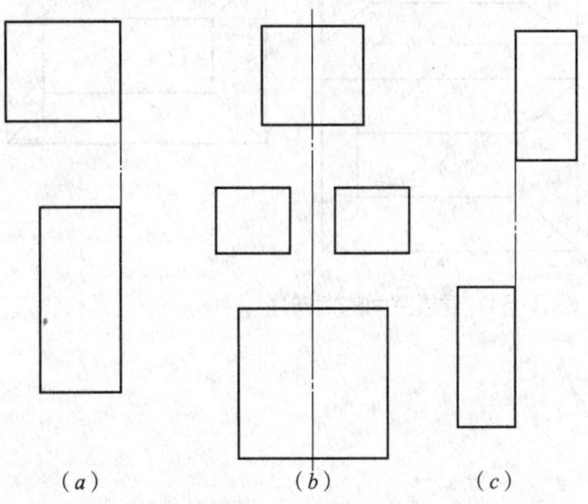

图 3-48 建筑的对位

建筑形象的导向性，在建筑设计上，须作某些暗示处理，不能靠使用者在建筑中放一块“由此进”的牌子来解决，建筑要用自身的形象来“引导”人们的走向，使人们自然而然地感觉到该去的方向。这是建筑造型设计中的一个很重要的手法。如图 3-50 所示，根据墙面的弧线，人们就能自然而然地进入里面。图 3-51 中有三个图，其中（*a*）图在人的感觉上是静止的，即人们会产生逗留在这里的感觉，（*b*）图是有指向性的，依靠图案（符号）的形象来明示，（*c*）图也是有指向性的，是靠图案的位置来暗示。图 3-52 是个四柱门楼，柱子的形式也有导向性，其中上图的柱子的断面是纵向狭长的，下图中的四根柱子的断面是横向狭长的。这两列柱子的导向性就是图中箭头所指的方向。

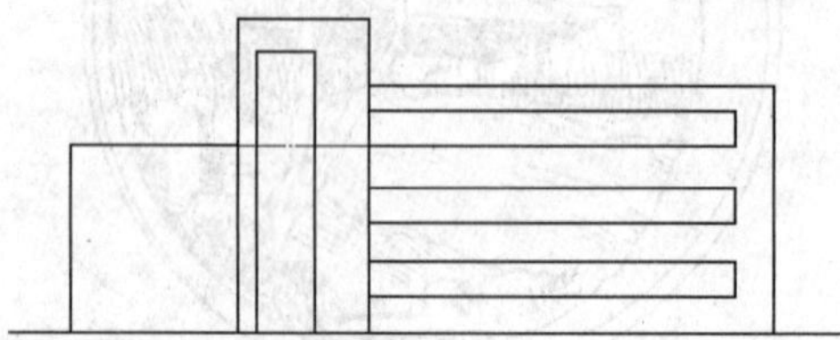

图 3-49　建筑对位实例

图 3-50　方向的暗示（委内瑞拉莫里诺斯购物中心）

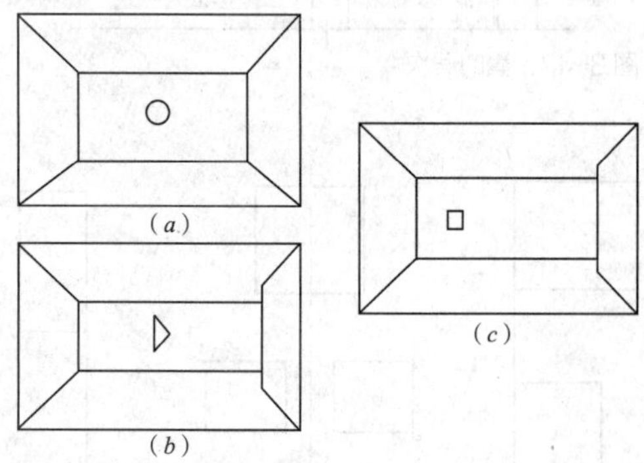

图 3-51　建筑空间的指向性

当空间要转折时，又如何用建筑形象来表示呢？图 3-53 是最基本的方法：有一条折线形的路线，或走廊，图中（*a*）是导向纵向的，在纵向对景转弯处设饰物，（*b*）图是以横向为主向，在转弯处也有饰物，（*c*）图表明了出入时的不同处理方式，即在（*b*）图的基础上增添了转角的一个空间，平衡了饰物对横向导向的作用，增强了纵向导向的力度。这些做法，都与人在空间中的感觉有关。设计者要从人的心理活动、使用要求和艺术造型特征诸方面来把握。

最后，一定要明确一点，建筑的手法，可以从理论上来归纳，但不能像数学公式那样在具体的设计中去直接套用，建筑设计这门学问有一个重要的特点，就是要实践。懂得了一些原理、手法，还要在设计实践中不断运用，才能真正掌握。

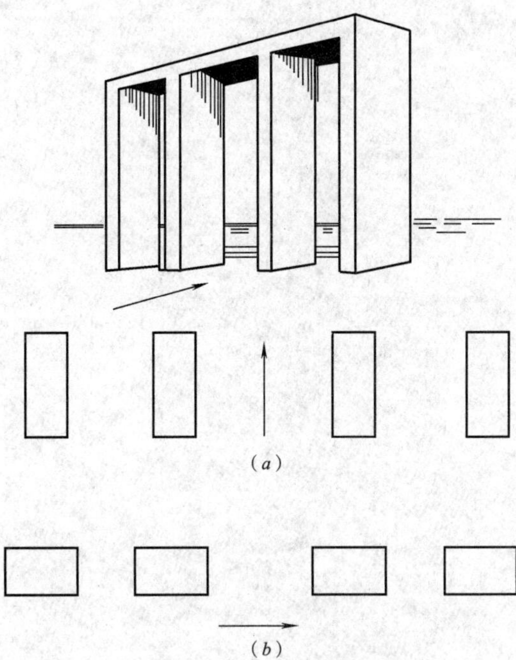

图 3-52　柱子的方向性

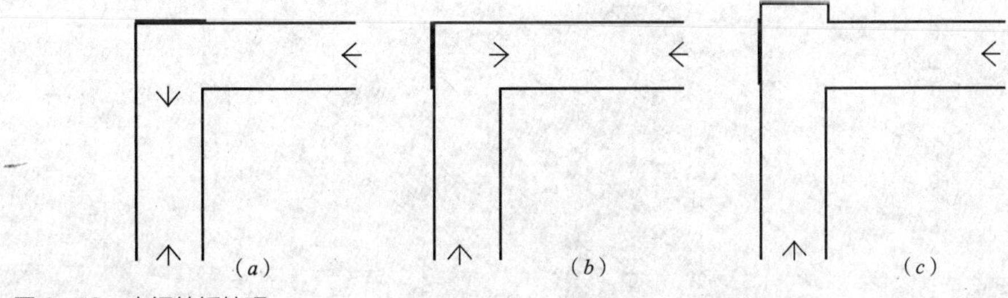

图 3-53　空间转折处理

第4章
Chapter 4

中国建筑的沿革
The History of Chinese Architecture

4.1 中国古代建筑（上）

4.1.1 史前至战国时期的建筑

从全球的范围来说，我国乃是文明古国之一，从“三皇五帝”（三皇即伏羲、燧人、神农，五帝即黄帝、颛顼、帝喾、唐尧、虞舜）开始，已经有五千余年的历史了。可是，我国从有文字（文字是文明的标志之一）记载至今，还不到四千年。唐尧、虞舜、夏禹等朝代和人物，都是后人在史书上记述的，那时还没有文字记载。从目前考古发现看，真正有文字记载的，是从殷商时代开始的。19 世纪末，大概在今河南北部的安阳、偃师一带，发现有殷商时代的甲骨文，即刻在龟甲和骨头上的文字。在这以后便是周，然后是春秋、战国。秦统一中国以前的历史，我们称为先秦史。秦之后，便是西汉和东汉，东汉以后，分裂成魏、蜀、吴，即三国时代，然后是魏晋南北朝。公元 581 年，隋统一中国，接着便是唐朝和五代十国，然后是北宋和南宋，与两宋同时的还有辽、西夏和金，后来是元、明、清诸朝。清末，我国结束了古代。19 世纪 40 年代的鸦片战争以后，就进入了近代。这些历史知识，对于学习建筑史的人来说，有必要再回顾和深入了解一下。

我国古代不但有延绵不断的悠久历史，更有光辉灿烂的文化，其中建筑文化也是十分辉煌的。其实，早在殷商以前的史前时代（无文字记述的时代），我国就已有建筑了，即原始时代的建筑。不过，这些建筑如今只是遗址，被发掘出来。

我国古代建筑以木结构为主。木构建筑不能保存得太久，我国现存的最古的木构建筑（原物）是山西五台山的南禅寺大殿，至今已有 1200 余年了，它的结构部分大多是当年的原物。还有五台山的佛光寺大殿，距今也有近 1150 年了。其后历朝历代留存下来的建筑不计其数。我国是世界上留存古建筑数量最多，历时最长久，内容最丰富，文化价值最高的国家之一。以北京故宫为例，这是明清两朝的皇宫，已有 600 年的历史，宫内有房 9900 余间，称得上是世界古代最辉煌的皇宫了。

我国的古代建筑不但历史悠久、数量众多、艺术文化价值高，而且建筑技术在同时期也比较先进，木结构技术称得上举世无双。举例说，1976 年唐山大地震，唐山、天津一带有许多房子被震倒、震坏，如天津市内的百货大楼（建于 1925 年，当时称中原公司）上面的塔楼也被震落了。但天津蓟县独乐寺的观音阁（建于 984 年，是原物）却没有被震坍，这真称得上是奇迹。可以说，我国历史悠久，文化发达，建筑可以为证。

我国是个历史悠久的文明古国，已有五千余年的历史，但从考古发掘中了解到，我国的历史，远不止五千余年！1972 年在浙江余姚的河姆渡发掘到的聚落遗址，距今已有七千余年，其中有许多木构件（已成化石）。从这些遗物中可以看出，当时已有榫卯结构，技术可以说是相当先进的。

我国的史前建筑可以分为两大类，一是巢居形式，另一是穴居形式。《孟子》中说：“下者为巢，上者为营窟。”河姆渡建筑属巢居形式。在今西安的半坡村，也发现有史前聚落遗址，距今已有五千余年。这里的建筑，据考古学家研究，它的本来的形式如图 4-1 所示。这是一种半穴居的形式，从图中可以看出，这已接近后来的居住建筑了。这种房子大约有 $20m^2$ 左右，室内中间的地上有火塘，可以取暖或烘烤食物。一间屋子可以住 4~5 个人，是个小家庭。半坡村发掘出许多这样的建筑遗址，形式大同小异，有的是圆的，有的是方的。考古发现的整体布局也说明，当时人们聚族而居。

殷周时期，我国已经有了文字，最早的文字为甲骨文。据考古发现，当时已经有比较像样的宫殿建筑了。在今河南的偃师二里头，发掘出了一处殷代的宫殿遗址，如图 4-2 所示。从平面图可以看出，宫殿的大门在院子的南边，院子的东侧还有一个偏门，宫殿建筑的位置在院北正中，这个建筑的造型（据考古学家臆复）是庑殿二重檐形式，如北京故宫太和殿的形式。

在今陕西扶风和岐山两县交界处，发掘到一处西周时期的建筑遗址，如图 4-3 所示。刚发现时，它被误以为是西周时期的一座住宅，但后来继续发掘、研究，才发现它不是住宅，而是一个宗祠。

从目前的考古发现及史料记载看，我国古代最早的城市，大约始于殷周时期。西周早期的都城，在今陕西的扶风、岐山一带，这里叫周原，都城位于沣河，其西建丰京，其东建镐京，合称丰镐。到了东周，迁都洛邑，即今之洛阳城。此城完全按都城礼制格局营建，规模大，左右对称，并筑有内城外郭，如图 4-4 所示。

我国古代的都城有一定的规格，《周礼·冬

图 4-1 西安半坡的半穴居建筑

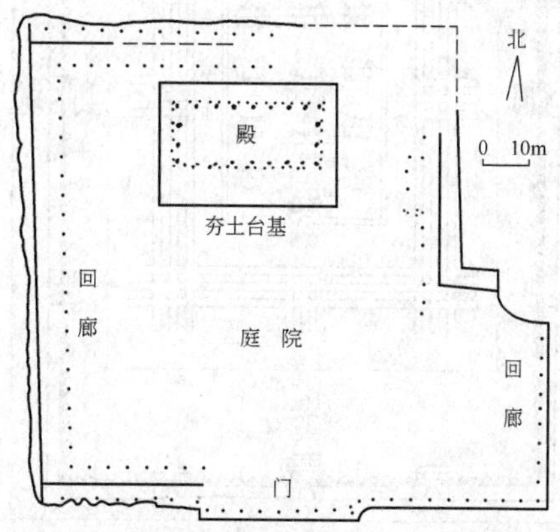

图 4-2 偃师二里头殷代宫殿遗址

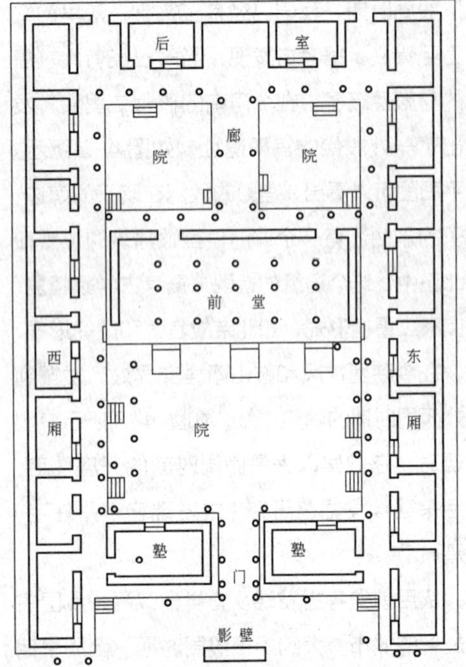

图 4-3　西周时期的宗祠（平面）

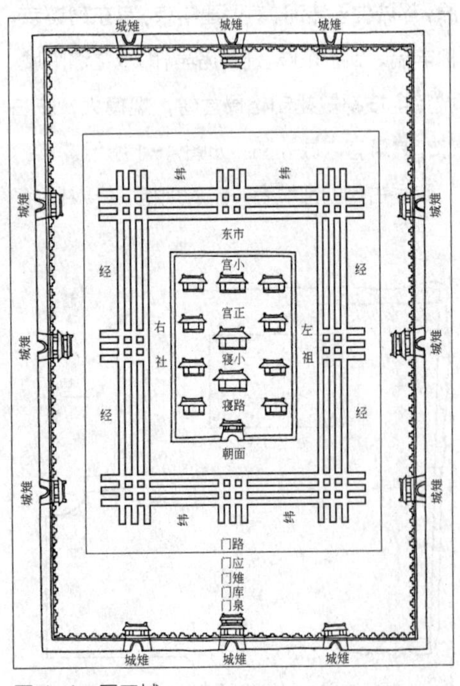

图 4-4　周王城

官考工记》中说：“匠人营国，方九里，旁三门。国中九经九纬，经涂九轨。左祖右社，面朝后市……”图 4-5 是根据《三礼图》所绘之形。这里的意思是说，匠人规划和营建都城，城九里见方，每边有三个城门，城内纵横各有九条街道，每条街道的宽度，可以并排行驶九辆车。城内东边置庙，即帝王之祖庙；西边置社稷坛，即祭谷神之所。城的南边是朝廷，北边是居民区和市场。

4.1.2　秦汉至南北朝时期的建筑

秦统一中国，结束了战国时期的分裂局面。但秦代很短，从统一中国到秦灭亡，只有 15 年。秦代在这短短的 15 年时间中，却有较大的成就。在建筑上，可以归纳为三大成就：

一是建造万里长城。这个长城是在战国时期各列国长城的基础上建成的。战国时，有韩、赵、燕、魏、齐、楚、秦七国，各自割据一方，均建造城墙以御敌。秦灭六国，统一中国后，

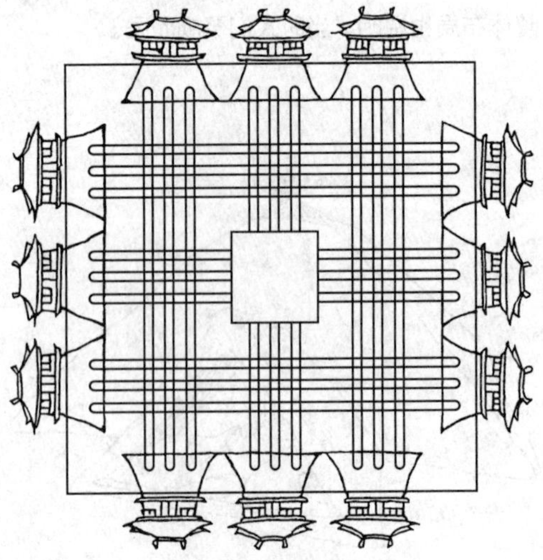
图 4-5《考工记》都城规范示意

便拆除了这些城墙，在北方建造长城，以抵御北方的外族入侵。秦代的长城，西起临洮（今甘肃岷县），东至辽东，工程十分浩大。秦长城如今已几乎无存，现在我们所见到的是明代所修筑的长城。

二是建造阿房宫。此宫是秦始皇的离宫别苑，位于咸阳（都城）以南。阿房宫已被西楚霸王项羽烧掉了，只留下遗址和文字记述。据《史记》所载，此宫“东西五百步，南北五十丈，上可坐万人，下可以建五丈旗……”“周驰为阁道，自殿下直抵南山。”唐代文人杜牧有《阿房宫赋》:“六王毕，四海一，蜀山兀，阿房出。覆压三百余里，隔离天日。骊山北沟而西折，直走咸阳。二川溶溶，流入宫墙。五步一楼，十步一阁；廊腰缦回，檐牙高啄；各抱地势，钩心斗角。……蜂房水涡，矗不知其几千万落……”可见其气势。

三是建造秦始皇陵。这座陵墓堪称“世界古代第八大奇迹”了。它位于陕西省西安市临潼区下河村，墓呈方锥形，东西长 345m，高 76m，周围有两层墙垣，内垣周长 3km，外垣周长 6km。20 世纪 70 年代以来，在陵墓外周已发掘出大量的兵马俑、铜马车等共 8000 余件，足见其举世无双。

汉代分东汉和西汉，合称“两汉”。西汉（公元前 206—公元 25 年）建都长安，东汉（公元 25—220 年）建都洛阳。西汉都城长安，见图 4-6，形状不甚规则，这是地形造成的，但后来说此城形似天上的北斗。汉长安城每边有三座城门，共 12 座城门。城内建筑以宫殿为主，东为长乐宫，西为未央宫，其北面还有明光宫、北宫、桂宫等，均很壮丽。东汉迁都洛阳，城内有大街 42 条，街衢井井有条，辉煌有序，街道设排水沟，植行道树。此城称得上是当时世界一流的城市，城内有南北二宫，均气度非凡。

在汉长安城南郊，建有“明堂”、“辟雍”，为典型的礼制建筑，如图 4-7 所示。建筑周围

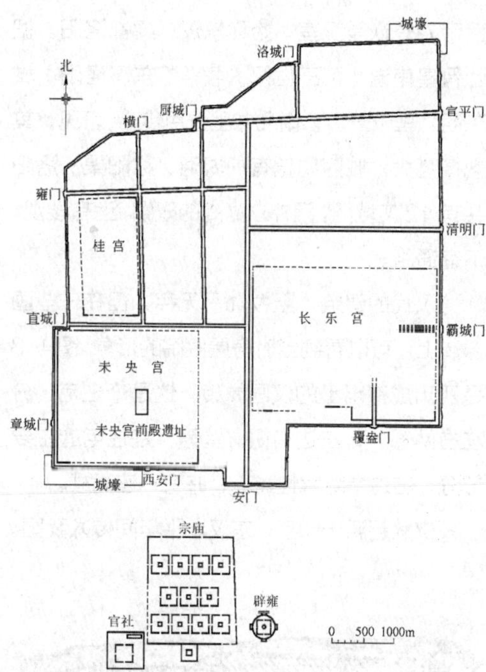

图 4-6　西汉长安

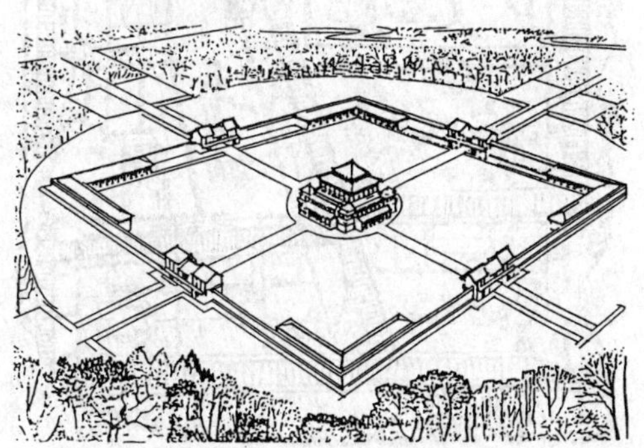

图 4-7　汉长安礼制建筑

有一圈圆形的水沟，圆的直径约350m，沟宽约2m，中间是一个正方形的院子，每边长约235m，四周建有围墙，四角均建有廊庑，四面建有门楼。院正中是一座四面对称的建筑，造型雄伟。在这座建筑里供奉太庙神位，称明堂太庙。

公元8年，王莽篡位，至公元25年汉光武帝刘秀恢复汉室，始称东汉，建都洛阳。据西晋皇甫谧《帝王世纪》载："（东汉洛阳）城东西六里十一步，南北九里一百步。"可见，其规模甚大。城四周挖有护城河，称阳渠。洛阳共有12座城门，门外立高高的双阙，上有楼观，下有通路。

汉代的建筑，至今几乎无存，但在一些画像砖上还可以看到当时房屋庭院的形象。图4-8是四川成都出土的汉画像砖，这是个住宅，分左右两部分，左边有门、堂等，是住宅的主要部分，右边是附属性建筑，并有一座高楼。

佛教起源于印度，东汉永平年间传入我国。洛阳的白马寺是我国第一座寺院，此寺初建于东汉，但今之寺内的建筑已是明清时期所建的了。此寺由南至北依次为山门、天王殿、大雄宝殿、千佛殿、观音阁、清凉台及台上的毗卢殿等。

汉代的陵墓，要数汉武帝刘彻的茂陵最为辉煌。此陵墓周围有夯土的方形城垣，每边长达400余米，里面的坟墓呈圆台形。蜀汉昭烈帝刘备的惠陵，位于今四川成都，此陵与诸葛亮武侯祠合在一起，君臣合处，在我国历史上是少见的。

最后说汉阙。阙这种形式，以其高直的形象而富有纪念性。但阙的本意其实是望楼，指宫廷、住宅中的楼观。图4-9是今四川雅安的高颐阙（墓阙）。此阙建于东汉，以石材建造，一边有子阙。这种阙在墓前左右对称放置，从而形成墓道的中轴线。从形式上看，它是仿宫殿建筑的，上设屋顶，下有斗栱等石刻。此阙比例匀称，造型优美。

图4-8 汉画像砖

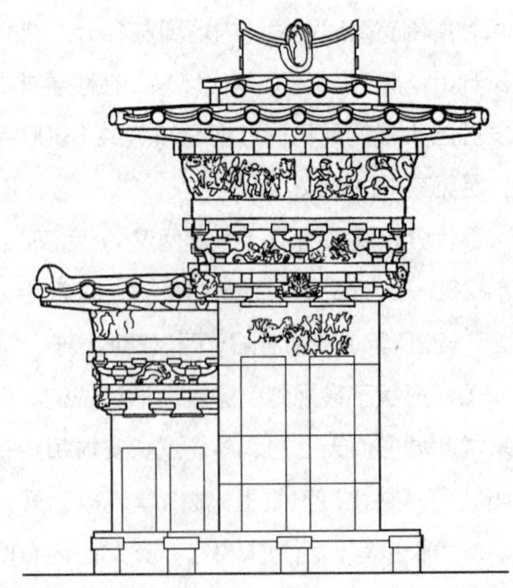

图4-9 东汉高颐阙

东汉末年，社会动乱。先是魏、蜀、吴三国鼎立，后来由晋统一中国，但不久又分裂为南北朝。晋分东晋和西晋，西晋永嘉、建兴年间，外有匈奴入侵，内有“八王之乱”，内乱外患，后来终于分裂为南北朝。北有北魏，然后又分裂为东魏和西魏，接着便被北齐和北周所取代。南面先是东晋，接着便是宋、齐、梁、陈诸朝，连同东吴和东晋，这些朝代均建都南京（当时称建业，后改为建康），故这里称“六朝古都”。历史上有“六朝繁华”之说，指的就是当时的江南一带。另外，在这期间（304—439 年）还有“十六国”，即前赵、前燕、后燕、后赵、南燕、北燕、南凉、后凉、北凉、西凉、前凉、前秦、后秦、西秦、夏、成汉。公元 581 年，由隋统一中国，结束了历时 135 年的分裂局面。

西晋建都洛阳，宫苑性质悉如曹魏时期。北魏的洛阳，其城市建设具有一定的历史意义。这时的洛阳，功能分区明确，道路分布合理，规划比较完备，其内城就是西晋洛阳的旧城。

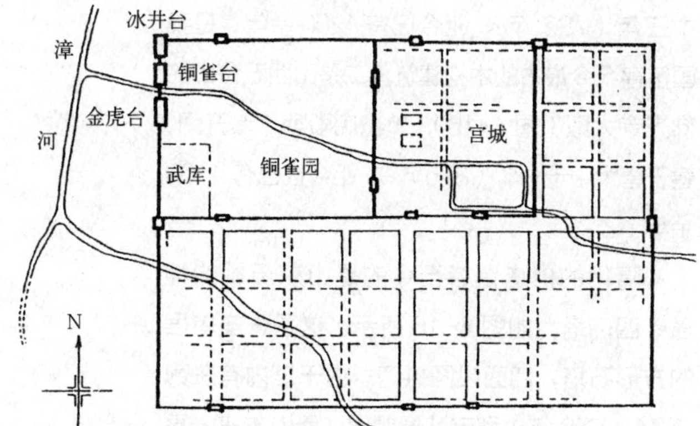

图 4-10 曹魏邺城

曹魏的邺城（今河北临漳），如图 4-10 所示，建造得井井有条。邺城内西北有铜雀园，园中有铜雀台、金虎台、冰井台，均是当时有名的景点。“东风不与周郎变，铜雀春深锁二乔”[①] 使这个景点更为著名。

南朝建都建康（东吴时称建业），即今之南京，城北是玄武湖，城东北有钟山，两边有丘陵，南有秦淮河。建康城比较方正，略呈长方形，城内宫城偏北，也呈长方形。

魏晋南北朝时期的宗教建筑当以佛寺、佛塔和石窟为主。自从东汉永平年间建白马寺后，佛寺兴建日盛。唐代诗人杜牧有诗：“南朝四百八十寺，多少楼台烟雨中。”其实，那时的寺院何止此数。据统计，梁代有寺 2846 座，北朝的寺院更多，逾三万座。佛塔本是埋葬舍利子的（佛教徒圆寂后火化，烧不掉的东西就叫舍利子），叫“窣堵坡”。佛教传入中国后，将窣堵坡做得高高的，如同楼阁。魏晋南北朝时期最高的佛塔是洛阳的永宁寺塔，建于北魏，平面为正方形，高 9 层，木结构。可惜此塔于北魏永熙三年（534 年）被焚毁。现存最古的塔是河南登封的嵩岳寺塔，此塔建于公元 532 年，为砖砌密檐式塔，如图 4-11 所示，塔高 39.5m，平面为十二边形。在洛阳白马寺东有齐云塔，最初建于汉明帝时代，今存之塔为金代重修之物，形式也为密檐式。

石窟也是一种佛教建筑形式，印度佛教称之为“支提”。我国较早的著名石窟有山西大同的云冈石窟、甘肃敦煌的莫高窟和河南洛阳的龙门石窟，这就是中国的三大石窟。另外，比较著名的还有甘肃天水的麦积山石窟、永靖的炳灵寺石窟、山西太原的天龙山石窟等。

---

① （唐）杜牧．赤壁

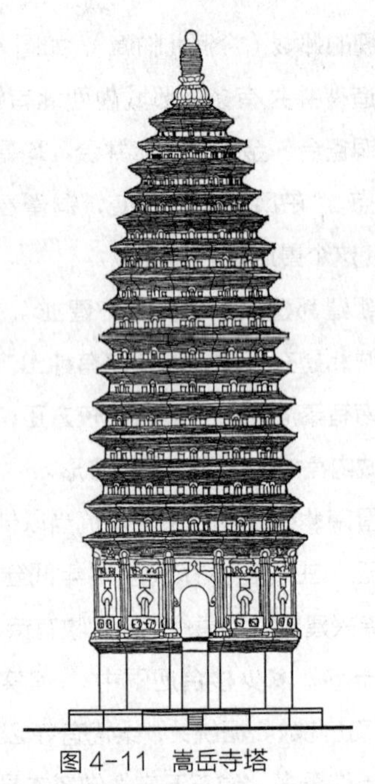
图 4-11　嵩岳寺塔

山西大同的云冈石窟位于大同之西的武周山麓，东西长达 1km，共有 53 窟，有佛像、菩萨等共万余尊。此石窟始凿于公元 460 年（北魏），至公元 494 年基本完成。

甘肃敦煌的莫高窟，俗称千佛洞，南北长 1600m 余，始凿于“十六国”的前秦，后来经北魏、西魏、北周、隋、唐、五代、西夏、元等各代不断开凿，形成了一座规模宏伟、内容丰富、具有很高的艺术价值的石窟。

龙门石窟位于洛阳城南约 12km 处。此石窟开凿于北魏，后来历经东魏、西魏、北齐、北周、隋、唐、五代、宋朝等继续开凿，现存窟龛达 2100 多个，佛像达十万余尊。其中最大的造像高 17m 余，最小的仅高 2cm。

南朝帝王陵墓大多是在今南京附近的江宁、句容、丹阳一带，主要有宋武帝刘裕的初宁陵、齐宣帝萧承之的永安陵、齐高帝萧道成的泰安陵、齐景帝萧道生的修安陵、齐武帝萧绩的景安陵、齐明帝萧鸾的兴安陵、梁建文帝萧纲的庄陵、陈武帝陈霸先的万安陵等。

4.1.3　隋唐时期的建筑

隋统一中国，但只有三十余年（581—618 年）就被唐所灭了。隋代都城大兴，位于汉长安城的东南，到了唐代，便坐享其成，只是改名长安，史称唐长安。唐长安的皇宫本来在城北正中，称太极宫，后来在城的东北建造了新皇宫，名叫大明宫。图 4-12 是唐长安城的平面图，图 4-13 是大明宫的平面。大明宫中有两座重要的建筑：一是含元殿，是大明宫的正殿，建筑形态壮丽雄伟，显示出了大国宫殿的气派。另一座是麟德殿，这是唐朝皇帝赐宴群臣、大臣奏事、藩臣朝见的地方。这座建筑规模甚大，据考证总面积约 5000m^2，是北京故宫太和殿面积的三倍！

唐代的佛教建筑留存至今的还有两座（原物）：一是山西五台山的南禅寺大殿（图 4-14），单檐歇山顶，三开间。此殿建于唐建中三年（782 年），距今已有 1200 余年，是我国留存至今最古的木构建筑。二是山西五台山的佛光寺大殿（图 4-15），单檐庑殿顶，七开间，建于唐大中十一年（875 年），距今也已有 1100 余年了。

隋代的佛塔留存至今的是山东历城的神通寺四门塔，如图 4-16 所示。这是一座单层的方形石塔，四面设圆拱门。由于塔内有东魏（534—550 年）武定造像题记，所以本来一直以为是东魏之物，后来经考古学家鉴定，认为此塔是隋大业七年（611 年）所建。

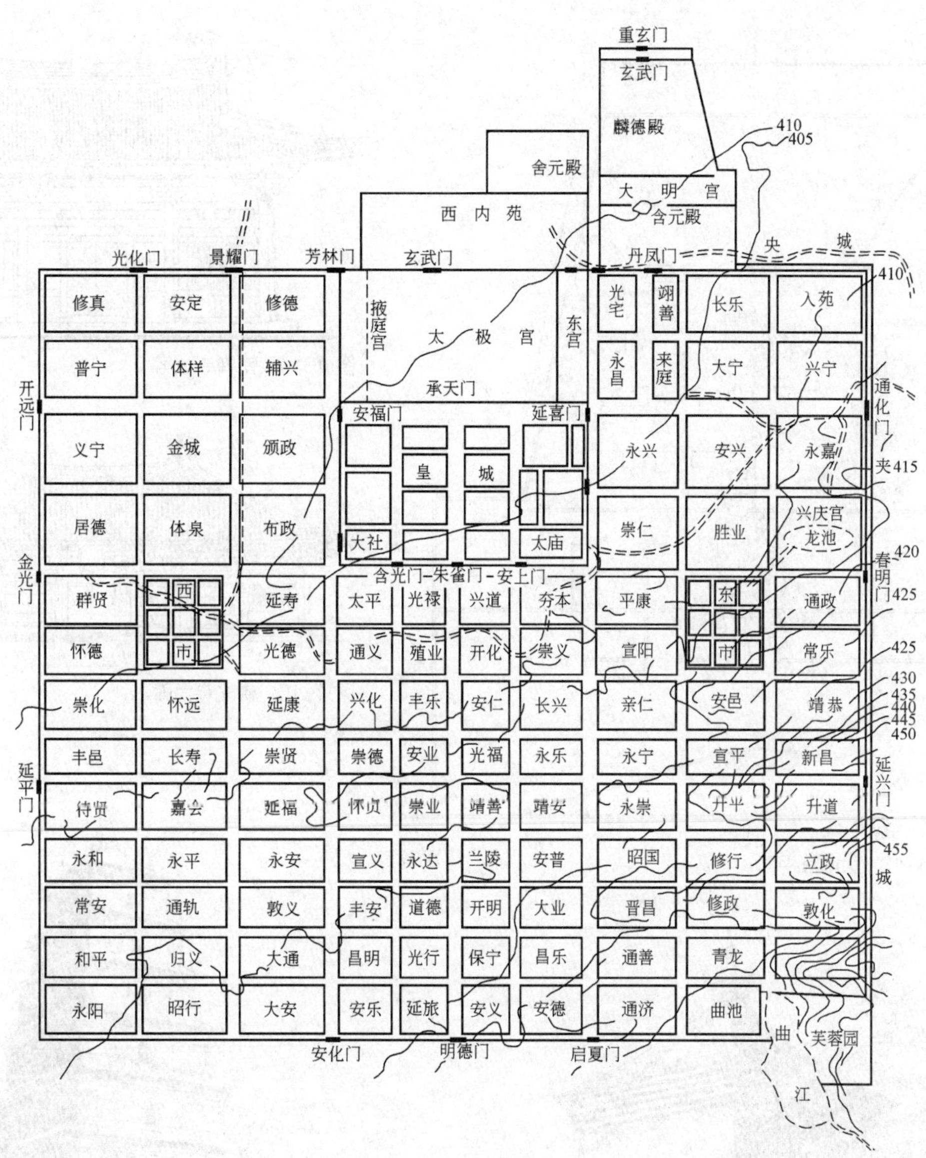

图 4-12 唐长安城

唐代所建的佛塔也较多，留存至今的有西安的大雁塔、小雁塔以及玄奘塔、香积寺塔等。大雁塔的正式名字是慈恩寺塔，平面为正方形，共 7 层，砖砌，高 64m，如图 4-17 所示。此塔建于唐永徽三年（652 年）。小雁塔的正式名字是荐福寺塔，建于唐中宗景龙年间（707—709 年），平面为正方形，原为 15 层，今存残高 43m。

图 4-18 是云南大理的崇圣寺塔，共三座，主塔是千寻塔，建于 824—839 年。此塔平面

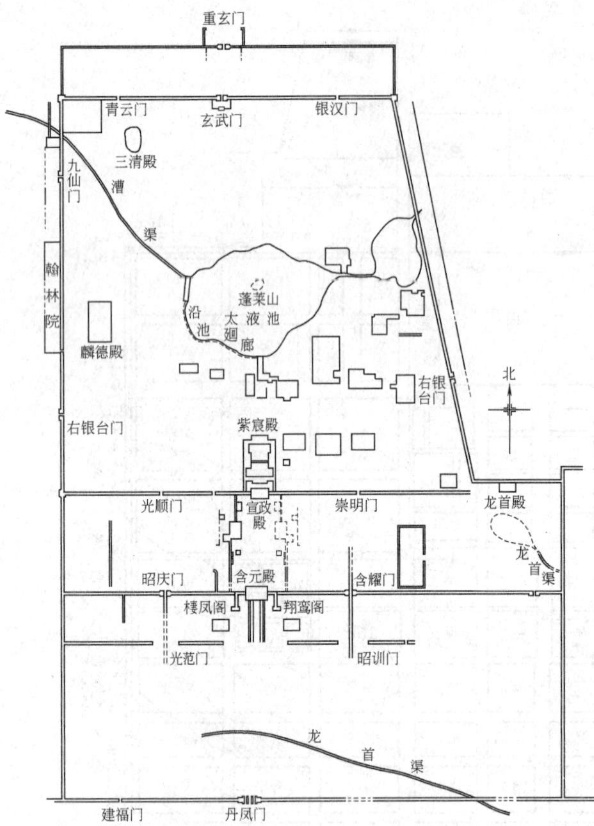

图 4-13　大明宫平面

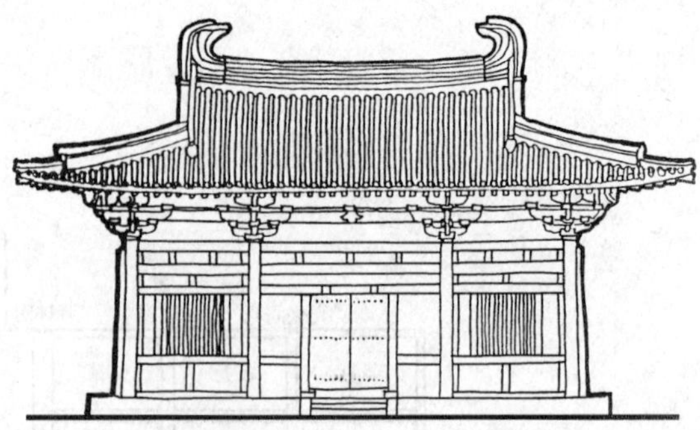

图 4-14　南禅寺大殿

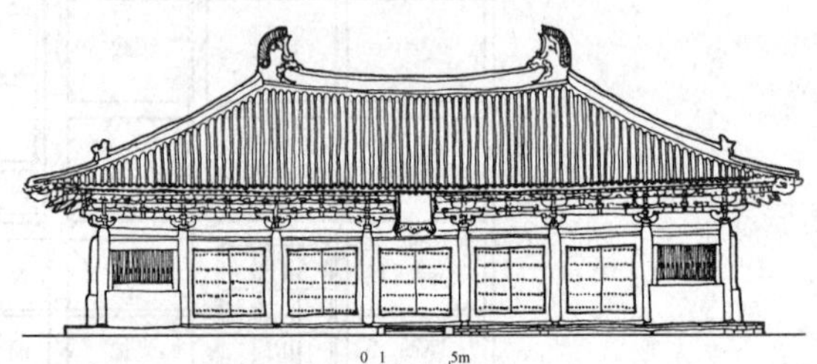

图 4-15　佛光寺大殿

图 4-16　神通寺四门塔

图 4-17　大雁塔

为正方形，密檐式，高 69m，16 层，造型挺拔秀美。

唐以后为五代，即后梁、后唐、后晋、后汉、后周。除此之外，还有十国，即吴、南唐、吴越、楚、南汉、闽、前蜀、后蜀、荆南、北汉。位于今天南京一带的是南唐，今南京南郊江宁牛首山、祖堂山麓，有南唐二陵：钦陵和顺陵。钦陵是烈祖李昪的陵墓，其地宫规模较大，全长 21.8m，宽 10.45m，自南至北分为前、中、后三个室，后室是主要部分。顺陵（中主李璟的陵墓）较小，但布局相似。图 4-19 是位于今南京栖霞山的舍利塔，始建于隋代，今存之塔为南唐时重建之物。此塔为石塔，八角，5 层，高约 25m，是我国古代楼阁式塔中造得比较好的一座。

4.1.4 宋、辽、金建筑

公元 960 年，宋统一中国，建都汴梁，即今之开封。这座城市甚有气派（图 4-20），都城分外城、内城、皇城。皇城即皇宫，内城是都城的精华部分，除了各级衙署外，住宅、商店、酒楼、寺院、道观、庙宇等应有尽有，十分繁华。汴河流经内城，给这座城市带来了生机。北宋画家张择端画的《清明上河图》，详细、生动地记录了当时汴梁的各种生活情景以及建筑、桥梁等的形态。

北宋的佛教建筑，留存至今的还有很多座。河北正定的龙兴寺（清康熙时改名为隆兴寺），始建于隋代，今存之建筑摩尼殿（图 4-21）

图 4-18 云南崇圣寺塔

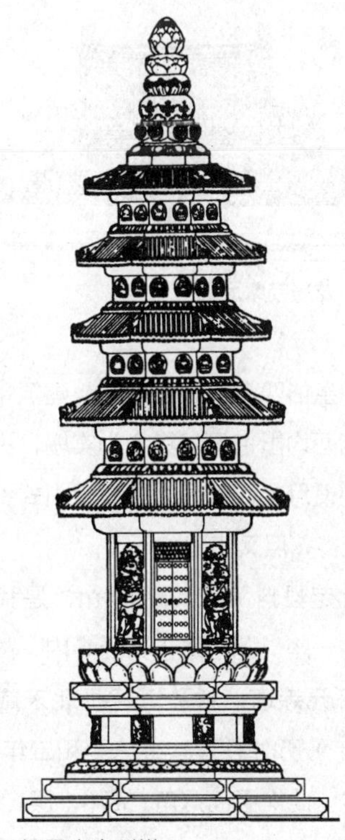

图 4-19 栖霞山舍利塔

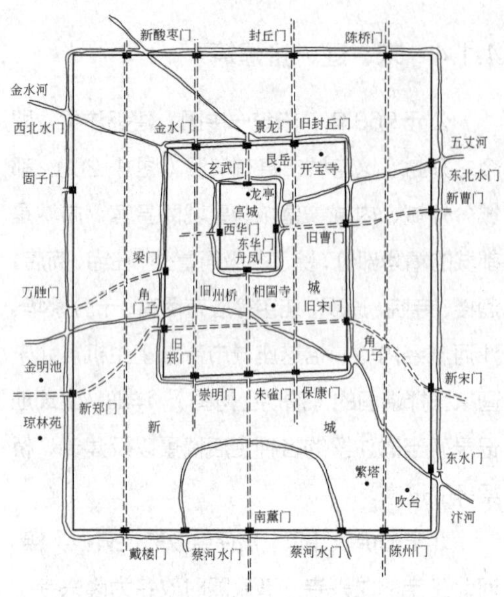

图 4-20　北宋都城汴梁

图 4-22　定县料敌塔

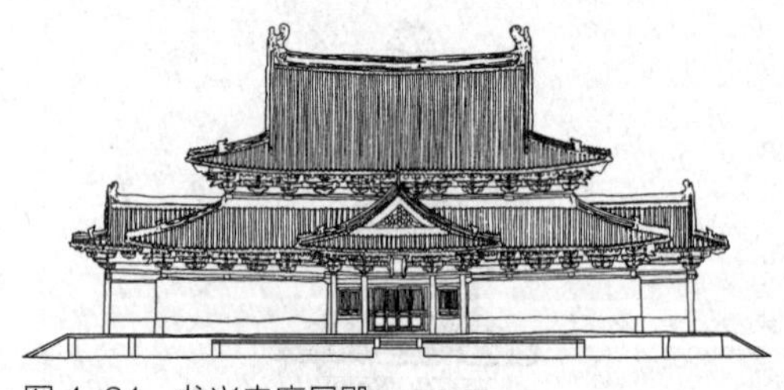
图 4-21　龙兴寺摩尼殿

建于北宋皇佑四年（1052 年），建筑平面略呈方形，四面均出抱厦，其余为实墙，主入口在南面，前设月台。殿顶为重檐歇山式。建筑外形变化较多，但又和谐统一。

河北定县料敌塔，高 84m，是我国古塔中最高的一座。此塔建于开元寺内，故实际的名字为开元寺塔。料敌塔建于北宋咸平四年（1001 年），历时 55 年，北宋至和二年（1055 年）建成。此塔平面八角，高 11 层，砖结构，造型简洁秀丽。

上海龙华塔是一座砖身木檐塔，其砖身为北宋太平兴国二年（977 年）的原物。塔为八角七级，高 40.4m，造型秀美，玲珑剔透。

佑国寺塔位于今开封市东北部，黄河边上，俗称开封铁塔。其实它不是用铁做的，而是砖塔，塔的表面用棕色琉璃砖贴面，所以外观呈铁锈色。此塔建于北宋皇佑元年（1049 年），平面八角，共 13 层，高 54.66m，形式仿木构楼阁式，造型挺拔，宏伟壮观。

山西晋祠圣母殿始建于北宋天圣年间（1023—1031 年），崇宁元年（1102 年）重修，如今之物即为重修后的原物。殿高 19m，屋顶为重檐歇山式，面阔七间，进深六间，殿四周有廊。殿内空间宽敞，圣母像庄重威严，殿两边有数十座泥塑侍女像，亭亭玉立，生动无比。殿正面有八根木雕盘龙柱，雕工精美，姿态自然，栩栩如生。圣母殿前有鱼沼，沼上有十字形石桥，四面相通，这就是著名的“鱼沼飞梁”，在我国桥梁史上有很高的地位。图 4-23 就是晋祠圣母殿的外形。

北宋的园林，在此举两例。一例是位于北宋都城汴梁东北的艮岳，这是一座大型的皇家园林，以假山著称，此园的特点：一是空间意境深邃；二是假山造型完美；三是园中建筑布局十分和谐。另一例是汴梁城西的金明池，以水面为主，供帝王游乐。

关于北宋的建筑，还要说一部影响甚大的书，即《营造法式》。此书作者李诫（？—1110 年）于元祐七年（1092 年）任职“将作监”（相当于皇家工程总负责人）。《营造法式》全书共三十四卷，内容分五部分：①序、劄子和看样；②总释、总例；③各作制度；④工限、料例；⑤各种工程图样。工程详图包括平面、剖面、立面及大样等。此书可以说全面地总结了我国古代的建筑技术成就。

金人南侵，宋代都城从汴梁迁到杭州，改名临安，是为南宋。这是一座形状不规则的都城，北宽南窄，皇宫建在城的南面。这座都城的另一个特点是城西的湖光山色甚美，这就是著名的西湖。南宋时，游人络绎，“西湖十景”就是当时选定的十个景点。

图 4-23 晋祠圣母殿

南宋的建筑，先说佛塔。六和塔位于杭州以南的钱塘江边，始建于北宋开宝三年（970 年），原为 9 层，高达 167m。此塔于 1121 年毁于兵火，今之塔（砖身）始建于南宋绍兴二十六年（1156 年），于乾道元年（1165 年）建成，其外部的木檐廊是清光绪二十五年（1899 年）重修之物。此塔平面八角，外观 13 层，内为 7 层，高 59.89m，楼阁式。塔可分为外墙、围廊、内墙、小室四部分，形成内外双环，内环为塔心室，外环为厚壁，中间夹有回廊。楼梯则布置在回廊之间。外墙的外壁在转角处设倚柱，并连接檐部。墙身四面有门，门内有通道，两侧设壁龛，相间而设。

苏州的罗汉院双塔，始建于唐咸通二年（861 年），五代时，这里为吴越国。南宋时双塔部分被毁于战争，南宋绍兴年间（1131—1162 年）修复。两塔形式基本相同，均为八角七级，腰檐作反翘形。塔的内部平面呈四方形或六角形，自下至上各层楼板和楼梯均为木构，第二层至第七层内部的方室方向逐层依次转 45°，如此做是为了使塔的整体性更好。外面的门窗也逐层调换开窗。图 4-24 为罗汉院双塔的外形。这两座塔的另一个特点是相轮、塔刹非常高大，占塔高的 1/3 强，但对塔的结构不利，遇大风容易被吹折。据记载，在明代嘉靖年间和清代乾隆年间，塔刹和相轮均被吹折过。

苏州玄妙观是道教建筑，此观位于苏州市内，其中，三清殿为南宋淳熙六年（1179 年）所建之原物。殿顶为歇山重檐式。面宽九间，进深六间，殿前设月台，周边设石栏，建筑造型雄伟。殿内有砖砌须弥座，制作精美，座上为三清像（元始天尊、灵宝天尊、道德天尊），姿态端庄，为宋代雕塑之佳作。

南宋的园林大多集中在杭州，而且大多数围绕西湖建造，主要有集芳园、延祥园、聚景园、玉津园、富景园、南园、秀邸园、水月园、隐秀园、挹秀园、史园、甘园等，大多以西湖山水为借景，自然得体。

图 4-24 罗汉院双塔

图 4-25 独乐寺观音阁

辽（907—1125 年），国号契丹，与北宋南北对峙。辽与北宋多有战争，但也交往甚多，所以，其文化受北宋的影响甚大，其建筑形制基本已汉化。从现存的几座辽代建筑可以看出，其形式已很接近北宋建筑，只是一些细部和构造方面略有差别。在此，说几座有代表性的辽代建筑。

天津蓟县的独乐寺观音阁（图 4-25），建于辽代统和二年（公元 984 年），今存之建筑的木构部分为当时所建的原物。阁内中间设须弥座，上设泥塑十一面观音（头上有十个观音头像），观音像高 16m。这座建筑的特点是中空，四周设两层围廊，空间构思很独特。这座建筑已逾千年，更奇特的是，1976 年唐山大地震时，附近的建筑几乎都震倒了，但它却安然无恙。

山西应县佛宫寺释迦塔，俗称应县木塔（图 4-26），建于辽代清宁二年（1056 年）。今主体结构仍为当时原物，是如今留存的最古老的木塔了。此塔平面八角，五层六檐（底层重檐，但内部有九层，其中四层是暗层），塔高 67.13m，底径 30m。形态庄重雄伟，和谐得体。

天宁寺塔位于今北京市广安门外。天宁寺始建于北魏孝文帝时期，初名光林寺，后屡有圮建，明初建寺时定名天宁寺。寺中之塔始建于辽代重熙年间（1032—1054 年），见图 4-27。此塔高 57.8m，密檐式实心塔，平面八角，上面 13 层密檐，仿辽代木构建筑形制，造型雄伟壮丽，稳重而又挺拔。

山西大同的华严寺，此寺分上、下两座。上华严寺位于大同市，始建于辽代，于金代重修。今之大雄宝殿即为金代之原物。此殿面阔九间，54m，进深五间，29m，屋顶为重檐庑殿顶，为典型的辽金时代建筑风格。下华严寺位于上华严寺的西南方，寺内有薄伽教藏殿、海会殿等建筑。下寺布局较自由，建筑风格也比较灵活。

善化寺位于山西大同，此寺创建于唐代，后毁于兵火，金代天会六年（1128 年）重建，图 4-28 是它的平面图。寺内主体建筑大雄宝殿是辽代所建之原物。其中，普贤阁、三圣殿及山门等为金代所建之原物，图 4-29 为普贤阁。

图 4-26　佛宫寺释迦塔

图 4-27　天宁寺塔

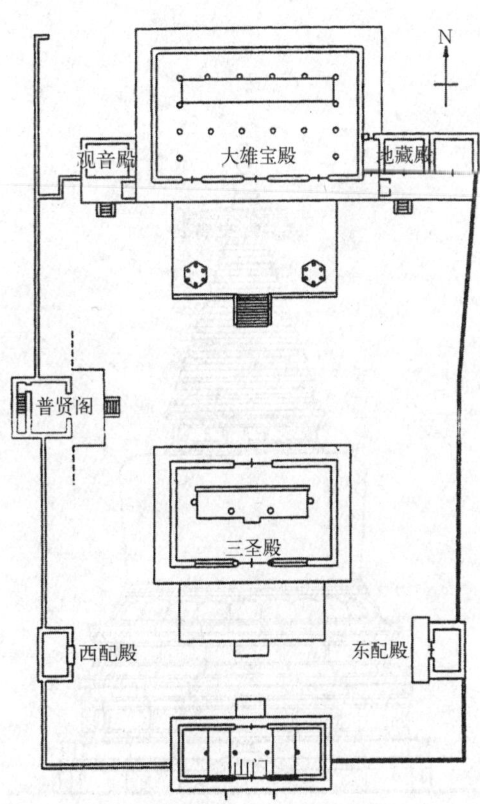

图 4-28　善化寺总平面

图 4-29　普贤阁

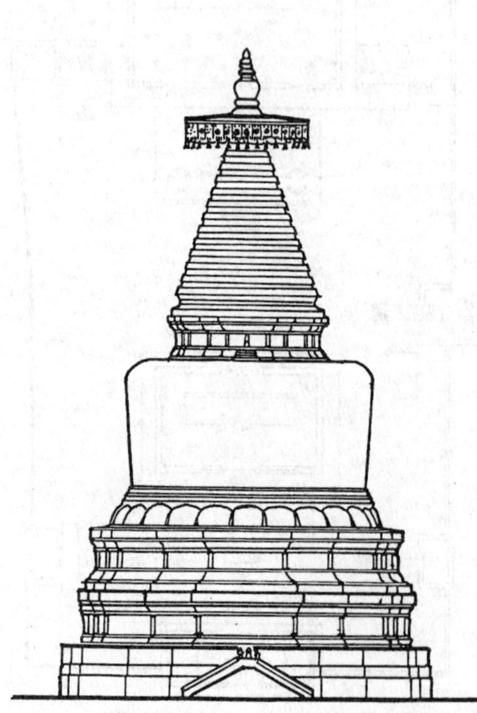

图 4-30　妙应寺白塔

4.1.5　元代建筑

元代在我国历史上也是一个时间不太长的朝代（1206—1368 年）。元代是蒙古人统治的时代，但他们努力汉化，因此在都城元大都（今北京）的营建上，就遵循了《周礼 · 冬官考工记》的形制。城分三套：外城、皇城、宫城。城周共设十一个城门。城内街道布局整齐，这是学习汉地的做法。但蒙古人也有自己的风俗习惯，体现在都城营建上，就是将城的北部开辟出草原的形态，供帝王骑射之用。

今北京阜成门内有妙应寺白塔，此寺早圮，塔尚存。此塔建于元代至元八年（1271 年），负责设计、建造的是一尼泊尔（当时尼波罗国）匠人阿尼哥。塔高 50.9m，下为三层方形折角须弥座，上覆莲座和承托塔身的环带形金刚圈。华盖周围悬挂 36 个铜质透雕流苏和风铃，华盖上有高约 5m 的铜质透雕塔形宝顶。此塔是元大都保留至今的重要标志，也是我国现存最早最大的一座藏式佛塔，见图 4-30。今上海真如的真如寺，建于宋代，其中，正殿为元代延佑七年（1320 年）重建之物。

山西芮城的永乐宫为元代所建的道教建筑，图 4-31 是其总平面，为一狭长地形，建筑沿中轴线展开，自南至北分别为宫门、无极之门、三清殿、纯阳殿、重阳殿。永乐宫是现存最早的道教宫观，也是保存最完整的元代建筑。三清殿是永乐宫的主要殿宇（图 4-32），殿内四壁及神龛内满是壁画，绘于 13 世纪，线条飘逸流畅，构图统一、饱满。纯阳殿、无极之门和重阳殿内也有壁画。1959 年，因修三门峡水库，永乐宫从永济迁到芮城，总共

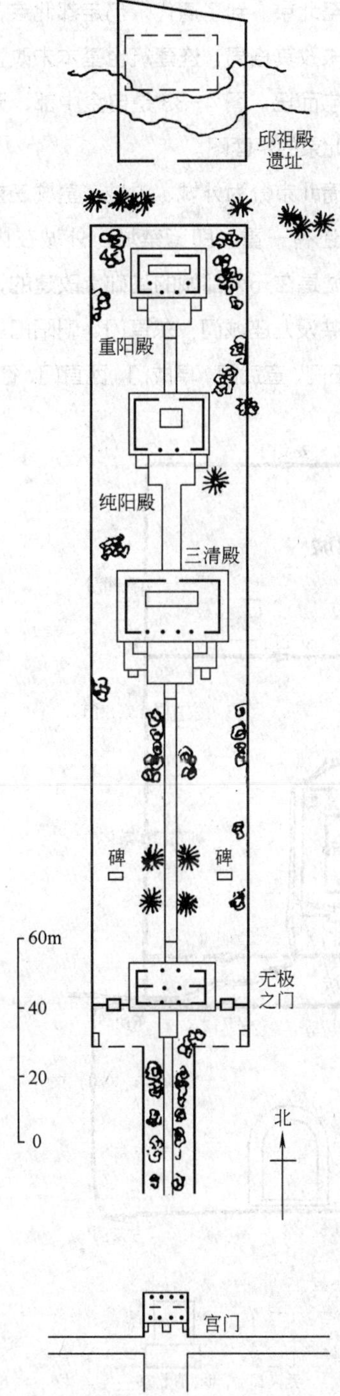

图 4-31　永乐宫总平面

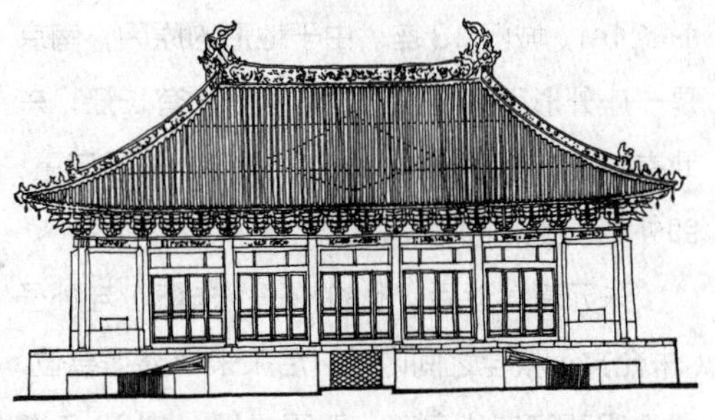
图 4-32　永乐宫三清殿

960m^2 的壁画（原作）揭至新的建筑复位，这真可以说是世界的奇迹了。

最后说园林。这里只说河北保定的古莲花池。这座园林始建于元太祖时期（1206-1227 年），当时的汝南王张柔建此园，初名雪香园，后易名莲花池。园内，池山林木、亭榭楼阁、斋轩厅堂甚多，并且均围绕荷花池而建。水池分南北二塘，北大南小，北塘中间有堤，堤上建水心亭，景观甚美。园中建筑有藻咏厅、水乐楼、寒绿轩、水心亭、濯锦亭、观澜亭等，但很多建筑今已无存。此园在清雍正年间被扩建，成为皇帝的行宫苑囿，今为保定市的人民公园。

4.2　中国古代建筑（下）

4.2.1　明清都城、宫殿、坛庙和陵墓

明清时期的建筑，先说都城、宫殿、坛庙和陵墓。

明代定都南京，即现在的南京市，在南唐时称金陵，明代改为南京。明太祖朱元璋建都时，定都城建设“九字方针”，即“高筑墙，广积粮，缓称王”。南京的建设从 1366 年开始，至 1386 年建成。城周长 37140m，平均高度

14.21m，城门 13 座。由于地形的原因，南京是一座外形不甚规则的城市，西北有长江，东北有钟山，南有秦淮河，北有玄武湖。城设三重，即外城、应天府城、皇城。

朱元璋病逝后，他的儿子（朱棣）与孙子（朱允文）叔侄之间内讧，后来朱棣夺得皇位，成为明朝第二代皇帝，即明成祖。1402 年登基，改“建文”（年号）为“永乐”，并迁都北京。永乐十八年（1420 年），都城基本建成，次年便迁都至北京。到了清代，仍定都北京，并且基本上未改其格局，连建筑也基本未改，只是改了名字而已。图 4-33 是自金中都、元大都至明清北京的平面图。

明清北京分为外城、内城、皇城三重，皇城里面还有一重，即紫禁城。外城在内城之南。内城是在元大都城的基础上改建的，城高 12m，共设九座城门：东直门、朝阳门、崇文门、正阳门、宣武门、阜成门、西直门、德胜门、

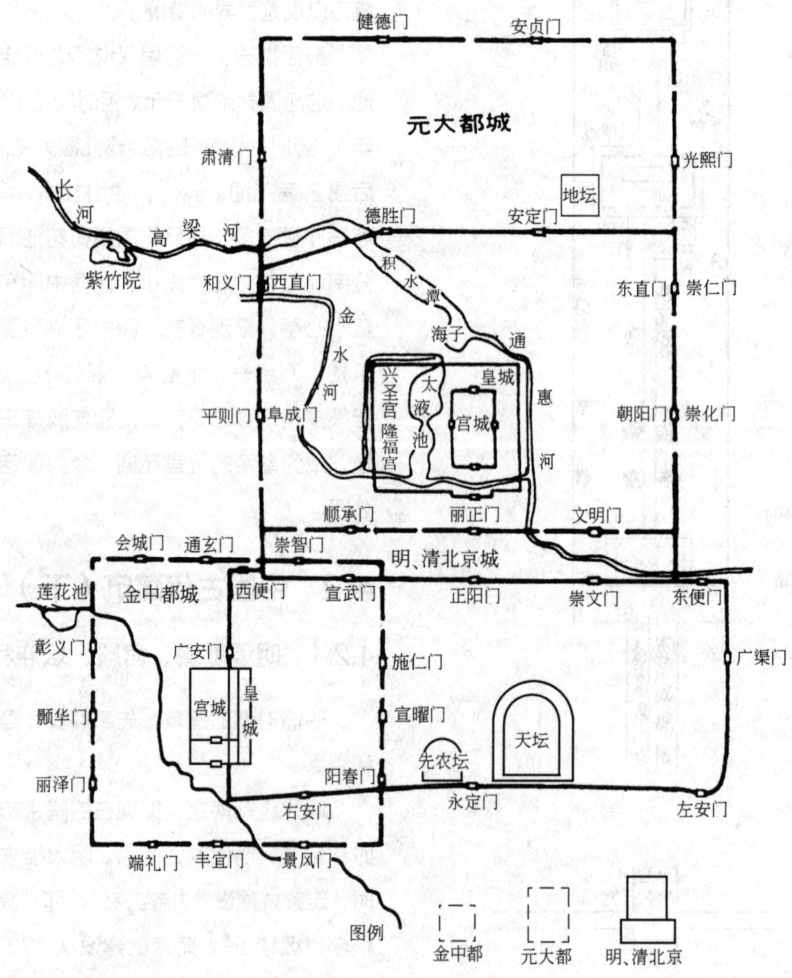

图 4-33 北京历史变迁图

安定门。外城共设七座城门：东便门、广渠门、左安门、永定门、右安门、广宁门（清代改为广安门）、西便门。

皇城正南是天安门，向北是端门、午门，东为太庙，西为社稷坛，依照“左祖右社”布局（古代以东为左，西为右）。午门内是紫禁城。向北又一重门，即太和门，门内为“前三殿”：太和殿、中和殿、保和殿。再向北为乾清门，门内是“后三殿”：乾清宫、交泰殿、坤宁宫。然后是坤宁门，再后面是御花园，园内有钦安殿，北为神武门，这是紫禁城的北门。图 4-34 是明清北京故宫紫禁城平面图。

太和殿的建筑形制为最高等级，重檐庑殿屋顶，上设黄色琉璃瓦，屋角走兽 10 个，数量也为所有建筑上最多者。此建筑十一开间，也是开间最多者，见图 4-35。

“前三殿”建在同一个三层白石台基之上。“前三殿”是皇帝及文武百官上朝的地方；“后

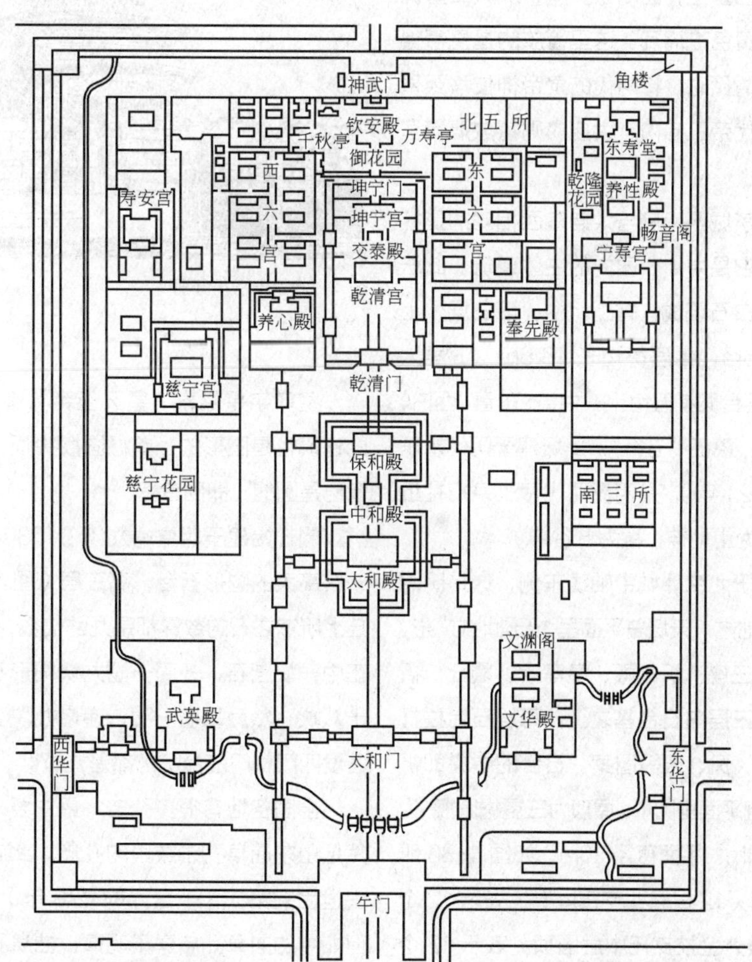

图 4-34 明清北京故宫紫禁城平面图

三殿”是皇帝生活起居的地方。同时，乾清宫也是皇帝处理日常政务之处。这座建筑九开间，其他形制与太和殿相仿。交泰殿平面为正方形，四角攒尖顶，与前三殿的中和殿相仿，在这里举行皇后的生日庆典，也是“宝玺”的收藏处。坤宁宫为皇帝和皇后生活起居的地方。

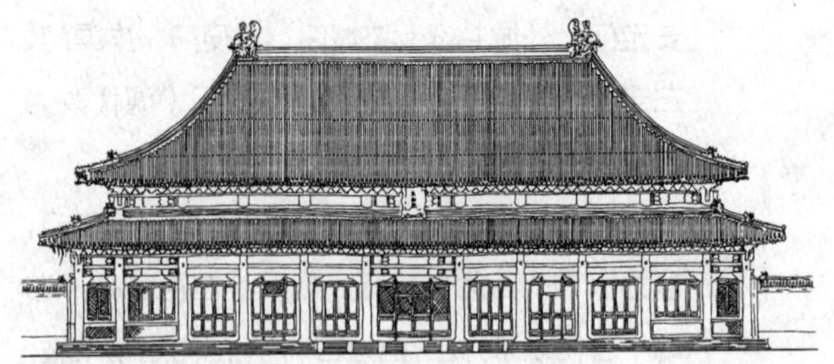
图 4-35 太和殿

图 4-36 天坛祈年殿

坛庙和陵墓。太庙位于皇宫的东南侧，始建于明永乐十八年（1420 年），由前殿、中殿、后殿三座主殿组成，左右两边设配殿。前殿建在三层白石台基上，面阔十一间，庑殿二重檐屋顶，上盖黄色琉璃瓦。这里置放的是皇帝祖先的神位，清代时，将明代的皇帝神位移至阜成门内的历代帝王庙内，太庙内则置放清代皇帝祖先神位。

北京紫禁城西南侧与太庙东西相对的是社稷坛，如今它是中山公园内的主体建筑。此坛为方形，用白石筑成，有上、中、下三层，上层每边长 16m，中层每边长 16.8m，下层为 17.8m，上层台面铺五色土：中黄、东青、西白、南红、北黑，象征“五行”。此坛建于明代永乐十九年（1421 年），是明清两代帝王祭祀社稷的场所（社为土地神，稷为五谷神）。

天坛位于北京外城中轴线东侧，这是明清帝王祭天的地方。天坛总平面呈“天圆地方”形。主要建筑有三座：祈年殿、皇穹宇、圜丘。祈年殿建造在三层白石台基之上，每层石台栏杆分别刻有龙、凤、云等图案。石台的中央即祈年殿，此建筑平面呈圆形，屋顶为三重檐圆攒尖，建筑总高 38m，平面直径 26m，如图 4-36 所示。祈年殿以 12 根檐柱支托屋檐，表示 12 个时辰；12 根外金柱支托中层圆顶，表示 12 个月；4 根盘龙金柱支托上层圆顶，表示一年四季。

皇穹宇是供奉“皇天上帝”牌位的地方。此建筑也是圆形的，单檐圆攒尖顶。外周的围墙也是圆的，即回音壁。

圜丘始建于明嘉靖九年（1530 年）。这是一座高大的圆形石台，高三层（图 4-37）。圜丘上所铺之石的数量都是九的倍数，象征“天”，正中一块圆石，外周一圈九块圆形石，再外圈十八块，然后每增一圈，递增九块。每层石台各设四门，门前台阶也都是九级。

全国各地有很多孔庙，最主要、最大的当然是山东曲阜孔子故里的孔庙。此庙早在孔子去世后的第二年（公元前 478 年）就已建造，但如今的曲阜孔庙建于明清。曲阜孔庙是个巨大的建筑群，据统计，孔庙有三殿一阁、三祠

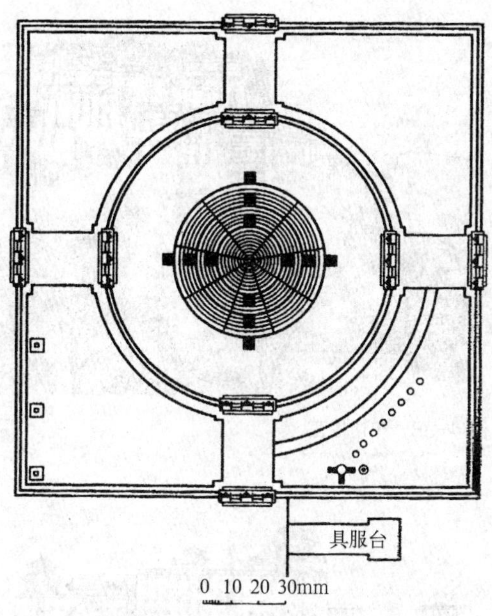

图 4-37 天坛圜丘平面

一坛、两庑两廊两斋、十七亭、五十四门等。今之大成殿为清雍正年间按明代形制重建的，此殿面阔九间，进深五间，高 22m，东西长 54m，南北深 34m，屋顶为重檐歇山式，上盖黄色琉璃瓦。殿四周共 28 根石柱，高 5.7m，正面的 10 根柱上雕有透空蟠龙。

明清两代的皇帝陵墓，基本上均在北京郊外。明代陵墓，除了朱元璋的明孝陵在南京外，其余均在北京北郊的昌平，即明十三陵。明十三陵有一条不太直的中轴线，即神道。正门前有一座巨大的石牌坊，建于明嘉靖十九年（1540 年），至今仍保存完好。进入石牌坊约 1km，为陵园的大门，即大宫门，由于地形的关系，大宫门内轴线弯曲。然后是碑亭，亭的四角均设华表。

清代的皇帝陵墓分东、西两处（另外还有清初关外四陵）。清东陵位于今河北省遵化市的马兰峪，这里有顺治、康熙、乾隆、咸丰、同治诸帝及东太后、西太后等的陵墓。后来被盗，毁坏严重。西陵位于北京以西的易县永宁山，这里有雍正、嘉庆、道光和光绪四皇帝的四座陵墓，其总体规模不及东陵。

4.2.2 明清宗教建筑

明清时期的宗教建筑，先说佛教建筑。这时的佛教以喇嘛教为最盛。喇嘛教即藏传佛教，这种佛教除了盛行于西藏，也在青海、内蒙古等地广泛传播，北京也有好几座喇嘛庙。

西藏拉萨的布达拉宫是典型的藏传佛教寺庙，也是集宫殿、城堡和寺院于一体的宏伟建筑。此建筑始建于公元 7 世纪，现在的基本面貌，是 1645 年（清顺治二年）清朝属国（和硕特汗国）护法王固始汗和格鲁派摄政者索南群培开始重建，加上之后历代喇嘛相续扩建而成的。这座建筑由四部分组成：山上的白宫、红宫，山下的“雪”（藏语，意为“下面”）和龙王潭。白宫建筑有达赖的宫殿、喇嘛诵经殿和噶厦政府的部分机构，还有僧官学校。达赖的寝宫在白宫最高处的日光殿。红宫建筑有历世达赖的灵塔和各类佛堂。“雪”包括政府机构、作坊、马厩及碉堡等。龙王潭为寺院及龙王宫。图 4-38 为布达拉宫外貌。

布达拉宫建筑为平屋顶，部分用汉式歇山顶，镏金铜瓦，做得十分考究。宫内还有细腻的壁画，很有艺术价值。

普陀宗乘庙位于河北承德，清乾隆三十二年（1767 年）始建。这座寺庙坐落在山坡地上，山门前有五孔桥，门内建有巨大的碑亭。亭北是五塔门，殿阁、楼台等前后错落，布局得体。

大红台高达 25m，位于 17m 高的白石台基上，气势雄伟。台的中央为万法归一殿。图 4-39 即为普陀宗乘外形。

承德还有一座著名的寺庙是普宁寺，建于清乾隆二十年（1755 年），这座建筑综合了汉藏两种寺庙的形式，中轴线上有门殿、钟鼓楼、碑亭、天王殿、大雄宝殿，此后便是藏式建筑，仿西藏的桑耶寺。寺中最主要的建筑是大乘阁，此建筑高达 36m，外观正面六层重檐（图 4-40）。阁内置千手千眼观音菩萨木雕贴金立像，为今存木雕佛像之最大者。

北京大正觉寺的金刚宝座塔，建于明代成化九年（1473 年），是仿古印度菩提迦耶佛祖塔的形式建造的。塔的下部为金刚宝座，共五层，上面全是佛像雕刻，台上立 5 座小塔。塔内砖砌，外包石，中间主塔十三檐，高 8 米，四角四座十一檐塔，高均为 7 米。

北京西黄寺清净化城塔，清乾隆四十五年（1780 年）建。塔下有台，台的中间为主塔，四角各有塔式经幢一座。主塔由顶部塔身及塔基组合而成。塔平面为八边形，须弥座，八面各有雕刻。须弥座上有“亚”字形塔座，上为覆钵式塔身，塔身正面有佛龛，浮雕三世佛，两旁雕有菩萨立像八尊。塔身以上为折角小座承托莲座、相轮、宝瓶。

4.2.3 中国古代民居

我国古代的民居，按地域分，类型甚多，有代表性的可以分为以下几类：

北京四合院。这种住宅是我国古代最典型的多进式住宅。图 4-41 是一个三进的四合院住宅，南北向中轴线对称布局。入口布置在东

图 4-38 布达拉宫

图 4-39 普陀宗乘

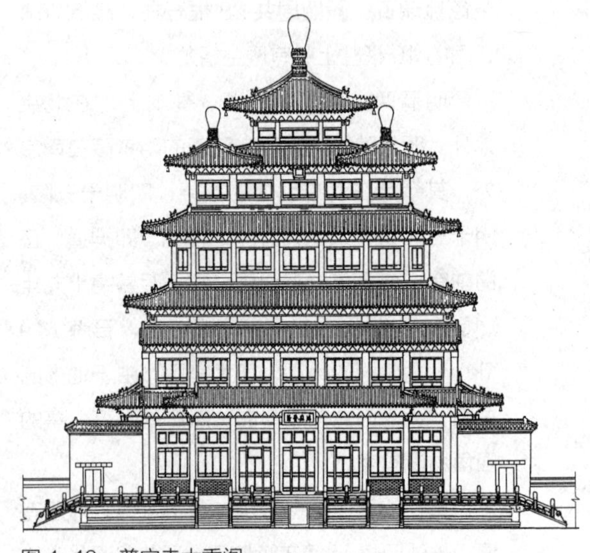

图 4-40 普宁寺大乘阁

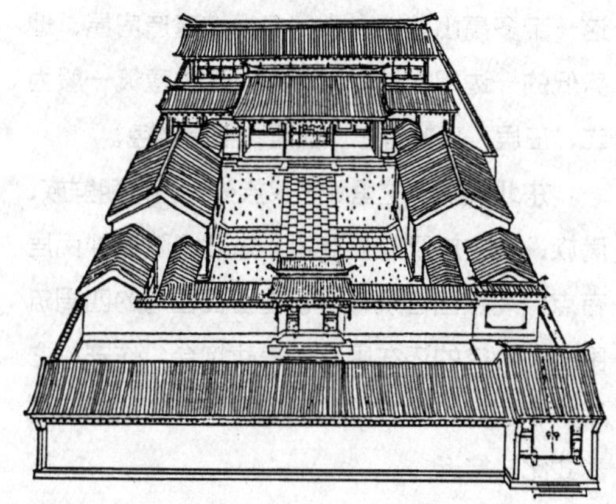
图 4-41 北京四合院

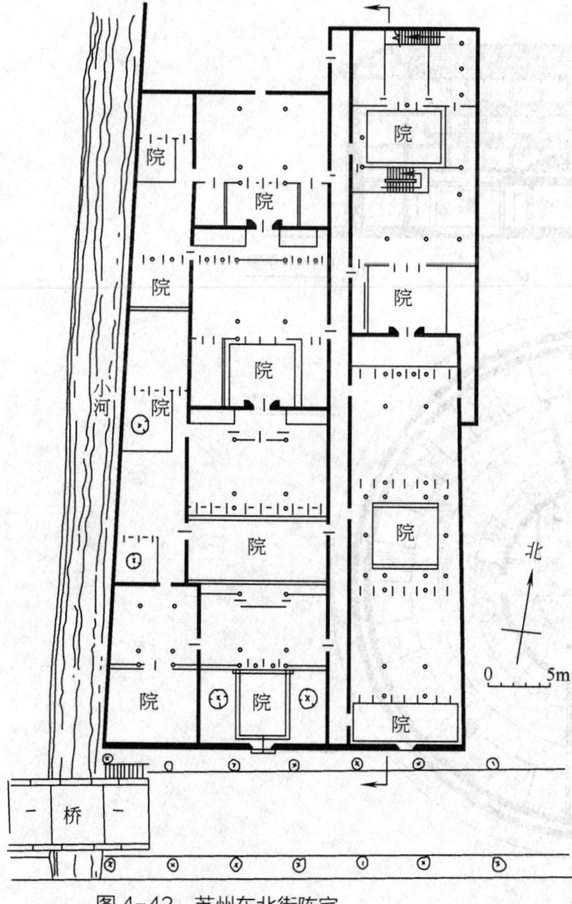

图 4-42 苏州东北街陈宅

南角上。进门一块照壁，然后左边是一个狭长的院子，院子南边有一排朝北的房子，称“倒座”，这里可放杂物，也可供来客过夜。小院之北有一垛墙，正中一个垂花门，入内是一个大院子，对面是一个坐北朝南的厅，院子的东西两侧是厢房。经过大厅，又是一个院子，院子两边也是厢房，院子北首是三间朝南正屋，为屋主人的住所，包括堂屋和卧房。晚辈就住在院子东西两边的厢房里。

江南水乡民居。江南一般是指长江三角洲、太湖流域及钱塘江两岸。图 4-42 是苏州东北街陈宅。这是一座较大型的江南民居，宅南有大路，西边有河道，东为邻居，北为小路。这座住宅的基本布局与北京四合院相仿，中轴线分进布局，宅内有东、西两条中轴线。大门内是一个院子，正对面是轿厅；第二进也是大厅；然后第三进、第四进；东边有备弄（亦称避弄）。每进的院子边上均有门通向备弄，然后可通向各进或前、后门。西边临河有水后门，可以乘船出入。

皖南民居。皖南指安徽省长江以南地区，这里是丘陵地带，山川秀丽，文化发达，村镇布局依山傍水，环境宜人。建筑多为粉墙黛瓦，文秀素雅，庭院布局精致。如皖南黟县西递的胡宅，天井里用石凳搁置花盆，粉墙上设漏窗。皖南民居多用高高的白粉墙，并多用马头墙，这些都是这一带民居的特点。

福建土楼。据研究，这里的居民原住在北方，西晋和北宋晚期，北方战乱，许多人家聚族南迁，到这里住下来。这种民居平面多为圆形（也有方形），规模相当大，有的圆楼直径达 70 余米，高达四层。这种屋是环形的，中间是院子，如图4-43所示。闽西南靖的怀远楼，其直径达40米，共四层，东、南、西、北共四座楼梯，有环廊。院子中间是祖堂。每家直上直下一个开间，下层为厨房、杂屋，二层为粮仓，三、四层是起居室和卧室。

黄河流域窑洞。这里的土层比较厚，人们挖土建屋。这种住宅的居住条件虽较差，但室内却也冬暖夏凉，适合居住。也有地坑院式的大型窑洞，中间是向地下挖的院子，四周再挖洞，成了一个下沉式的四合院。

四川、重庆一带，其民居多用吊脚楼形式。这一带多高山坡地，人们多沿坡建造房屋，地势低的一边用木柱支撑起来。这种建筑一般为二、三层，高的有三、四层，很有特色。

东北大院。这里除了汉族外，还有朝鲜族、满族、蒙古族及赫哲族等。东北大院这种民居有点像北京四合院，但它往往在住宅的四周筑围墙，考究的还在围墙四角建炮台，作守护之用。朝鲜族、满族等的民居，与汉族的房屋的形式比较接近。

云南一地，少数民族众多，其民居也各式各样，其中最有特点的是西双版纳一带的傣族

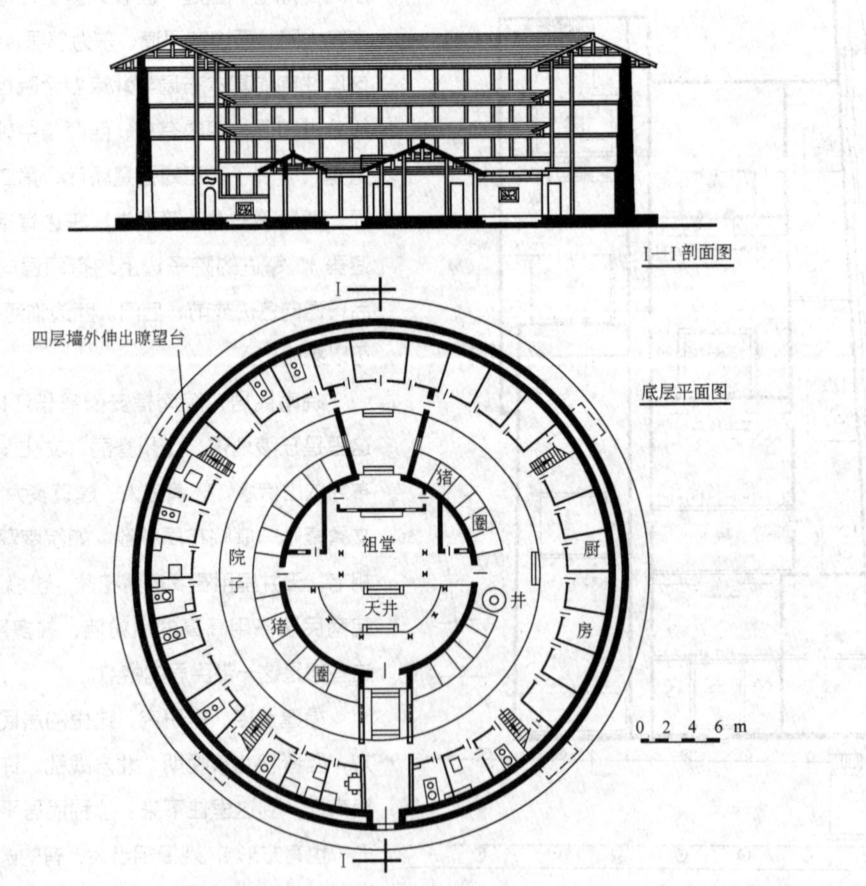

图4-43 福建土楼

民居，称竹楼，如图 4-44 所示。这里在雨季时雨水甚多，因此屋顶做得比较陡，而且地面潮湿，所以房子多架空。这种房子多用竹子作材料，如屋架、隔墙等都是用竹做的。

藏族民居，分布在西藏、青海、甘肃等地。这种房屋形如碉堡，所以叫“碉房”。藏族民居多为二到四层，平面近乎正方形，外墙做得很厚，平屋顶。底层养牲口，放杂物，上层为卧室、厨房及储藏室，顶层设有经堂。

图 4-44　傣族竹楼

图 4-45　从万寿山顶上鸟瞰颐和园

蒙古包。这种房子外面（屋顶、外墙）用毡包起来，所以又叫毡包房，古时候叫“穹庐”。古代民歌：“敕勒川，阴山下，天似穹庐，笼盖四野。天苍苍，野茫茫，风吹草低见牛羊。”（《敕勒歌》）很有特色。这种毡包房直径约为 4~6m，屋檐高为 3~4m。这种建筑的拆建均很方便，拆下来的所有材料可以放在马背上全部运走，到别处去再建。

4.2.4　中国古代园林

我国古代的园林，按其性质大体可以分为三种类型：皇家园林、私家园林和寺庙园林。

皇家园林多比较豪华，规模也比较宏大，最有代表性的是北京的颐和园、圆明园、北海和中南海，承德的避暑山庄等。但也有小型的，如北京故宫中的乾隆花园。

颐和园在明代时叫好山园，清乾隆时改名为清漪园，1860 年，此园被英法联军所毁。后来，慈禧太后挪用海军经费重修此园，并改名为颐和园。此园规模甚大，面积达 290hm^2。图 4-45 是从万寿山向南鸟瞰的景象，甚有皇家之气。

承德的避暑山庄是清代帝王的行宫，即“热河行宫”，位于承德市北。此园于 1708 年已初具规模，于 1790 年最终完成。此园分宫殿区、湖区、平原区和山区四部分，共设三十六景，如“烟波致爽”“芝径云堤”“无暑清凉”“水芳岩秀”“西岭晨霞”等。后来，乾隆皇帝又加建了三十六景，如“水心榭”、“宁静斋”等。

皇家园林也有袖珍小园，如北京故宫中的宁寿宫西路花园（又称乾隆花园）。此园南北向狭长，正门在南，叫衍祺门。园内有古华轩、遂初堂、耸秀亭、碧螺亭、竹香馆等建筑。此园景物秀美，小巧玲珑，并具有江南园林之神韵，为乾隆皇帝自己设计的。

明清时期，江南一带私家园林兴造成风，有“江南园林甲天下”之说，其中以苏州、扬州为最多。苏州拙政园建于明代正德年间（16世纪），此园占地达 60 余亩（约 4 万 m^2），可谓大型私家园林。图 4-46 为拙政园总平面图。拙政园以水景为主，建筑讲究文化意境，如远香堂，是由于它面临荷花池，夏日荷花盛开，清香满堂。园西有留听阁，阁前的池中有荷，此阁之名取自唐代诗人李商隐的诗句：“秋阴不散霜飞晚，留得残荷听雨声”，意境也非同凡响。

狮子林位于拙政园南面不远处。此园始建于元代至正二年（1342 年）。狮子林这座园林的最大特点是有大型的假山，人若在假山里穿行，不免会迷路，但也很有趣。园中建筑也很大气，如燕誉堂，高大雄伟，比例适度，色彩协调。

无锡寄畅园也是著名的江南园林，位于无锡市内锡山附近。此园最大的特点是“借景”做得好，人若坐在环翠楼前的平台上向南望去，可以看到远处的锡山及山上的龙光塔，山和塔

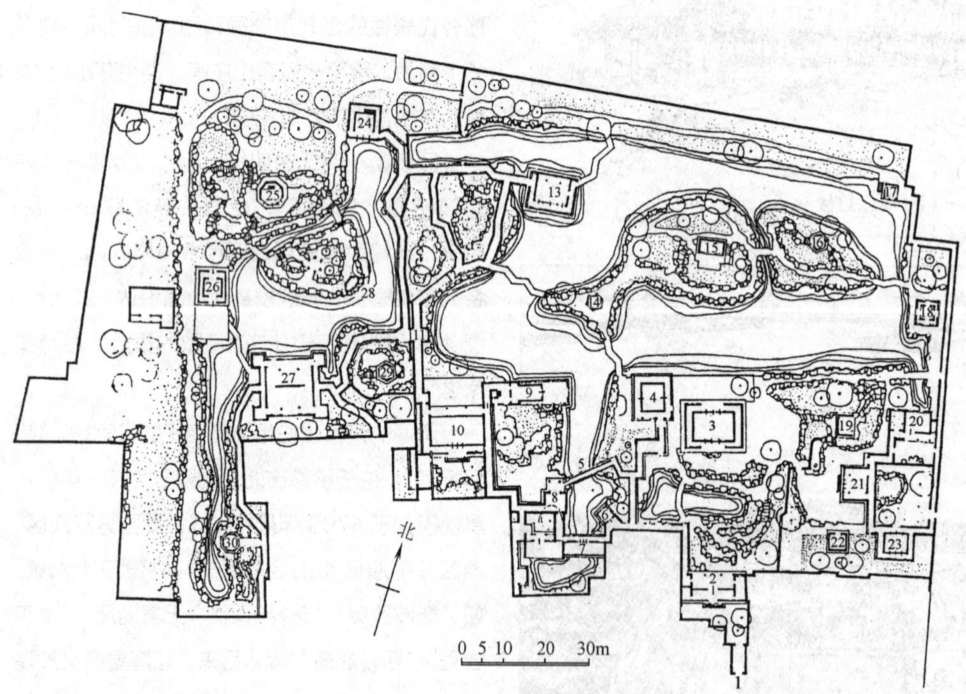

图 4-46 拙政园总平面图

1- 园门；2- 腰门；3- 远香堂；4- 倚玉轩；5- 小飞虹；6- 松风亭；7- 小沧浪；8- 得真亭；9- 香洲；10- 玉兰堂；11- 别有洞天；12- 柳荫曲路；13- 见山楼；14- 荷风四面亭；15- 雪香云蔚亭；16- 北山亭；17- 绿漪亭；18- 梧竹幽居；19- 绣绮亭；20- 海棠春坞；21- 玲珑馆；22- 嘉宝亭；23- 听雨轩；24- 倒影楼；25- 浮翠阁；26- 留听阁；27- 三十六鸳鸯馆；28- 与谁同坐轩；29- 宜两亭；30- 塔影亭

似属园中之物，所以叫“借景”，这是造园的主要手法之一。

寺庙园林往往与放生池结合起来，如苏州的西园，就是戒幢律寺的寺园，园中有一个大水池，是供人们放生鱼虾螺蛳的。杭州净慈寺、宁波天童寺、扬州大名寺、安庆迎江寺、长沙麓山寺等，都有放生池。浙江天台山国清寺的放生池位于寺的西南隅，池旁立碑，上书“鱼乐国”三字，这里是一处环境优雅之地（图4-47），池边有亭，名曰清新亭。

图 4-47 国清寺放生池

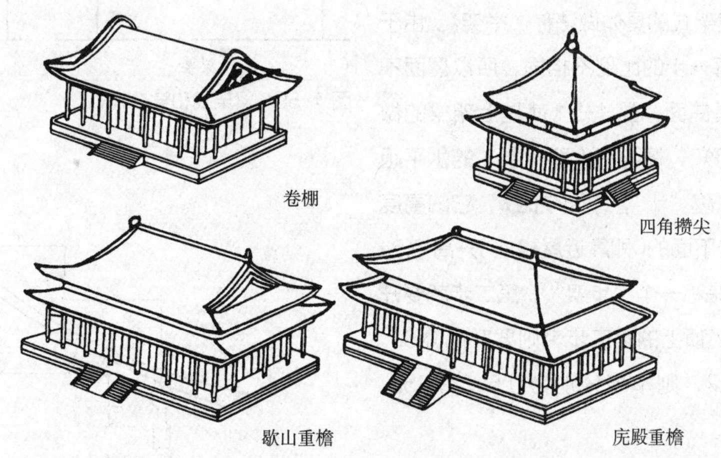

图 4-48 屋顶的基本形式

4.2.5 古代建筑的形制

我国古代建筑的形式，到了明清时期已基本完备。雍正年间颁布的《工程做法则例》，较详细地作了建筑形式的制度化记述。

屋顶，归纳起来大体有四种基本形式，如图 4-48 所示。在此基础上，变化出其他许多形式，如歇山重檐、四角攒尖、八角攒尖、圆攒尖、卷棚歇山、盝顶等，如图 4-49 所示。其实，根据这种方式，还可以变出其他许多屋顶形式。

我国古代木构建筑形式有梁架式、穿斗式及井干式等。图 4-50 就是梁架式和穿斗式屋架的简图。井干式一般只在林区和一些多木材的少数民族地区使用，这种建筑的墙和屋顶全部用木材，如今木材宝贵，所以，这种形式较少采用了。

梁架式的种类很多，有五架梁、七架梁、九架梁等，还有桁条成双数的四架梁、六架梁、八架梁等，这种形式称卷棚式。另外，还有带廊的形式。

清代，梁架式的具体做法称“举架”。由于宽度和高度每一步的比例不相同，所以屋面不是平面，而是曲面。图 4-51 就是七架梁的做法。从图中可知，檩与檩（即桁条）的水平距离是一样的，称“步”，即图中的 a，它的高度是变化的：最下面的（即靠近屋檐处）升高 $0.5a$（步和举合起来称一个“步架”），第二步就要升高 $0.7a$，到了顶上的第三步，则要升高 $0.9a$。如果是九架梁，则举高分别为 $0.5a$、$0.65a$、$0.75a$、$0.9a$。

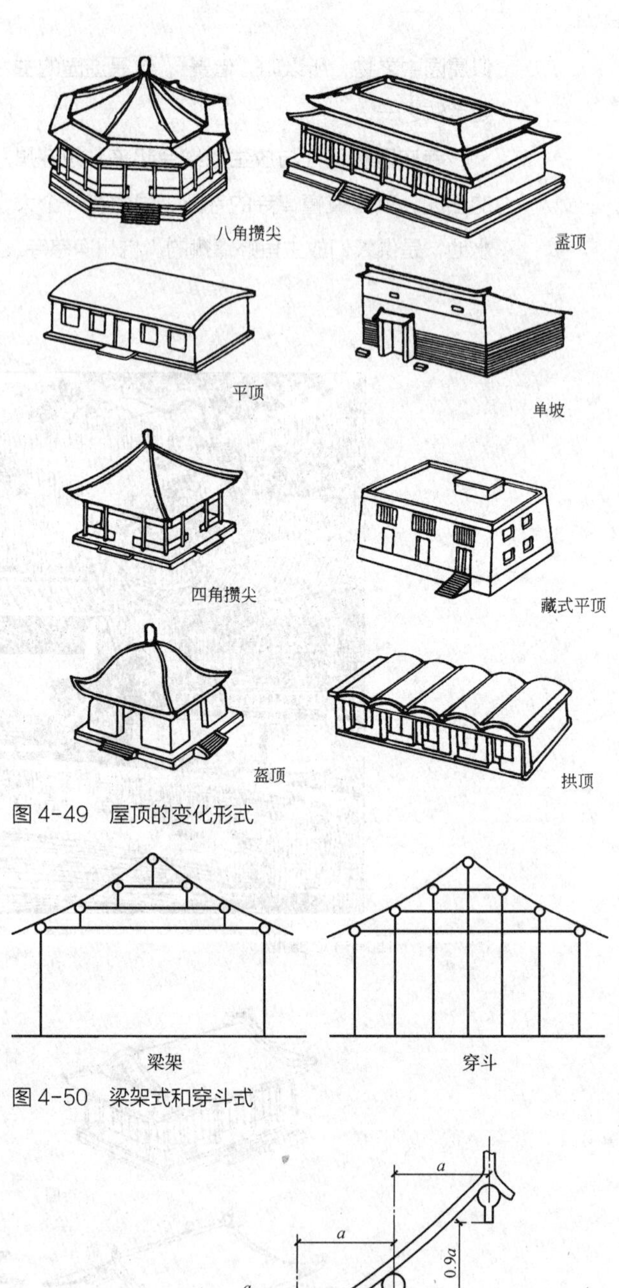

图 4-49 屋顶的变化形式

图 4-50 梁架式和穿斗式

图 4-51 七架梁做法

门窗有两种：一种是实板的，不透光线；

另一种用窗格，再在窗格上糊皮纸，既能透光，又能御寒挡风，所以这种花格一般都做成细格子，糊上皮纸，不易损坏。另外，还有漏窗，直接开在墙上，先在墙上留出一个洞，形状可方可圆，或菱形、八角形等其他形状，然后用砖或瓦拼出各种图案，如图 4-52 所示。这种漏窗在园林中用得较多，富有艺术情趣。

比较考究的建筑，往往要做高高的台基，这种台基的形式也比较多样，有些重要的建筑，台基做成须弥座形式，如图 4-53 所示。

栏杆是分隔空间的一种形式，有的栏杆也可以供人在上面就座。栏杆的种类很多，以材料来分，可以分为石栏杆、木栏杆、竹栏杆等多种。图 4-54 是比较典型的石栏杆式样。

我国古代建筑中的铺地也很讲究，一般用石、砖、瓦及乱石等材料做成各式各样的图案。

最后说我国古代建筑上的色彩。建筑色彩的艺术法则，可以归纳为下述几点：

第一，我国古代建筑上的色彩具有强烈的等级观念，如建筑中的柱子、屋顶、墙面等的颜色都有等级的意义，不能随便乱用。如屋顶，只有皇家建筑或高级别的寺庙才能用黄色琉璃瓦。

第二，将民俗文化观念与宗教观念相结合来处理建筑色彩，如佛教建筑的墙面用红色或黄色，也有用白墙的。民居一般多用黑瓦白墙，也有用灰瓦、灰墙的。

第三，我国古代建筑的色彩还讲究文化内涵，如皇家建筑，往往做得金碧辉煌，色彩很强烈，表现出宫廷气、富贵气。文人士大夫的建筑，多用黑、白、灰及棕色，素雅文秀，显示出文士气、书卷气。建筑色彩还有俚俗气、脂粉气等。

我国古代建筑中的色彩，还要说彩画。彩画多在皇家建筑中使用。清式彩画主要分为和玺彩画、旋子彩画、苏式彩画三种。图 4-55 是旋子彩画图案。彩画多在建筑的梁枋、椽子、雀替及顶棚等处绘制，这些地方阳光不易晒到，颜色不容易褪掉。

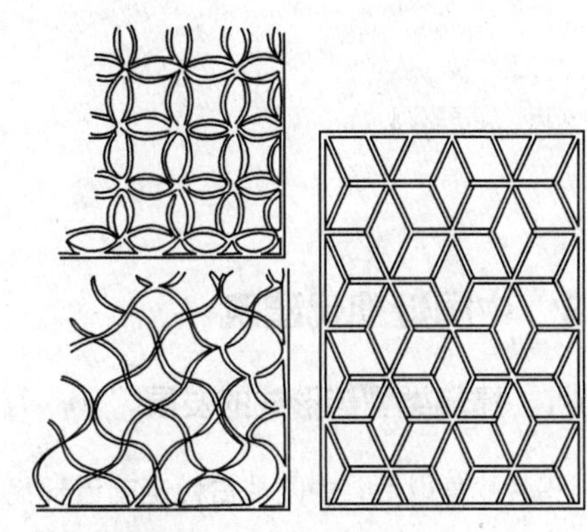

图 4-52　漏窗

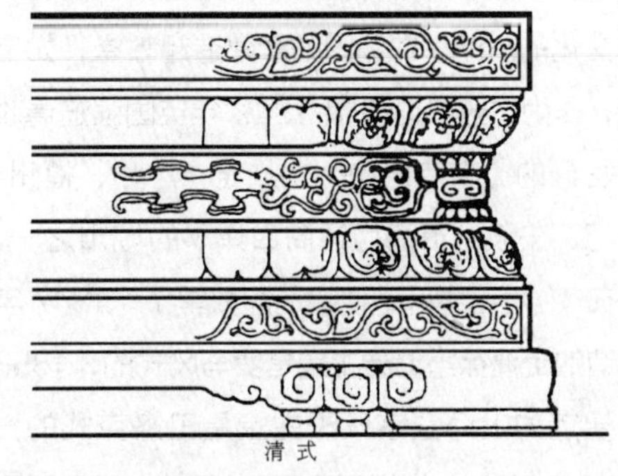

图 4-53　须弥座

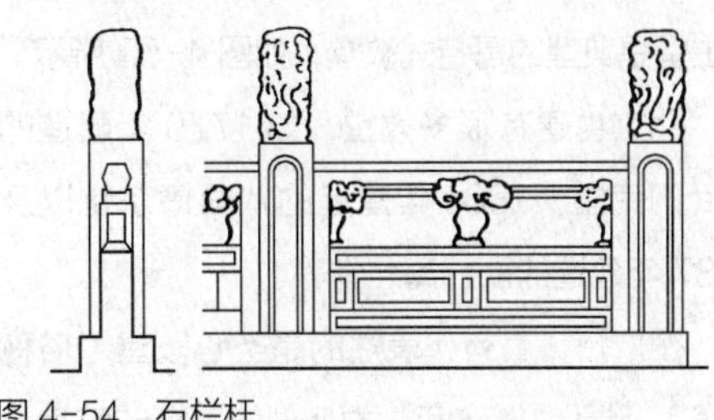

图 4-54　石栏杆

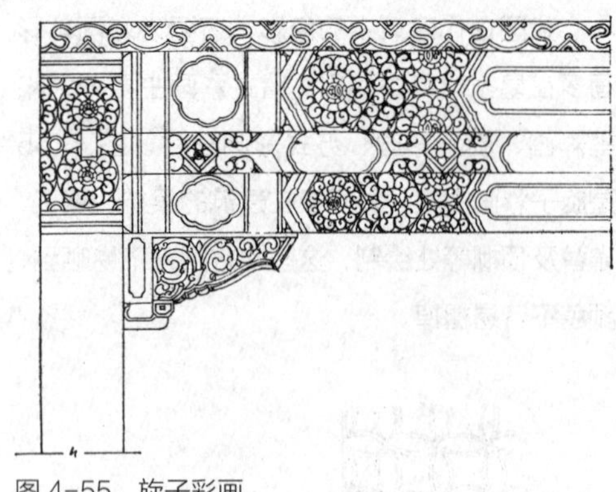

图 4-55　旋子彩画

图 4-56　上海徐家汇天主堂

4.3　中国近现代建筑

4.3.1　建筑类型与形式的发展

鸦片战争以后，中国从古代走向近现代，中国的建筑也就从这个时期开始，为之一大变。这个时期被称为半殖民地半封建社会，随着西方文化的东渐，在我国陆续建造起教堂，如上海，作为“五口通商”（1842 年英国强迫清政府签订的《南京条约》中规定，广州、福州、厦门、宁波、上海为通商口岸）的城市之一，早在 19 世纪中叶，便建造起教堂了。1847 年建造的上海徐家汇天主堂是罗马风式的；1853 年建造的上海董家渡天主堂是巴洛克式的；1869 年建造的上海江西中路的圣三一堂是罗马风兼哥特式的；后来于 1911 年改建的徐家汇天主堂是典型的哥特式教堂，如图 4-56 所示。

北京也建有很多教堂，如 1775 年建造的宣武门南堂，1884 年建造的八面槽东堂以及 1887 年建造的西什库北堂等。

在广州，最有代表性的是圣心教堂（俗称石室），建于 1863 年，为典型的哥特式教堂。

天津的老西开教堂建于 1917 年，为罗马风形式。

北京圆明园，由圆明园、万春园、长春园三园组成，其中，长春园内建有好几座西洋建筑，主要有谐奇趣、养雀笼、方外观、远瀛观、海晏堂、蓄水楼、线法桥、大水法等，大多是西方巴洛克式建筑。图 4-57 是其中的“大水法”（残迹）。这些建筑的建造年代约在 1745—1759 年之间。

20 世纪初，西方建筑在中国大量涌现，特别是在上海租界，可谓雨后春笋般地建造起来。上海南京路（今南京东路）上的“四大公司”，即先施公司、永安公司、新新公司、大新公司，当时最为风光。先施公司最先建造（1915 年始建），高 7 层，如图 4-58 所示；后来于 1918 年在其对面又建造了永安公司；1926 年，在先施公司之西，又建造了新新公司（今上海第一食品公司）；最后建造的是南京路、西藏路交汇处的大新公司，建于 1933 年（今为上海市第一百货公司）。永安公司于 1933 年又在原楼的东侧建造起一座高达 20 层的新楼（图 4-59），并用天桥与老楼相接，可谓别出心裁。

公济医院最早建于 1864 年，1877 年迁至北苏州路附近。其中，门诊部为二层砖木结构房屋，主楼（病房）为钢筋混凝土结构，前部五层、后部六层是 20 世纪初重建的。

中法学堂，位于上海市金陵东路，建于 1913 年，三层清水砖墙，西方折中主义风格。如今已改名为光明中学。

4.3.2 1949 年之前的住宅与公共建筑

随着社会的变革，人们的生活方式也起了变化，从而住宅也改变了形式。上海的住宅，从 20 世纪初开始，陆续建造起许多里弄住宅、花园里弄和别墅。在这里列举一些较为典型的实例。

上海市厦门路尊德里是一个比较典型的近代里弄，内有许许多多典型的“石库门房子”。住宅的底层有小天井，朝南为客堂间，后面是灶间，二楼中间可以做客堂间，也可以做卧室，

图 4-57 长春园中的“大水法”

图 4-58 先施公司

图 4-59 永安公司

灶间楼上的一小间叫“亭子间”，可供仆人或子女作为卧室。这种住宅比较实用，又经济，所以当时在上海、天津等地大量建造。图 4-60 是上海厦门路尊德里的一个单元的平面图。

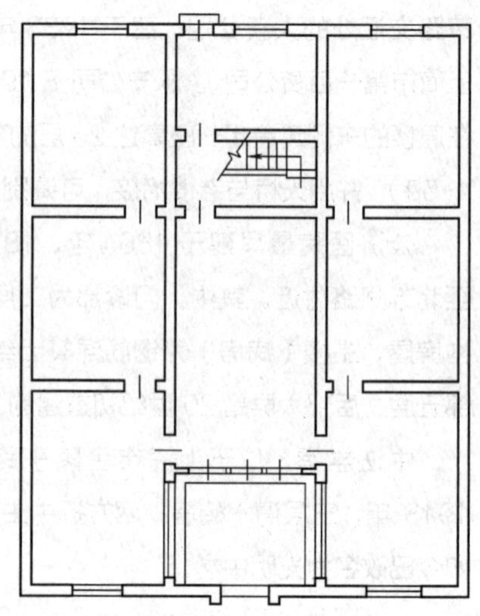
图 4-60　上海厦门路尊德里住宅

家境比较好的人家，住的是花园式里弄房子。上海的凡尔登花园（今称长乐新村），位于陕西南路，建于 1925 年，是一个比较高档的住宅小区。这种住宅为两层，前面有一个独家使用的花园，每户均有，环境幽雅，适宜居住。

更高档的居住建筑是独立式住宅，即别墅。上海市铜仁路的吴同文宅，这座建筑有四层，规模甚大，其形式为西方现代主义，如图 4-61 所示。近代上海的别墅风格很多样，除了现代主义外，还有英国式、法国式、印度式、日本式、西班牙式、德国式、北欧式及殖民地式等，所以，上海近代建筑被称为“万国建筑博览会”。图 4-62 是上海福开森路（今武康路）上的一座别墅，其风格属英国乡村式。

图 4-61　上海铜仁路吴同文宅

马勒住宅位于上海市今延安中路路口，这是一座典型的别墅，建成于 1936 年，被称为上海最古怪的一座建筑，其形式属北欧式，外形变化甚多（图 4-63），屋顶上有几座尖塔，还有许多“老虎窗”，即屋顶上的窗子，来源于谐音：Roof Window。

近代天津也有好几座漂亮的别墅，很有个性。这些别墅大多都是军政要人及其他社会名流的寓所，如军阀孙传芳住宅、北洋政府大总统徐世昌住宅、洋行买办孙颂宜住宅以及近代著名学者梁启超的住宅等。

图 4-62　上海福开森路某宅

当时，公共性建筑也被大量建造，商店、银行、饭店、学校、医院、邮政、电报电话局、戏院、电影院、体育场馆等，新的建筑类型如雨后春笋般地出现了。以上海为例，我们来说几个典型实例。首先说汇丰银行，此建筑位于上海外滩中山东一路，今为浦东发展银行。此建筑建成于 1923 年，属罗马复兴式，但除了中间的圆穹顶外，下面的形式基本上属古典主义，它严格遵循了古典主义的比例，上面的檐部、中间的墙柱及下部的基座，其高度之比为 1 ∶ 3 ∶ 2，造型效果很好，见图 4-64。

图 4-63　马勒住宅

图 4-64　上海汇丰银行

国际饭店。此建筑位于上海市南京西路，高 24 层，总高约 86m，建于 1934 年，是当时亚洲最高的建筑。这座建筑的形式为当时在国际上流行的摩天楼形式，也属装饰艺术风格，强调垂直线条，14 层以上，层层内收，产生优美的轮廓线，如图 4-65 所示。

大光明电影院。此建筑也在上海市南京西路，建于 1933 年，如图 4-66 所示。这座电

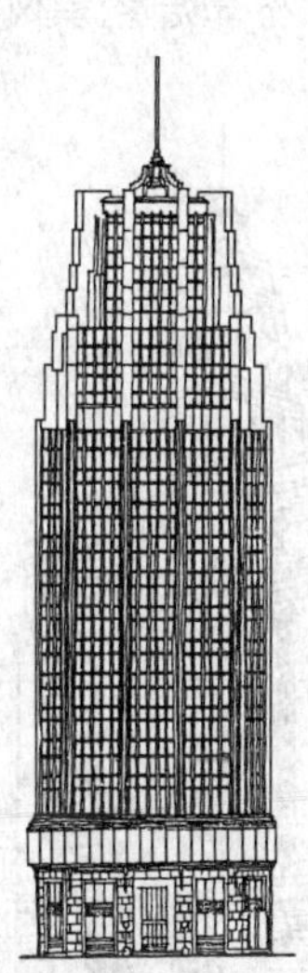

图 4-65　上海国际饭店

图 4-66　大光明电影院

影院的建筑形式为典型的装饰主义艺术风格，造型颇为奇特。如今内部已改建，但外形仍保持原状。

上海海关大楼。这座建筑建成于 1927 年（图 4-67）。上海最早的海关大楼在今之奉贤，后来在上海县城的东北黄浦江边建造了新海关，1857 年，在今址再建海关，称“江海北关”，1893 年又拆除重建。如今的建筑则是第三次改建后的了，1925 年始建，其风格为折中主义。

图 4-67　上海海关大楼

图 4-68　人民大会堂

旧上海市政府大楼。此建筑位于上海江湾，今属上海体育学院。这座建筑建成于 1933 年，其外形下部较为现代，但屋顶是我国宫殿形式中的歇山式。这座建筑从美学的角度来说，比例得当，形态均衡，主次分明，在建筑艺术形式上是较好的，是 20 世纪 30 年代中国建筑师设计的代表性优秀作品；从建筑的思想性上说，则属复古主义了。

交通银行。此建筑位于上海外滩海关大楼北侧，今为上海市总工会所在地。这是外滩最后建成的一座建筑，建成于 1948 年，其形式也属装饰主义。

4.3.3　1949 年之后的建筑发展

再说说我国 20 世纪 50~70 年代的建筑。

1959 年，为迎接新中国建国十周年，在北京建造了 10 座重要的建筑，包括：人民大会堂、中国革命博物馆与历史博物馆、中国人民革命军事博物馆、全国农业展览馆、民族文化宫、民族饭店、北京火车站、北京工人体育场、钓鱼台迎宾馆、华侨饭店。人民大会堂坐落在天安门广场的西侧，主立面朝东，形态庄重，其手法属新古典主义，如图 4-68 所示，建筑总面积达 17 万 m^2，比北京故宫的建筑总面积还要大。此建筑的建造速度十分惊人，如此复杂而庞大的建筑，仅 10 个月就建成了。

1975 年，在上海建成了一座大型体育馆，即上海体育馆，俗称“万体馆”。这是一座圆形的建筑，其直径达 114m，内可容纳观众 18000 人，里面可以进行篮球、排球、乒乓球、羽毛球、体操、技巧等比赛，还可以进行大型歌舞演出。此建筑的屋顶采用了当时世界上最新型的结构形式：空间钢网架结构。

20 世纪 80 年代至世纪末的建筑：

随着“改革、开放”的形势发展，我国的建筑也得到了迅速发展。在这里，我们列举几座比较有代表性的建筑。

广州的白天鹅宾馆，建成于 1983 年，是一座造得比较成功的建筑。主楼高 34 层，室内设计很精彩，特别是下面的中庭，结合山石、流泉、林木，自然得体，受到海内外人士的一致好评。

上海浦东的金茂大厦，88 层，高 421m，建成于 1996 年。这座建筑的特点之一是内部有当时世界最高的中庭，从 54 层直至顶层，高约 152m。此建筑造型也比较独特，好似一座宝塔，挺拔高耸。

上海大剧院，位于上海市人民广场的西北侧，建成于 1997 年。此建筑造型也很独特，好似 块精心雕琢的美玉，富有音乐感。剧院观众厅内共有 2000 个座席，其条件完全能满足国际一流的歌剧、芭蕾、交响乐等剧种的演出。建筑的屋顶，利用了反凹曲面，形象别致。顶上还设置了露天音乐厅。剧院两侧有 8 片瀑布，水流不停。

上海博物馆，位于上海市人民广场南侧，与人民大厦南北相对，为同一条中轴线，从而使广场显得完整。此建筑建成于 1994 年，建筑总面积 3.8 万 m^2。建筑内部的陈列品是我国艺术文化史上的瑰宝，包括绘画、雕塑、书法、瓷器、青铜器等。内部功能合理，无论组织参观、专业交流，还是内部保存、加工等，都做到高水准。就艺术造型来说，一方面它的形态较为完整，另一方面它以我国传统的“天圆地方”理念进行构想，有一定独到之处。

东方明珠电视塔建于 1994 年，位于上海浦东陆家嘴。塔高 468m，塔的造型很有个性，用大小 12 个球组成塔的主题和形象。此塔集电视发射、旅游观光、文化娱乐、购物及空中旅馆等于一体。此塔有三根直径 9m 的大柱，三个球体（两大一小），球内就是供上述功能而用的空间。此塔形体比例适度，轮廓优美。塔的夜间照明利用新型的泛光照明，使塔体通明，五光十色，夜间更为绚美，如图 4-69 所示。

在新的世纪里，北京也有许多著名的新建筑问世，如国家大剧院、中央电视台新楼等，特别是 2008 年奥运会的场馆，被称为“鸟巢”的奥运会主体育场，形式相当独特，深得国内外人士的好评，还有游泳馆，被称为“水立方”，

图 4-69 东方明珠电视塔

也受人喜爱。有人说2008年的奥运会办得很成功，其奥运会的场馆也同样建造得很精彩。

2010年，上海举办世博会，期间建造了大量的临时展馆和永久展馆，这些建筑可以说个个都很精彩，它们像万花筒般展现在上海黄浦江两岸。中国馆、英国馆、法国馆、西班牙馆、美国馆、俄罗斯馆、德国馆、西班牙馆、日本馆、意大利馆、丹麦馆、巴西馆、沙特阿拉伯馆、印度馆、巴基斯坦馆、以色列馆、非洲联合馆以及许多的中国地方馆，还有主题馆、世博中心、世博轴、石油馆、太空家园馆等，这些形式各异、美妙动人的建筑，也许是上海近代"万国建筑博览会"风格的延续和发展吧。

2010年之后，随着数字技术的发展，遗产保护、绿色可持续等观念被公众广泛接受，同时也出现了更多特色鲜明的建筑。如2016年建成的上海中心，外观呈螺旋式上升，在设计建造过程中通过大量采用参数化和BIM（建筑信息模型）等数字化手段才得以完成。再如2015年完成的上海四行仓库修缮工程，通过对历史建筑的整体保护和修缮，在恢复历史原貌、确保建筑安全的前提下，营造出一个及展览、创意办公为一体的复合空间，成为城市更新的重要组成部分。2015年建成的上海自然博物馆则通过采用节能幕墙、绿化隔热外墙、生态绿化屋面、地源热泵、太阳能光谱发电、雨水收集等绿色技术，成为一座典型的绿色低碳建筑。

第5章
Chapter 5

外国建筑的沿革
The History of World Architecture

5.1 外国古代建筑（上）

5.1.1 远古建筑

人类文明是以文字的出现、金属的使用、城市的形成和礼仪中心的建立为标志的。在文明形成之前的时代，我们称其为史前时代。那时，人们已经建造房子了。当然，那时的房子是很简陋的，但它们是建筑，是人通过脑子建造起来的，不同于蚁穴、鸟巢、狼窝之类仅凭动物本能所筑的巢穴。关于史前时代的建筑，下面介绍几个实例。

一是在今苏格兰的刘易斯，考古学家发现了一大批新石器时代的建筑遗址。这些建筑用石块垒成，外形如蜂窝，人们称之为蜂窝形石屋，如图 5-1 所示。据分析，一座建筑可住 3~5 人，即一个氏族社会的家庭。

二是在今波兰的毕斯库宾湖附近，发掘出的一处古村落，其中有宽约 3m 的道路，路边是长排的房子，其内部分成许多小房间，尚能辨认出其中的门、炉灶等。

三是在英国西南部的索尔兹伯里平原上，兀立着一个史前时代的巨石阵，人们又称它为大石栏，此巨石阵大约建于公元前 2700 年。这是用巨大的石块围成的一个圆环形，据考古学家研究，这是史前时期人们进行宗教活动的场所，并且它也有计时的功能（根据太阳的角度来计算），但由于那时尚无文字，所以这些论断只是凭考古人员的分析而得。

单石，也是史前时期人们用来进行宗教性活动的建筑物，高的达数十米，有的还在石上雕刻各种浮雕，这些浮雕形象是他们的“图腾”（崇拜物、保护者、标志）。有的地方，这种石柱成群排列，相传是一种纪念性之物，但具体的意义尚不清楚。

图 5-1 蜂窝形石屋

图 5-2 石台

石台，据考证是史前时期的坟墓。图 5-2 是法国布列塔尼的一个石台。这种石台除了法国，还在西班牙、英国、丹麦、东欧诸地乃至亚洲的一些地方都有发现，形式大同小异。石台上进行祭祀活动，石台下埋葬死者的遗体。

古埃及是人类文明的发祥地之一。古埃及的著名建筑有两大类型，一类是金字塔，另一类是神庙。

金字塔是古埃及法老（国王）的陵墓，最著名的金字塔是开罗附近的吉萨金字塔群，如图 5-3 所示。这里共有三座金字塔，其中最大的一座叫齐奥普斯金字塔（又叫胡夫金字塔），平面为正方形，底边长为 230.6m，四棱锥体，塔高 146.4m。在这个金字塔群的前面，有一座狮身人面像石雕，又叫大斯芬克斯，是法老的象征。据说，法老有最高的智慧和最强壮的身躯。此雕像长 73.2m，高约 20m。

古埃及最著名的神庙是卡纳克太阳神庙，这个神庙始建于公元前 1530 年，直到公元前 323 年才建成。建筑形式为中轴线对称布局，主体建筑是连柱厅，厅内共有 134 根石柱，中间两列 12 根柱高达 21m，直径 3.6m，其他柱高 13m，直径 2.7m，如图 5-4 所示。整座太阳神庙建筑面积约 5000m^2。在每年冬至那天，太阳落山时，阳光穿过神庙中的层层建筑（中轴线上），一直可以射到最里面的密室圣器上。可见当时已具有相当高的的天文、数学、测量等方面的技术水平。

古埃及的其他著名建筑，如卢克索的太阳神庙、阿布辛波大庙以及德·埃·巴哈利神庙（图 5-5）等，也都很有特色。

在如今的伊拉克境内，有两条古老的河流：幼发拉底河和底格里斯河。在这两条河之间，是一片平原，这里气候温和，土地肥沃，被称为“沙漠绿洲”，名叫“美索不达米亚（Mesopotamia）”。这里最早是苏美尔人的聚落，后来建立奴隶制国家，即古巴比伦王国（大约在公元前 19 世纪）。在公元前 9 世纪，这里被北方的亚述帝国所占。亚述帝国的萨良二世

图 5-3 古埃及金字塔

图 5-4 卡纳克太阳神庙

王宫很有名，大约建于公元前800年。整个宫殿建造在一个边长300m的方形平台上。宫殿分三部分：帝王行政和起居，帝王眷属禁宫和服务性房屋，以及设在宫殿之西的天塔。宫中有700余间房间，十分豪华。

在公元前612年，亚述帝国被新兴的巴比伦打败，巴比伦人重建家园，建立了新巴比伦王国。古代世界七大奇迹之一的“空中花园”（其实是建在高山上的花园）就是这时建造的，位于巴比伦城，即今之巴格达。

公元前6世纪，新巴比伦被波斯帝国所灭。波斯帝国很强大，其新都宫殿帕赛玻里斯宫建造得很考究（图5-6）。此宫建于公元前6—前5世纪，占地达15万m^2，其中有百柱连柱厅、塞克塞斯连柱厅、大流士宫、内宫、禁宫等。公元前330年，波斯帝国被马其顿所灭。

古印度早期信奉婆罗门教。大约在公元前6世纪，佛教兴起，当时建有很多著名的佛教建筑，如桑契的一号窣堵坡、卡尔利支提等。

窣堵坡（Stupa）即佛塔，是佛教徒圆寂后的坟墓，其形式是半球形的。图5-7是桑契一号窣堵坡，此塔直径32m，高12.8m，置于一个高4.3m的鼓形基座上，内为砖砌，外面用石材贴面。窣堵坡外有一圈石围栏，围栏的东、西、南、北四面设门，门上有很丰富的雕刻（图5-8）。

图5-5 德·埃·巴哈利神庙

图5-6 帕赛玻里斯宫

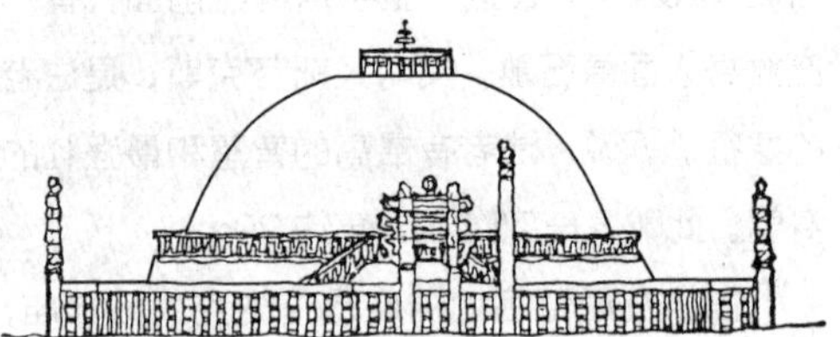

图5-7 桑契一号窣堵坡

图5-8 桑契一号窣堵坡门楼

古印度佛教建筑的另一种形式是支提，即石窟，是佛教徒讲经说法和进行佛事活动的地方。最著名的是卡尔利支提。此石窟深38.5m，外部平面长方形，最里面的平面呈半圆形，圆心处有一个窣堵坡，窟的两侧均为柱廊，顶为半圆拱形。

图 5-9 米诺斯王宫中的倒圆柱

图 5-10 迈锡尼狮子门

公元 8 世纪后，佛教被印度教所取代，其建筑有康达立耶—马哈迪瓦庙、索纳特浦尔卡撒瓦达庙及玛哈巴利普兰岩凿寺等。古代印度到了中世纪，受伊斯兰文化的影响很大，待后面详述。

爱琴海位于地中海的东北部，这里有个海岛——克里特岛，大约在公元前 20 世纪就已经形成奴隶制国家，即米诺斯王国。米诺斯王宫建造得相当考究，有“迷宫”之称，其中的建筑做得很有特色。柱子为上大下小的圆柱子，称“倒圆柱”（图 5-9）。王宫中的装饰也很考究，大量使用壁画，使空间显得很丰富。壁画的内容有“向女神献礼”“欢庆的舞蹈”“奔牛比赛”以及动物、风俗画等。

公元前 16 世纪左右，在希腊半岛南端的伯罗奔尼撒半岛的东北部，也建立起了一个奴隶制国家——迈锡尼王国。它与米诺斯隔海相望。后来，迈锡尼征服了米诺斯，这就是古希腊的前身。迈锡尼的建筑也很有特色，其中的宫殿和城堡做得很考究。更值得一提的是迈锡尼城门，在这个城门之上，有狮子形象的雕刻，故称狮子门，在门上方的正三角形上，雕刻有两只相对而立的狮子，两只狮子中间是一根上粗下细的柱子，据分析，它是国家的象征，如图 5-10 所示，整个雕刻则寓意保卫国家。

5.1.2 古希腊建筑

古希腊虽是个奴隶制国家，但它的艺术文化却十分可贵、优秀，其建筑被公认为是西方古代建筑的典范。在这里简述几个有代表性的古希腊建筑。

帕提农神庙是古希腊雅典卫城（圣地）中的主体建筑（图 5-11）。此建筑始建于公元前 447 年，于公元前 438 年基本建成。庙内供奉雅典娜女神，是雅典的守护神。这座建筑用白色大理石砌成，正面朝东，用 8 根高 10.4m 的多立克式柱组成柱廊，上部山花形象甚为壮观。此建筑的外周有一圈柱廊，共有柱 46 根，均为多立克柱式。

雅典卫城中的另一座著名建筑是伊瑞克先神庙，位于帕提农神庙之北，里面供奉雅典人的祖先。此建筑建于公元前 421—前 406 年。这是一座不对称的建筑，平面呈“品”字形。建筑中的主要柱式是爱奥尼式。

图 5-11　帕提农神庙

图 5-12　波塞顿神庙

古希腊的波塞顿神庙，建于公元前 460 年。这座建筑正面 6 根多立克柱，显得十分庄重。立面的整体形象比例得当，从顶点到两边的底，三点连起来是一个正三角形，所以其形象显得很稳重（图 5-12）。

列雪格拉底音乐纪念亭，又名奖杯亭。此亭建于公元前 400 年左右，位于雅典卫城的东面。亭高约 10m 余，分上、中、下三部分，中部用 6 根倚柱，倚柱的一半嵌入墙内，一半凸出墙外（图 5-13），这其实是一种装饰柱。这些倚柱的柱头形式称科林斯式。这是迄今发现的最早的科林斯式柱。

古希腊建筑柱式有三种，即多立克、爱奥尼、科林斯。多立克柱式形象简洁有力，象征男性美，爱奥尼和科林斯柱式形象比较丰富，曲折而复杂，婀娜多姿，象征女性美。这些柱式形象反映出古希腊艺术文化的发达，建筑讲究美学效果，后来也一直流传了下来。图 5-14 就是这三种古希腊柱式。

图 5-13　列雪格拉底音乐纪念亭

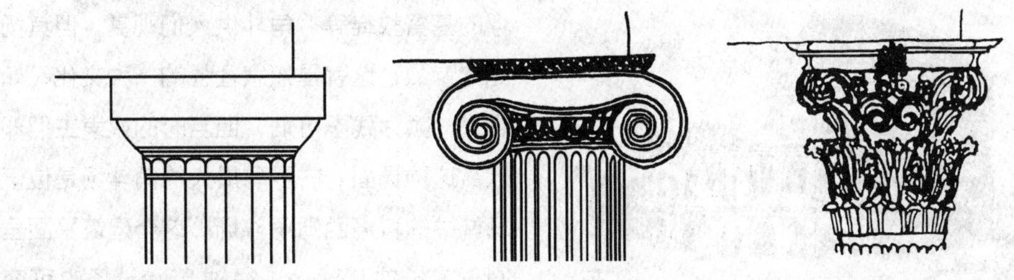

图 5-14 古希腊的三种柱式

5.1.3 古罗马建筑

古罗马最早是在今意大利半岛（又称亚平宁半岛），由伊特鲁里亚人发展过来，后来在此建立罗马共和国（约公元前 510—前 27 年），公元前 1 世纪，演变成为罗马帝国。古罗马文化很发达，其建筑也很著名，而且在工程技术上也很有成就，著名的建筑学家维特鲁威著有《建筑十书》，这本书影响很大。古罗马时期，人们研究并应用天然水泥、混凝土等，对工程建设做出了不小的贡献。同时，还在工程上人量地应用拱券、穹窿顶的建筑形式，在建筑造型上也做出了不小的贡献。古罗马学习古希腊的建筑形式，但自己也有所创造，如柱式，就有罗马柱式，见图 5-15。

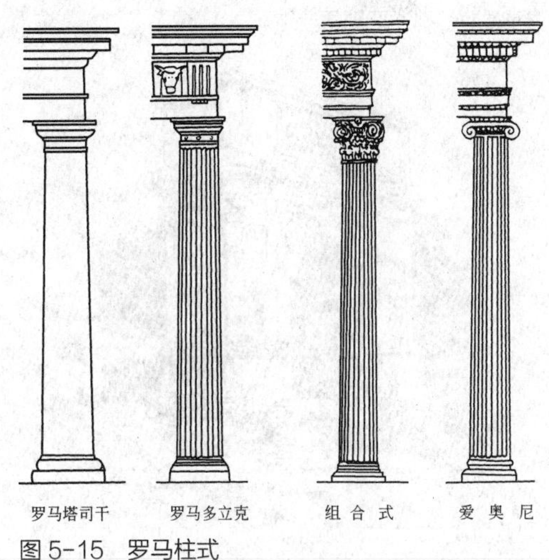

图 5-15 罗马柱式

古罗马的建筑有很多类型，除了神庙，还有角斗场、浴场、输水道、凯旋门等。

万神庙又称潘松神庙，位于罗马城内，建于公元 120—124 年。建筑物下部为圆柱状，上部为半球形穹窿顶，直径达 43.2m，圆柱形部分高 22m。门前有双排柱廊，每排 8 根科林斯式柱，柱廊上面设山花。建筑形象庄重、富丽，内部空间特色鲜明，图 5-16 为万神庙的内部形象。

图 5-16 万神庙内景

古罗马的角斗场，里面进行人与人，或人与兽的角斗。这些人都是犯死罪的奴隶或是被

图 5-17 科洛西姆角斗场

图 5-18 铁达时凯旋门

图 5-19 加特输水道

俘的基督教徒等。角斗供人们观赏，但其场面无比惨烈，这就是奴隶社会的一种文化，如今看来，颇为残忍可怕，但当时的奴隶主们却很欣赏这种场面。古罗马最大的角斗场是位于罗马城中的科洛西姆角斗场。这个建筑平面呈椭圆形，长轴 87.5m，短轴 55m，场内可容纳观众 5 万余人。这座建筑从外形看，上下共分四层，下面三层用连续拱券，建筑整体富有韵律感。图 5-17 为科洛西姆角斗场的外形。

古罗马还建造了许多凯旋门，为皇帝歌功颂德。建于公元 82 年的罗马铁达时凯旋门，如图 5-18 所示，正立面高 14.4m，宽 13.3m，近乎正方形，门的中间是一个半圆拱券，直径约 6m。整座凯旋门比例匀称，也很有力量感。

加特输水道，位于今意大利和法国交界处（今属法国），它的主要用途是输水：一处的水要输送到另一处，但中间有河谷，所以输水道须架高，下面是跨越河谷的桥，上面是输水道。这座输水道上下共三层，均用拱券组成。输水道全长 275m，顶部距河面大约有 49m，形象很壮观，如图 5-19 所示。

古罗马也建有很多浴场。其中，皇家卡拉卡拉浴场是规模最大的一个，此浴场的总体面积达 20 万 m^2。浴场内可供 1600 人同时沐浴，里面有冷、热水浴（天然温泉），还设有图书馆、休息室、报告厅及花园等，是当时罗马贵族们享乐的地方。这幢建筑建于公元 211—217 年。

5.1.4 中世纪的建筑

公元 395 年，罗马帝国分裂成为东、西两部分。东部的东罗马帝国在今土耳其一带，这里在古希腊时有个城邦，叫拜占庭（Byzantium），所以东罗马帝国又叫拜占庭帝国。拜占庭帝国直到1453年才被奥斯曼帝国所灭，前后长达1058年。

拜占庭帝国的建筑有两个特点：一是用穹窿顶，二是集中式布局。

位于君士坦丁堡（今伊斯坦布尔）的圣索菲亚教堂是拜占庭建筑的典型代表，如图5-20。这座建筑东西长77m，南北长72m，中间一个大穹窿顶，集中式布局，建筑高近60m。穹窿顶的直径达32m，其边上有两个略低的1/4球面的穹窿顶。大穹隆顶的下部有一圈由40个小窗组成的采光窗，光线从高高的窗洞射入大厅，使穹窿顶显得轻盈飘逸，大厅中的光线也显得很神奇。这个空间处理得很独特，大厅四周设有环廊，使空间既分又合，又使大厅的空间感觉上似乎在向外溢。教堂的南北两侧还有楼层，是给女信徒使用的。楼层和柱廊与大厅空间相连（图5-21），而且装饰丰富，使大厅空间具有宗教上所要求的庄重性。

图5-20　圣索菲亚教堂

拜占庭建筑风格后来影响了俄罗斯建筑，如莫斯科红场一侧的华西里·伯拉仁内大教堂、莫斯科克里姆林宫内的乌斯平斯基教堂等，都属于拜占庭建筑风格。图5-22为华西里·伯拉仁内大教堂。

图5-21　圣索菲亚教堂内部一角

图5-22　华西里·伯拉仁内大教堂

罗马风（Romanesque）又称罗马式、罗马风格，这是西方从10世纪开始的一种文化风格，建筑的罗马风也是其中之一。最具代表性的罗马风建筑是意大利的比萨大教堂（1092年）。教堂平面是拉丁十字式的，即十字的四个翼中有一翼特别长，是教堂中的大厅，长方形的，称巴西利卡。在主教堂的正面有一座圆形的建筑，是洗礼堂。在主教堂的后面有一个钟塔，由于地基的原因，这座塔造到一半还不到时就歪了，于是工程停了下来，过了很久，发现没有什么变化，才又继续往上造。塔造好以后就一直歪着，所以就叫它比萨斜塔。

罗马风在11—13世纪盛行于西欧。英国的杜伦姆教堂，德国的科隆使徒教堂及窝牧斯教堂，法国的昂古莱姆教堂等，都是罗马风建筑的典型代表。图5-23是昂古莱姆教堂的平面图，此平面的形象就是一个拉丁十字，其中一个翼的长度是其他各翼的三倍。

13世纪以后，西欧的建筑风格渐渐变了，建筑造得更高直和空灵，更符合基督教（当时为天主教）的教义，这时的建筑形象称哥特式（Gothic），又叫高直式，这种建筑强调垂直线。哥特，原是欧洲中部的一个民族，到了中世纪后期，这个民族开始强盛起来，所以，他们的文化也蔓延开来，成为当时西方的一种代表性文化。哥特式建筑中最有代表性的是教堂，如巴黎圣母院、兰斯大教堂、亚眠教堂、夏尔特教堂、米兰大教堂、科隆大教堂、乌尔姆教堂等。

巴黎圣母院建成于1250年，如图5-24所示，位于巴黎塞纳河上的塞德岛上。此建筑大厅长约130m，宽约47m，尖塔高达90m。巴黎圣母院大厅内可容纳数千人做礼拜。

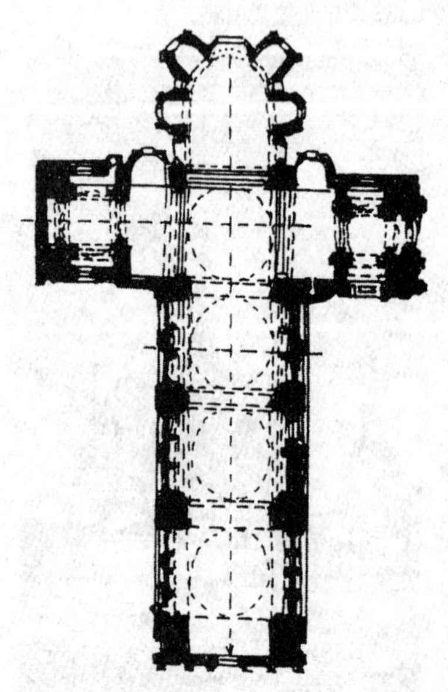

图5-23　昂古莱姆教堂平面

图5-24　巴黎圣母院

兰斯大教堂（图 5-25）建成于 1290 年，位于巴黎东郊的兰斯。这座教堂体态匀称，装饰丰富，被称为法国“最高贵的皇家教堂”。这座教堂的平面形状也是拉丁十字式的，中厅高 38m，宽 14.6m，长 138.5m，空间具有强烈的宗教气氛。

亚眠主教堂，位于法国北部的亚眠，建成于 1288 年。教堂正面是两个不对称的钟塔，中厅高 43m，是法国哥特式教堂中中厅最高者。

图 5-25　兰斯大教堂

图 5-26　佛罗伦萨育婴院

德国的科隆大教堂建成于 1322 年，但到 19 世纪又加建了一对高高的钟塔。教堂平面长 143m，宽 84m，大厅宽 12.6m，高达 48m。那对钟塔高达 153m，仅次于德国乌尔姆教堂的尖塔（162m）的高度（这是世界上哥特式教堂中尖塔最高者）。

意大利的米兰大教堂建成于 1485 年，这是中世纪哥特式建筑中大厅空间最大的一座，大厅内可容纳 4 万人，高 45m，宽 59m，长达 100m。教堂的外表有许多大理石雕饰。墙面的许多壁柱顶上有小尖塔，塔顶上都有雕像，整座教堂共有 3000 多个雕像，这也是世界上雕像最多的建筑。

5.1.5　文艺复兴及其后的建筑

文艺复兴（Renaissance）起源于意大利，后来影响到法、德、英等地。文艺复兴提倡人文主义，主张凹俗，反对大主教的神权及其禁欲主义。这一运动，在建筑、雕刻、绘画及文学等领域都有涉及。在绘画上，有著名的画家波提切利、达 · 芬奇、拉斐尔、米开朗琪罗等。达 · 芬奇的《蒙娜丽莎》《最后的晚餐》，拉斐尔的《西斯廷圣母》等，都是文艺复兴绘画的杰作。在雕刻上，如米开朗琪罗的《大卫》《摩西》等，也是文艺复兴雕塑的代表。在文学上，则有薄伽丘的《十日谈》等名著。在建筑上，著名的作品更多，在此分析几件重要的作品。

育婴院，位于意大利文艺复兴发祥地佛罗伦萨，建于 1421—1445 年，由建筑师伯鲁涅列斯基设计。这座建筑采用沿方形院子周边建造的方式，用轻快的圆拱廊环绕院子，空间处理层次分明，富有人情味，如图 5-26 所示。

位于佛罗伦萨的圣玛丽亚主教堂（即佛罗伦萨主教堂），在文艺复兴初期进行了修建、改建。改建的设计者是伯鲁涅列斯基。改建的重点是建造教堂的圆顶。这个圆顶的内径达42m，高达30m余。圆顶的下面设一个高达12m的八边形鼓座，其目的是克服圆穹顶水平方向的推力，又使圆穹顶显得更高耸。这个圆穹顶的建造（1420年）意味着文艺复兴运动的正式开端。图5-27为改建后的圣玛丽亚主教堂形象。

图5-27 圣玛丽亚主教堂

图5-28 潘道芬尼府邸

图5-28所示是潘道芬尼府邸，位于佛罗伦萨，于1527年建成，设计者是画家兼建筑师的拉斐尔。这个府邸由两个院落组成，空间布局紧凑，尺度宜人，外立面形象温馨文秀，表现出了文艺复兴的思想真谛。外墙面粉刷，在墙角处用隅石，既起到坚固墙体的作用，又起到装饰的作用。窗框的形式丰富而有变化，但整体又很统一。

美狄奇府邸，位于佛罗伦萨，建成于1460年，由米开罗佐设计。这座建筑的平面近似正方形。建筑分为两部分：一个环绕着带形拱券的正方形围廊的内院，是家属的起居、生活的中心，主要活动在楼上。另一个是开敞的庭院，兼作服务性的后院。这一建筑的立面用两条水平带将其上下分成三段，顶部檐口宽大。立面三段处理各不相同，底层用剁斧石，显得粗犷，第二层用条石，比较平整，第三层用磨光石，细腻光洁。

罗马城内的卡比多山上有一建筑群，是文艺复兴时期的重要建筑之一。这些建筑由米开朗琪罗设计，建于1546—1644年。此建筑群由三座建筑组成：中间是元老院，南边是档案馆，北边是博物馆。这三座建筑的中间就是卡比多广场。广场的西边有大台阶用于下山坡，见图5-29。

罗马的麦西米府邸也是意大利文艺复兴时期的重要建筑，建于1535年，由著名建筑师帕鲁齐设计。这座建筑位于街道的转角处，所以，立面处理成弧形（图5-30）。这个府邸分为两部分，每一部分均有内院。从造型来说，显得很有人情味，这也反映出文艺复兴时期的人文主题。

图 5-29 卡比多山上的建筑群

罗马的圣彼得大教堂始建于公元 4 世纪，文艺复兴时期进行改建，形成了一座巨大的教堂。这座建筑从地面到圆顶的最高处达 138m，圆穹顶直径为 42m，在它的边上设 4 个小圆穹顶。圆穹顶下设一圈柱廊。图 5-31 就是圣彼得大教堂的立面及圆穹顶（局部）形象。这个建筑形态庄重，反映出了文艺复兴的思想性和艺术性。

图 5-30 麦西米府邸

（一）

（二）

图 5-31 圣彼得大教堂和它的圆穹顶

意大利维琴察的圆厅别墅，建于1552年，设计者是文艺复兴时期的著名建筑师帕拉第奥。此建筑采用集中式布局，平面为正方形，中间是个圆形大厅，在门口有门廊，用6根爱奥尼柱托着山花。建筑形态简洁，比例匀称（图5-32）。门廊也可以看成是室内外的过渡空间，这种过渡空间的加入使建筑形象显得有层次。

图5-32 圆厅别墅

图5-33 威尼斯圣马可广场

维琴察的另一座著名的文艺复兴建筑是巴西利卡（市政厅），设计者也是帕拉第奥。这座建筑原是个哥特式的大厅，1540年，设计者向维琴察市议会递交了市政厅的改建方案，后来便着手改建，于1617年完成。

威尼斯的圣马可广场也是意大利文艺复兴建筑中的代表作品。图5-33是这个广场的形象，图中远处是圣马可教堂，中间是高高的钟塔，钟塔右边远处是威尼斯总督府，造型很有韵律感。广场两边为市政厅，南面（图的右面）为新市政厅，北面（图的左面）为旧市政厅，在新市政厅的东南，是图书馆，图书馆与总督府相对而立，中间是圣马可小广场。大小两个广场连接得很自然。

巴洛克一词是音译：Baroque，原意为畸形的珍珠，引申为高贵、奇特。巴洛克是一种艺术风格，文艺复兴后期流行于意大利，后来影响到整个西方。巴洛克建筑的特点：一是对财富的炫耀，做得高贵富丽，往往还配有雕刻。二是标新立异，主张新奇，追求前所未有的形式，如多用曲线、雕饰、线脚等。三是倾向于自然，提倡在郊外建造别墅等。四是表现出欢乐的气氛，追求享乐。

罗马的圣卡罗教堂可以说是巴洛克建筑的典型代表。此教堂建成于1667年，由建筑师波罗米尼设计。教堂大厅平面是变了形的希腊十字形，墙面是弯曲的，空间内给人不知方向的感觉。这座教堂的外形非同一般，二层檐部形象几乎都是弯曲的，在立面正中的上方是一个椭圆形的装饰物，还有许多雕饰，这些雕饰也几乎都是曲线、曲面的，见图5-34。

罗马的康帕泰利圣玛丽亚教堂（图5-35）

也是一座比较典型的巴洛克建筑，其立面形式强调对称，立面上的许多凹凸增加了建筑的阴影，形象很有力度。

罗马的波波洛广场也是巴洛克风格的。此广场建于 17 世纪，相传是为了形成由此可以通向全罗马的感觉，所以就将广场设计为三条放射形大道的出发点。此广场呈长圆形，有主次两个轴，正中间置方尖碑。

除意大利外，其他欧洲国家也有许多巴洛克建筑，如德国德累斯顿的尊阁宫。此宫建成于 1722 年，建筑立面上有许多装饰，造型十分富丽。入口皇冠门高高耸起，柱头上部做高浮雕。山花、檐部堆砌着许多花瓶、十字架等雕饰，图 5-36 是它的一个局部。

巴洛克风格以后，西方古代建筑便进入晚期，但晚期的作品也十分精彩。下面分析这一时期的几个重要的作品。

英国伦敦的圣保罗大教堂称得上是英国的文艺复兴建筑的代表作。此建筑的设计者是著名的英国建筑师雷恩。圣保罗大教堂建成于 1710 年。教堂的正立面采用古典主义柱式构图，正门为双层双柱廊。顶上使用两层圆形柱廊构成的高鼓座，上面是一个直径达 34m 的圆穹顶，形象十分雄伟，成为了英国伦敦的标志性建筑之一，见图 5-37。

图 5-37 圣保罗大教堂

图 5-34 圣卡罗教堂

图 5-35 康帕泰利圣玛丽亚教堂

图 5-36 尊阁宫（局部）

克里姆林宫是古代俄国的皇宫，建于15世纪，位于莫斯科市中心。宫的四周有围墙，共有19个塔楼，其中，斯巴斯基塔的造型最完美，见图5-38。克里姆林宫内有三座东正教堂，教堂中的伊凡钟塔造型完美，庄重而又秀美。此钟塔平面八角，顶部为金色穹窿顶。

俄罗斯还有两座著名的古建筑：一是圣彼得堡的冬宫，建于18世纪，其形式为古典主义兼巴洛克式。另一座是建于19世纪初的海军部大厦，也在圣彼得堡，属新古典主义，建筑长达407m，宽163m（周边），中轴线正中建有中央塔楼，其尖塔高达72m，下部有大圆拱门，上面是方形平面的柱廊，再上面是半球形的尖塔基座，见图5-39。

西方古代晚期的著名建筑要数法国最多，在此说几个。巴黎的卢浮宫，最早建于16世纪，后来历代多次加建。其中，最著名的是它的东立面。这个立面建于17世纪路易十四时期，东立面长172m，高28m，采用柱式构图，横分三段，纵分五段，中间及两端略凸出，强调中轴线对称。下面一层做成基座形式，上面是12.2m高的柱廊，柱子成双排列，通贯第二、三层，中间用8根柱托起上面的山花，两边均为水平屋檐。上下分为三段，自上至下：檐部、柱廊、基座，其高度比例为1 ∶ 3 ∶ 2，这是古典主义建筑所追求的形式标准，如图5-40所示。

凡尔赛宫位于巴黎的西南，原来这里是一座皇家的猎庄，路易十四时期进行大规模建设，建成了“大理石院”，并以此为中心向外扩展，其建筑风格属古典主义。图5-41为凡尔赛宫中的主体建筑形象。

巴黎歌剧院建成于1874年。这座建筑的形式属折中主义。此建筑造得非常华丽，正面下部是一排宏伟的柱廊，观众可以从这里（也

图5-38 斯巴斯基塔

图5-39 海军部大厦

图 5-40　卢浮宫东立面

图 5-41　凡尔赛宫中的土体建筑

可以从两侧）进入剧院，中央的大楼梯可以通向观众厅，两侧的大楼梯则通向各层包厢。歌剧院的观众厅平面呈马蹄形，池座宽 20m，长 28.5m，楼座三面包厢，共有四层。剧院共有观众席 2150 座。舞台也很宽大，宽达 32m，深达 27m，台口宽 16m，高 13.75m。舞台上部可放置巨大的布景。

巴黎明星广场（今已改为戴高乐广场）上的雄师凯旋门，属新古典主义建筑风格。这个凯旋门建成于 1836 年，其造型是仿照古罗马铁达时凯旋门的，宽 44.8m，高 49.4m，近似正方形。这座建筑采用新古典主义手法，讲究比例，中间的圆拱门高度等于两个拱圆，上部半个圆，下部 1.5 个圆，拱的圆心正好位于整座凯旋门对角线的交点，见图 5-42。

英国伦敦的国会大厦，建于 1836—1868 年，位于伦敦泰晤士河边。此建筑包括上、下议院，又称威斯敏斯特宫，其中的议会大厅相当豪华，是个圆形建筑，但它在中间分开：南边的一半是上议院，又称贵族院；北边的一半是下议院，又称众议院。在大厅的走廊里放置着许多珍贵的艺术品。这座建筑属哥特复兴式，这也是 19 世纪比较流行的风格，主要表现在强烈的垂直线上。顶上有尖塔。国会大厦边上有一座巨大的钟塔，即举世闻名的大本钟，负责建造此钟塔的人名叫本杰明，故叫大本钟。

图 5-42　凯旋门比例分析

图 5-44　纽约海关大厦

图 5-43　华盛顿国会大厦

图 5-45　唐招提寺金堂

此钟塔高 97m，方形平面，四面设钟面，钟面直径达 7m。

最后说美国的早期建筑。美国本是英国的殖民地，于 1776 年独立。独立后的早期有几座著名的建筑：一是华盛顿的国会大厦，这座建筑始建于 1793 年，后来毁于战火，1819—1850 年重建。重建的国会大厦的形式是两边有两翼，中间有高高的穹窿顶作为主体，这个穹窿顶很高大，下面是圆环形的柱廊，上面一层设有倚柱和窗，在这之上就是大圆穹顶，最高处是一座高达 6m 的自由女神像。从地面到顶端高 87m。这座建筑的形式属罗马复兴式，如图 5-43 所示。二是纽约的海关大厦，如图 5-44 所示，建于 19 世纪中叶，其形式为希腊复兴式，从其正立面看，与古希腊的神庙好像没有什么两样。

5.2　外国古代建筑（下）

5.2.1　日本与中南半岛的建筑

关于外国古代建筑，还须说亚洲和美洲等地的建筑。

先说日本的古代建筑。日本的古代文化有很多是从中国学习和借鉴的，例如日本的传统服饰——和服，仿我国唐代服饰的风格，日本的文字与我国古代的汉字相近。日本的古代建筑也多仿我国的古代建筑，最典型的是位于日本奈良的法隆寺五重塔，此塔共五层，顶上的塔刹很高，塔身每层檐的出檐都很深远。另一座古建筑是唐招提寺中的金堂，金堂就是中国佛教寺院中的大雄宝殿，如图 5-45 所示。相传此建筑是我国唐代名僧鉴真和尚东渡日本亲自协助建造的，其形式很像我国山西五台山的佛光寺大殿。

图 5-46　仰光大金塔

再说中南半岛的建筑。中南半岛包括缅甸、泰国、老挝、柬埔寨、越南等国家，这里的古代文化也较发达，有许多中古时期的著名建筑。

缅甸仰光的大金塔，即瑞大光塔，建于 1768—1773 年。此塔高达 99m，塔顶安装金伞，塔基周长达 433m，塔身像一只倒置的巨钟，通体贴满金箔，在阳光照耀下金光闪闪，辉煌无比。塔下有四门，门前均有一对石狮。四条长廊式的阶梯直通十几米高的平台，平台正中是主塔，周围环绕着 64 座小塔及 4 座中塔，其壁龛内藏有许多玉佛。图 5-46 为瑞大光塔之外形。

图 5-47　泰国大王宫

泰国以前称暹罗，首都为曼谷，曼谷王朝在此建造大王宫，今称故宫（图 5-47）。此建筑群始建于 1782 年。大王宫主要由三座宫殿和一座寺院组成，其四周有白色宫墙，宫中绿草如茵，鲜花盛开，林木深郁。宫殿的屋顶为尖坡顶，而且层层相叠，很有特点。

朝鲜半岛上的古建筑也近似于中国古建筑，最有代表性的是庆州的佛国寺和平壤的普通门（图 5-48），此建筑建于 1473 年，从图

图 5-48　平壤普通门

中可以看出，它与我国古代的城楼非常相似。

位于今韩国首都首尔的昌德宫是李朝王宫中保存得最完整的一座宫殿。1405 年，李朝第三代国王始建，原为离宫，后因兵燹被毁，1611 年重修作为王宫。宫内为中国式建筑，入正门后就是处理朝政的仁政殿，殿内设有帝王御座，殿后的大造殿是寝殿。另外，还有宣政殿、乐善斋等。乐善斋则是典型的朝鲜式木造建筑，殿内陈列着王冠、王服以及墨宝、武器和其他手工艺品。院子内陈列着王室用过的轿子、马车和末代国王所使用过的老式汽车。仁政殿后的秘苑建于 17 世纪，是一座依山而建的御花园，苑内有亭台楼阁、峡谷溪流等。

5.2.2 印度及西亚的建筑

印度位于印度次大陆，古代印度文化从婆罗门教文化转为佛教文化。公元 7 世纪后，印度教盛行，其实它是从古代婆罗门教转化过来的。13 世纪后，印度的伊斯兰教势力渐渐强大起来，到了 16 世纪莫卧儿帝国时期就相当强大了。在此说一座印度最著名的伊斯兰建筑，即泰姬陵，如图 5-49 所示，它建于 1631—1653 年，是莫卧儿王朝的第五代皇帝沙杰罕为他的爱妻泰姬所建的。这座陵墓是一座集中式的建筑，中间是一个直径达 17m 的大穹窿顶，从顶端到地面高 58m，四角各设一个小穹窿顶，在建筑外面四角各设一座塔，顶端均有小穹窿顶，整体十分和谐。陵墓用洁白的大理石筑成，文静秀美。

西亚是指从伊朗到地中海东岸的广阔地域，与埃及、土耳其接壤。西亚在中世纪多为伊斯兰文化，所以主要建筑多为清真寺。今伊朗境内的伊斯法罕清真寺，建于 1612—1646 年，位于皇家广场南侧，正中为方形礼拜殿，其上是两层连续尖拱鼓座，托起一个巨大的穹窿顶。朝向内院的礼拜殿立面是片竖直的高墙，在正中开了一个只有半边的穹窿顶，深深凹入门廊（图 5-50）。高墙的两侧立着一对尖塔，塔顶上有小穹窿顶。中央穹窿顶及墙面上布满各色琉璃镶嵌，非常有特色。

图 5-49 泰姬陵

图 5-50 伊斯法罕清真寺

5.2.3 美洲古代建筑

古代美洲也有金字塔，但在功能上不同于古埃及的金字塔（法老的陵墓），而是太阳神庙和月亮神庙。这些金字塔由古代印第安人所建，位于今墨西哥境内。公元1世纪，当地的特奥蒂瓦坎人在这里建有城市，这些金字塔就是当时建造的。图5-51就是太阳神庙。它的形象很像古埃及金字塔，正方形平面，棱台形状，塔的正面坐东朝西，有数百级台阶，直上顶部。塔的基址长225m，宽222m，虽然形象与古埃及金字塔相仿，但造得比较平缓，高度只有66m。塔顶是平的，原有一座太阳神庙，后来被毁。

图5-51 太阳神庙金字塔

图5-52 羽蛇庙

月亮神庙金字塔要比太阳神庙金字塔小，建造时间也比太阳神庙金字塔晚（约公元7世纪）。塔位于城的北端，坐北朝南，基址长150m，塔高46m，塔上刻有很多浮雕。

在特奥蒂瓦坎的城堡中还建有羽蛇庙，如今只有庙基及部分残迹了。庙基斜坡上遗留下来的羽蛇神形象及其他雕刻形象，可谓生动非凡。图5-52就是羽蛇庙的一个局部。

5.3 外国近现代建筑

5.3.1 19世纪下半叶至20世纪初

先说19世纪下半叶至20世纪初的外国建筑。1851年伦敦“水晶宫”（CrystalPalace）的建成标志着近代建筑的开端，当时英国伦敦正在举办首届世界工业博览会，这座建筑其实也是个“展品”。这是一座特大型的建筑，其材料大多为铸铁和玻璃，一到夜间，室内灯火通明，看上去晶莹透亮，因此被誉为“水晶宫”。此建筑坐落在伦敦的海德公园内，宽124m，长564m，合1851英尺，以表示划时代的1851年。图5-53是其内景。可惜这座建筑于1936年毁于火灾。

19世纪末叶，另一座著名的新建筑——巴黎的埃菲尔铁塔（图2-40）建成（1889年），它是为巴黎世界博览会而建造的一个标志性建筑，同时也是为纪念法国大革命100周年而建。此塔由工程师埃菲尔设计，故以他的名字命名。这座塔高328m，是当时世界上最高的建筑。

另一座巴黎世界博览会建筑是机械展览馆，也建成于 1889 年。这座建筑的特点是体量和内部空间巨大，长达 420m，宽达 115m，三铰拱铁架结构，中间不设柱子。但后来由于城市规划的要求，此建筑于 1910 年被拆除了。

19 世纪末叶，美国迅速崛起。在建筑上，以建筑师沙利文为首的芝加哥学派崭露头角。他提出一个新口号“形式追随功能”，认为功能不变，形式也不变。在建筑形式上，他提倡造高层建筑。芝加哥蒙纳诺克大厦建于 1891 年，高 16 层，砖墙承重，外部几乎没有装饰。另一座建筑是芝加哥的瑞莱斯大厦（图 5-54），建成于 1894 年，也是 16 层，框架结构，所以窗子能够做得很大。图 5-55 是芝加哥的卡宋百货大楼，建成于 1904 年，高 12 层，由沙利文设计。这座建筑最能代表芝加哥学派，被誉为“芝加哥之窗”。

再说 20 世纪上半叶的外国建筑。

芝加哥学派的观点立即得到了当时建筑界的重视，20 世纪 20 年代前后，新的建筑及其思想则更进一步地发展，许多新的建筑流派，如风格派、表现主义、构成派、未来派以及“包豪斯”等相继出现。在这里，我们用一些实例来作简要分析。

荷兰乌得勒支的施劳德住宅，由里特维德设计，建成于 1924 年。这座建筑是用简洁的几何块体组成的，属风格派。设计者用简单的单元体（如门、窗、墙、阳台等）创造出一个室内外空间相互延伸的、时间与空间相结合的东西，以表现其建筑观和艺术观。

德国波茨坦的爱因斯坦天文台（1920 年）是表现主义建筑的典型代表。此建筑由孟德尔

图 5-53 “水晶宫”内景

图 5-54 瑞莱斯大厦

图 5-55 卡宋百货大楼

松设计，是为纪念爱因斯坦的“广义相对论”的建立而建造的。此建筑造型针对相对论理论：在高速度下，时间和空间都不是常态状况，而是会变化的，空间会收缩，时间会弯曲，于是，建筑师就将这座建筑设计成了门、窗、墙等都变形的形象，如图5-56所示。

包豪斯（Bauhaus）是德国的一所专门培养造型艺术人才的高等学校，这个学校的观点是主张创新，反对守旧，还提出要着眼于构成物本身的美，金属的、木的、砖石的、油漆的等，都应当在加工工艺上力求发挥其质地的美和加工工艺的美，反对附加上去的装饰。1926年，在德国的德绍，由校长格罗皮乌斯设计的包豪斯校舍建成，见图5-57。这座建筑贯彻了包豪斯的基本精神。这是一座不对称的建筑，出于功能的需要，各部分的布局都首先考虑到使用，在此基础上，也注意造型，如比例、均衡等。

现代派建筑提出“国际化”的口号，以法国著名建筑师勒·柯布西耶为首，于1928年建立了“国际现代建筑协会”，简称CIAM，1933年在雅典集会，起草并通过了一个有关建筑和城市的《雅典宪章》，其基本精神就是强调“国际化”，强调“时代性”。

勒·柯布西耶的作品萨伏伊别墅位于巴黎附近，这座建筑全面地表现了他的现代派建筑观。此建筑建于1931年，共三层，底层只设楼梯和车库等，其余均透空，二层有宽大的起居室、卧室等，三层除了少量的房间外，大多是开敞的屋顶花园。这座建筑（图5-58）也可以看成是勒·柯布西耶的建筑观的注释。他将自己的建筑观归纳成五点：

图5-56 爱因斯坦天文台

图5-58 萨伏伊别墅

图5-57 包豪斯校舍

一是立柱。房屋底层透空，下设立柱，立柱把房屋像雕像似地举离地面，把地面留给行人。

二是屋顶花园。应当把房屋看成是一个中间空心的立方体，平屋顶，上面是花园。

三是自由平面。采用框架结构，上下墙无须重叠，内部空间完全可以按空间的使用要求自由分隔。

四是横向长窗。承重结构与围护结构分开，墙不承重，窗也就可以自由开设，最好是采用横向的，可以从房间的一边向另一边开通长的窗。

五是自由立面。承重的柱子退到外墙后面，外墙成为一片可供自由处理的透明或不透明的薄壁。

著名的现代主义建筑大师密斯·凡·德·罗的作品很多，建成于 1929 年的巴塞罗那的德国展览馆，是一个很精彩的作品。这座建筑规模不大，但对现代派建筑影响却很大。这座建筑长 50m，宽 25m，建筑用料很讲究，施工也相当精细。这一建筑最精彩之处是它的空间，大小、隔挡与通透、空间的流动性等，都妙不可言。

美国著名的现代主义建筑大师弗兰克·劳埃德·赖特在这段时间里的优秀作品也很多。其中，流水别墅也许最有名。这座建筑位于美国宾夕法尼亚州，建成于 1936 年（图 2-43），建筑横跨在瀑布之上，与山石、流泉及林木有机地结合在一起。此别墅共三层：第一层直接临水，包括起居室、餐室、厨房等，起居室的阳台上有梯子下达水面。第二层和第三层为卧室，每间卧室都有阳台，室内有些墙面用粗毛石片，具有自然感，体现他的人与自然有机结合的思想。

图 5-59 约翰逊制蜡公司总部

图 5-60 约翰逊制蜡公司中大办公室内景

赖特的另一个优秀作品是位于威斯康星州的约翰逊制蜡公司总部（图 5-59）。此建筑建成于 1939 年。建筑形态高低错落，很讲究造型美。赖特强调“有机建筑”，强调建筑的自然性，所以他在这座建筑中的一个大型办公室内用玻璃屋顶，屋顶用伞状柱子组成的柱网支撑，这些蘑菇形圆柱，令人有置身于丛林之感，如图 5-60 所示。

5.3.2 20 世纪中期之后的建筑

法国的马赛公寓，由著名建筑师勒·柯布西耶设计，建成于 1957 年，里面可住 337 户，

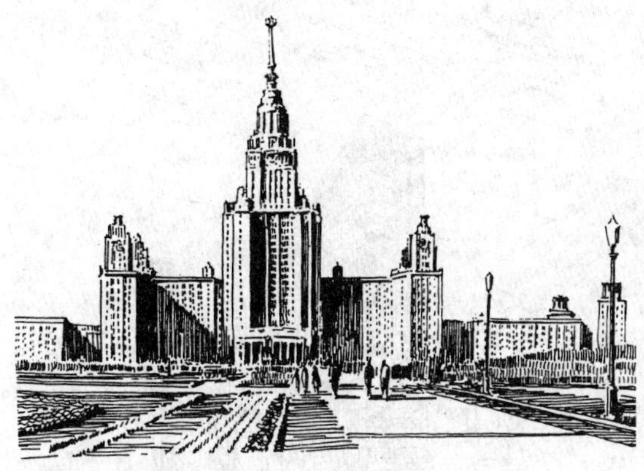
图 5-61 莫斯科大学

图 5-62 纪念班达拉奈克国际会议大厦

图 5-63 菲律宾国际旅馆

约 1500 人。除了居住空间外，楼内还设有幼托、邮局、银行、商店、理发店、餐馆以及游泳池等，为居民带来方便，说明了设计者对未来社会组织模式和生活方式的展望。他的另一个重要作品是印度的昌迪加尔法院，建于 1956 年，这座建筑外轮廓很简洁，入口处用三个高大的柱墩直伸到顶，使门廊敞开，气势雄伟，又象征民主、法治精神。由于印度夏季炎热，所以在建筑的上空和两侧做了一个钢筋混凝土的罩套，这也表现出了设计者对人和环境的关怀。

图 5-61 是莫斯科大学主楼的形象（它的前身是著名的俄罗斯罗蒙诺索夫大学）。此建筑建于 20 世纪 50 年代，采用中轴线对称布局，高达 32 层，很有气势。和同时期其他案例对比也能显示出同一时代不同社会文化背景下建成建筑的巨大差异，它的形式是传统的俄罗斯建筑形式，特别表现在顶端的尖塔上。这也可以说是现代与传统结合的一次尝试。

这一时期，在亚洲也出现了许多优秀的现代建筑，如泰国的曼谷大旅馆，日本的新大谷饭店和草月会馆，缅甸的佛教图书馆，菲律宾的国际旅馆，伊朗的德黑兰机场候机楼以及斯里兰卡的纪念班达拉奈克国际会议大厦，后者是由我国设计援建的，如图 5-62 所示。它除了有纪念性意义外，还专门用于召开国际性会议。此建筑由三部分组成：1500 座的大会堂，大小不等的一组会议室，宴会厅。建筑主体为八边形，形象端庄稳重。图 5-63 是菲律宾国际旅馆，这座建筑在造型上是典型的现代派风格，高层建筑，利用水平线条，由于强烈的阴影作用，线条显得很挺直有力，同时上下呼应，层次分明。

美国纽约的西格拉姆大厦，建于 1958 年，38 层，高 158m，是一座高级办公楼，由密斯·凡·德·罗设计。这座建筑充分贯彻了他的建筑思想，高高的玻璃摩天楼，垂直线条，底部透空，方盒子形式，充分体现出了他“通用空间”的建筑理念，也成为之后遍布全球的“国际主义”建筑的典范（图 5-64）。

图 5-64　西格拉姆大厦

1959 年，美国著名建筑师赖特完成了他一生最后的作品——纽约的古根海姆美术馆。这座建筑（图 5-65）的陈列厅是个上大下小的倒圆台形。设计这个形象是出于为参观者着想的目的。参观者先乘电梯到顶层，然后一面参观一面顺着坡道一圈圈地下楼，连续参观，也能减少参观者的疲劳。这座建筑在造型上的特点是简洁，富有表现力，也很有个性。可惜的是，这个建筑建成时他已经去世，自己没有亲眼见到这个作品。

图 5-65　古根海姆美术馆

肯尼迪机场候机楼（图 3-25），位于纽约，1962 年建成。有人说现代建筑都像火柴盒，千篇一律，但也有一些在造型上做得很别致，这座建筑就很富有个性。设计者埃罗·沙里宁是一位强调作品个性的建筑师。这个建筑的外形像一只展翅欲飞的大鸟，以象征航空。有人认为，所有的飞机场中，只有这个能让人记住，因为它的建筑个性实在太强烈了。

第二次世界大战以后，出现了许多新的建筑流派及其作品，“高技派”是 20 世纪 60 年代兴起的一个流派。美国科罗拉多空军学校教堂就属于这一流派，它建成于 1962 年，如图 5-66 所示。新材料和新技术在这座建筑中得到了最大的发挥，尖三角造型，既表现了航空的特征，又体现出了宗教内涵，可谓一箭双雕。

图 5-66　科罗拉多空军学校教堂

巴黎的蓬皮杜国家艺术文化中心（图 5-67）建成于 1976 年。这座建筑的造型更奇特，它把结构、设备等本该藏起来不让人们看见的东西显露出来，让人们欣赏，外面还设置了自动扶梯，形式十分奇特。此建筑建成后，有人赞成，有人咒骂，后逐渐被公众接受，今天已成为巴黎的代表性建筑之一。这座建筑也属高技派。

这一时期出现了许多强调个性的优秀建筑。法国东部孚日的朗香教堂建于 1953 年，这是一座规模不大但很有个性的建筑，如图 5-68 所示。有人说这个形象是一顶传教士的帽子，又有人说它像一艘救世的方舟，还有人说它像一只蹲在草地上的鸽子，如此等等，这些比喻，也说明这一建筑引发了人们不同的联想和情感，这也是它的成功之处（图 5-68）。

代代木体育馆位于日本东京，这是第 18 届奥运会的主要场馆，建成于 1964 年，可容观众 16000 人，里面可以进行球类、游泳、跳水、柔道、滑冰等比赛。此建筑为悬索结构，形式新颖（图 5-69），又富有日本传统的神韵，建筑师是亚洲第一位普利兹克建筑奖得主日本的丹下健三。图 5-70 是它的内部形象。

图 5-67　蓬皮杜国家艺术文化中心

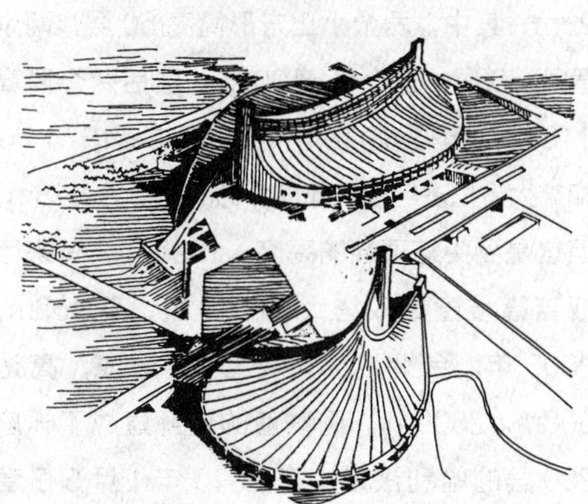

图 5-69　代代木体育馆

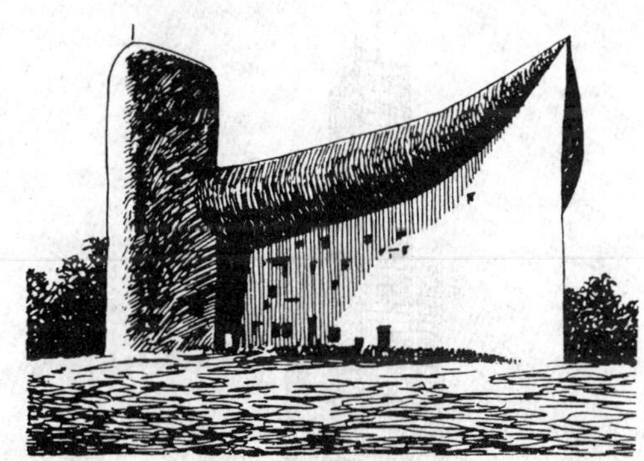

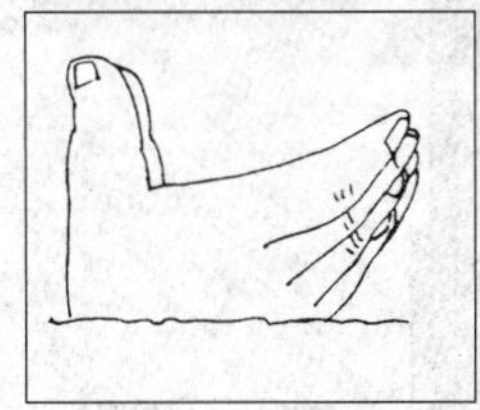

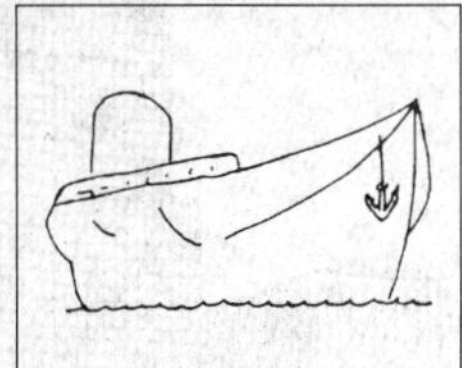

图 5-68　朗香教堂

美国华盛顿的国家美术馆东馆是一座现代艺术博物馆，它的特点是与地形结合得相当完美，也与老的美术馆关系十分融洽，内部功能也更加复合。此建筑由美国著名的华裔建筑师贝聿铭设计，于1978年建成。

图5-70　代代木体育馆内景

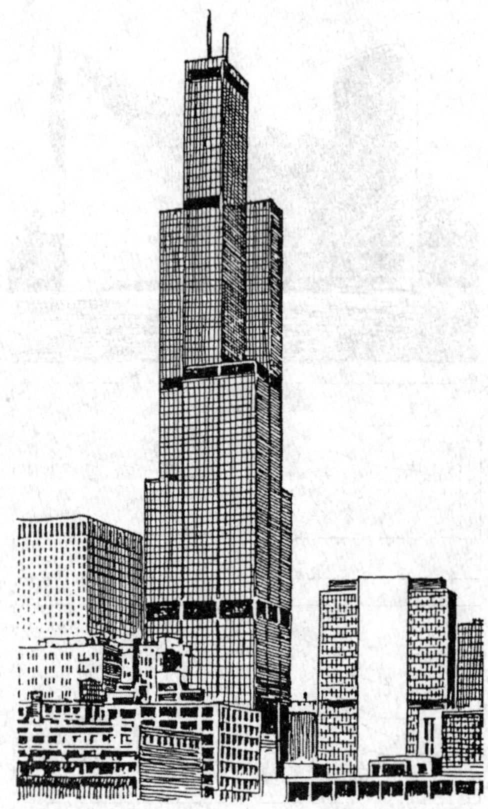

图5-71　西尔斯大厦

澳大利亚的悉尼歌剧院建成于1973年（图3-28），由歌剧院、音乐厅和餐厅三部分组成。歌剧院和音乐厅的形式基本相同，都用三前一后四个贝壳似的顶盖，也有人形容这些顶盖像一艘扬帆起航的巨轮上的巨帆，十分动人。可惜的是，它的施工相当困难，所以工期拖得很长，前后共用了17年才完成，而且造价昂贵，竟超过预算十几倍！

5.3.3　高层与大跨建筑

再说说高层建筑和大跨度建筑。自从芝加哥学派提出建造高层建筑之后，建筑便越造越高。1913年，美国纽约的渥尔华斯大厦建成，52层，高241m。1931年，纽约的帝国大厦建成，达102层，高381m，称“摩天大楼”。1973年，纽约建成世界贸易中心，达110层，高411m，由形式完全相同的两座建筑组成，2001年9月11日被毁。1974年，又一座摩天大楼建成，即芝加哥的西尔斯大厦（图5-71），此建筑也是110层，但高度达443m。这座建筑平面为正方形，由九个相同的小正方形平面组成，每个小正方形边长23m，其中，两个小正方形筒高50层，两个筒高66层，三个筒高90层，最后两个筒高110层，造型很美，也符合结构要求。1974年，加拿大多伦多电视塔建成，它的高度为548m，但这是到尖塔顶端的高度。1995年，马来西亚吉隆坡建成双塔大楼，88层，高452m。2003年，台北的“101”大楼建成，高达508m。2009年，阿联酋的迪拜建成了一座200层的哈利法塔（于2010年1月5日建成），高达838m，为如今建成建筑的最高者，目前在建的沙特的标志性建筑王国大厦，高1007米，是目前世界上唯一超过1千米的高楼！这个记录还在不断翻新。

建筑一方面在高度上发展，另一方面也在建造越来越大的空间。美国华盛顿的杜勒斯机场候机楼（图3-26），建于1962年，这座建筑宽45.6m，长182.5m，用的是悬索结构。美国得克萨斯州的休斯敦体育馆（图5-72），建于1966年，这是一个圆形的体育馆，钢网架结构，直径达193m，棒球比赛时可容观众4.5万人。1976年建成的美国路易斯安那州的新奥尔良体育馆是迄今世界上最大的体育馆，此建筑也是圆形的，直径达207.8m，篮球比赛时可容观众9万余人。大空间结构一般有折板式、薄壳式、悬索式及钢网架式等几种。

5.3.4 1960年代之后的多元建筑思潮

从20世纪60年代起出现了一股批判现代主义的“后现代建筑思潮”，有好多新奇的建筑问世。美国宾夕法尼亚州的栗子山住宅（又名母亲住宅），建成于20世纪60年代，如图5-73所示，这个形象“暗示”着许多建筑历史符号。此建筑的设计者是美国著名建筑师文丘里，这个作品是后现代主义建筑的代表作之一。

美国新奥尔良的意大利广场，建造于20世纪70年代末，其形象表现出了许多古罗马和意大利文艺复兴建筑的特征，据说这里的许多意大利移民很喜欢这个广场（图5-74）。

美国俄勒冈州的波特兰公共服务大楼，1982年建成，高15层，其外形不是现代建筑的方盒子形式，而是比较复杂多变的形式，按照后现代主义建筑理论的说法，就是要有历史，要有文脉（Context），要有可识别性。

美国纽约的电话电报公司总部大楼，建于1984年，共36层，高197m（图5-75），由著名建筑师约翰逊设计。这座建筑的外形可分为三个部分：顶部用的是欧洲巴洛克时代常用的断山花形象；底部用的是文艺复兴早期意大利佛罗伦萨的伯齐小教堂的立面；中间部分

图5-72 休斯敦体育馆

图5-73 栗子山住宅

图5-74 意大利广场

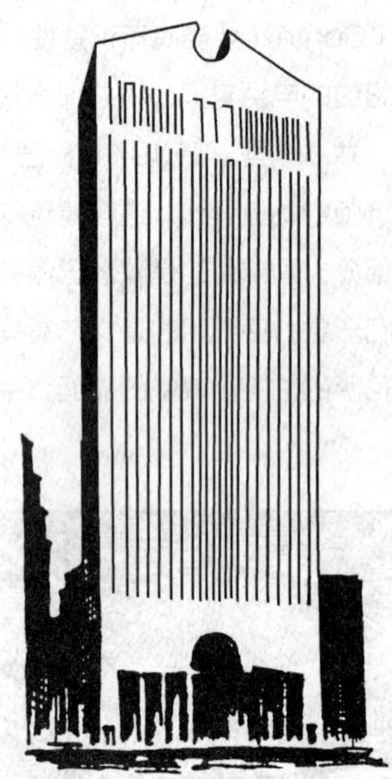

图 5-75　纽约电话电报公司总部大楼

是美国现代派建筑惯用的竖线条形式。三种建筑形象混合在一起，可谓语汇丰富，也是典型的后现代主义建筑。

20 世纪 80 年代末，又出现了一个新的流派：解构主义（Deconstructionism），这个流派的哲学观点是针对结构主义（哲学）而来的。结构主义试图把一切客观事物和思想都纳入一个既定的框架之中。解构主义则认为，世界并非如此，在哲学认识上，应当把这个框架解开来，所以称“解构主义”。一些建筑理论家认为，建筑也是如此，不是什么派就有什么形式，什么风格一定是什么特征，而应当把建筑（形式）松开来，自然而然地去对待。

解构主义建筑的具体实例就是巴黎的拉维莱特公园。这个公园与传统的公园不同，它不追求悠闲、静谧，不以绿化、山水为主，而是充满科技、文化活动和娱乐活动。设计者屈米在设计竞赛中获胜。此公园于 1988 年建成，总体上是由三个互不相关的系统组成，是“点、线、面”。“点”是指在一个边长 120m 的方形网络的 30 多个交点上建造鲜红色的小建筑，其内容是茶室、儿童室和电子游戏室等。“线”是两条互相垂直的长廊及一条弯曲的路，前者连接公园的几处主要入口和地铁车站，后者供游人散步，与“点”相连。“面”是其余的几块空间，用于休息、野餐等。设计者认为这是“21 世纪的公园”。

如今已经是 21 世纪，的确也出现了许多新事物。究其原因，一方面是因为今天我们面临了当下时代与社会所产生的新问题，如地域文化渐失、能耗过大、脱离自然等问题，另一方面是随着互联网、大数据、人工智能等技术的发展；今天的建筑发展更加多元。有侧重地域文化传承的地域建筑、有侧重生态节能绿色建筑、有侧重形态或方法创新的参数化建筑等等。在这种情况下，新的建筑功能和类型会出现，大家对建筑的观念也会发生潜移默化的改变，新的设计过程和方法会快速拓展，作为一名未来的建筑师，我们应该也只能把握时代和社会发展的脉络，一方面要认真学习，打好扎实的专业基础，另一方面也要站得高，看得远，要从人（社会）的需求、生存环境的调整、对自然的影响等更多要素综合考虑思考我们未来为人类创造生么样的人造环境。期望大家加倍努力，时不我待。

教学安排建议书

本课程教学时间为一学期（本科生一年级），每周 2 学时，共 17 周。具体安排如下：

第 1 章：第一周至第四周；

第 2 章：第五周至第七周；

第 3 章：第八周至第十周。

第 4 章：第十一周至第十三周；

第 5 章：第十四周至第十六周。

最后一周（第 17 周）为考查。

[1] 陈从周章明．上海近代建筑史稿[M]．上海：上海三联书店，1988.

[2] 陈志华．外国建筑史（19世纪末以前）[M]．北京：中国建筑工业出版社，2010.

[3] 陈志华．外国古建筑二十讲[M]．北京：生活．读书．新知三联书店，2002.

[4] 刘敦桢．中国古代建筑史（第二版）[M]．北京：中国建筑工业出版社，1984.

[5] 梁思成．中国建筑史[M]．北京：生活．读书．新知三联书店，2011.

[6] 罗小未．外国近现代建筑史（第二版）[M]．北京：中国建筑工业出版社，2004.

[7] 刘致平著 王其明增补．中国居住建筑简史—城市、住宅、园林．北京：中国建筑工业出版社，1990.

[8] 潘谷西主编，中国建筑史（第6版）[M]．北京：中国建筑工业出版社 2009.

[9] 沈福煦．建筑历史[M]．上海：同济大学出版社，2005.

[10] 徐震．世说新语校笺[M]．北京：中华书局，1984.

[11] 喻守真．唐诗三百首详析[M]．北京：中华书局，1957.

[12] 中共中央编译局．马克思恩格斯选集（第4卷）[M]．北京：人民出版社，1995.

[13] [汉]司马迁．史记[M]．北京：中华书局，1992.

[14] [德]黑格尔．美学：第一卷[M]．朱光潜译．北京：商务印书馆，1982.

[15] [美]拉普卜特．宅形与文化[M]．常青，徐菁等译．北京：中国建筑工业出版社，2007.

[16] [美]诺伯特·莱希纳．张利等译．建筑师技术设计指南——采暖 降温 照明[M]．北京：中国建筑工业出版社，2004.

[17] [意]奈尔维（P.L.Nervi）著．黄运昇译 周卜颐校．建筑的艺术与技术[M]．北京：中国建筑工业出版社，1981.

[18] [荷]赫曼·赫茨伯格（Herman Hertzberger）著．仲德崑 译．建筑学教程1：设计原理．天津：天津大学出版社，2008.

[19] [法]勒·柯布西耶．走向新建筑．陈志华译．西安：陕西师范大学出版社，2004.

[20] [英]丹·克鲁克香克．弗莱彻建筑史（Sir Banister Fletcher's：A HISTORY OF ARCHITECTURE）[M].20版．郑时龄等译．北京：知识产权出版社，2011.

[21] [日]芦原义信．外部空间设计[M]．尹培桐译．北京：中国建筑工业出版社，1988.

[22] [英]罗杰·斯克鲁顿（Roger Scruton）．建筑美学．刘先觉 译．北京：中国建筑工业出版社，2003.